ANNABEL WAHBA
Chamäleon

Annabel Wahba

Chamäleon

Roman

eichborn

Dieser Titel ist auch als Hörbuch und E-Book erschienen

Die Bastei Lübbe AG verfolgt eine nachhaltige Buchproduktion. Wir verwenden Papiere aus nachhaltiger Forstwirtschaft und verzichten darauf, Bücher einzeln in Folie zu verpacken. Wir stellen unsere Bücher in Deutschland und Europa (EU) her und arbeiten mit den Druckereien kontinuierlich an einer positiven Ökobilanz.

Eichborn Verlag

Originalausgabe

Copyright © 2022 by Bastei Lübbe AG, Köln

Textredaktion: Ulrike Ostermeyer, Berlin
Umschlaggestaltung: Studio Grau, Berlin
Umschlagmotiv: © wendy laurel/Stocksy; Paedii Luchs/Stocksy
Satz: hanseatenSatz-bremen, Bremen
Gesetzt aus der Adobe Caslon
Druck und Einband: GGP Media GmbH, Pößneck

Printed in Germany
ISBN 978-3-8479-0097-9

5 4 3 2 1

Sie finden uns im Internet unter eichborn.de

Für André

Prolog

Erding. Februar 2019

Draußen vor deinem Schlafzimmerfenster ist alles weiß. In den letzten Tagen ist so viel Schnee gefallen wie seit Jahren nicht mehr, die Zweige tragen einen dicken Pelz und biegen sich unter der Last. Der Schnee schluckt alle Geräusche. Die Welt steht still.

Drinnen liegst du in deinem Bett, die Augen geschlossen, noch atmest du leise. Wenn ich dich so ansehe, bin ich überrascht, wie schmal du geworden bist, wie spitz deine Nase ist, zumindest verdeckt dein schwarzer Bart die eingefallenen Wangen etwas. Von einem großen Bild an der Wand gegenüber schaut der ägyptische Totengott Anubis auf dich herab. Schon beim Hereinkommen spürte ich den Sog, der von dem Gemälde ausgeht: Der Gott mit dem Schakalkopf geleitet einen verstorbenen Pharao im Sarkophag ins Totenreich, von oben leuchtet der Vollmond auf sie herab. Anubis hat diesen Raum in seinen Bann gezogen.

Ich habe dich nie gefragt, warum du ihn dir ins Schlafzimmer gehängt hast, vielleicht hast du eine Vorahnung gehabt. Ich kann mir im Moment jedenfalls kein besseres Bild vorstellen, keines, unter dem man friedlicher ins Jenseits hinübergleitet. Vielleicht hat dich das Bild aber auch einfach an unsere ägyptische Herkunft erinnert. An das Land unseres Vaters. Du bist der Einzige von uns vier Geschwistern, der dort geboren wurde, und ich habe mich oft gefragt, warum du nie mehr dort gewesen bist, seit unsere Familie das Land wieder verlassen hat, als du noch ein Kind warst. Jetzt schließt sich der Kreis. Während du im Sterben liegst, wacht ein ägyptischer Gott über dich. Anubis beruhigt uns, fast habe ich das Gefühl, wir sind hier nicht allein.

Ich bin zum dritten Mal in diesem Monat hierhergekommen und weiß, es wird das letzte Mal sein, dass ich dich lebend sehe. Du hast nur noch wenige Tage. Vielleicht auch nur Stunden.

Als ich vorhin ins Zimmer kam und du noch einmal die Augen aufgemacht hast, versagte mir fast die Stimme, obwohl ich mir vorgenommen hatte, stark zu sein. Mehr als »Ich bin so froh, dass ich da bin« brachte ich nicht raus. Als du leise sagtest »Ich auch«, klang das in meinen Ohren wie eine Liebeserklärung. Wir hängen jetzt alle an deinen Lippen, jedes Wort, das du sprichst, könnte das letzte sein.

Seit du kurz nach Weihnachten so krank geworden bist, wechseln wir Geschwister uns mit den Besuchen bei dir ab. Kommen aus entfernten Städten und Ländern an unseren Heimatort gereist, wo du noch immer wohnst, nah bei den Eltern. Adam kommt aus Norwegen, Anouk aus der Schweiz, ich aus Berlin. Manchmal denke ich, dass unsere Eltern uns schon mit den Vornamen das Fernweh mit auf den Weg gegeben haben. Sie wählten Namen, die man in möglichst vielen Sprachen leicht aussprechen kann und weder deutsch noch ägyptisch sind: Adam, dann Anouk und André – französische Namen klingen ja überall gut –, schließlich Annabel. Das mit dem A am Anfang war ein Spleen, für den unsere Eltern heute keine vernünftige Erklärung mehr haben.

Aber gerade dich, der so weit entfernt geboren wurde, zog es nie fort. Du hast dich zu Hause immer am wohlsten gefühlt, in diesem Eck von Bayern, aus dem die Vorfahren unserer Mutter stammen.

Ist es nicht kurios, dass es unsere deutsch-ägyptische Familie hierher verschlagen hat? Viele Orte in der Welt wären als Familiensitz infrage gekommen, aber unsere Eltern siedelten sich ausgerechnet in dieser Kleinstadt an, in der man die Alpen am Horizont leuchten sieht. Als befände sich hier ein Kraftfeld, von dem sie angezogen wurden.

Ich weiß nicht, wie viel du noch mitbekommst von uns, von unseren Eltern, die jeden Tag an deinem Bett sitzen, stundenlang. Meist stumm, sie sehen dich einfach an, manchmal halten sie deine Hand. Nachts schläft deine Frau neben dir im Ehebett. Ich bewundere Sarah dafür, wie sie dich pflegt. Sie gibt dir die Medikamente, notiert deine Blutdruckwerte. Manchmal kommt auch dein kleiner Sohn herein, aber man spürt, dass es ihm unheimlich ist, dich so liegen zu sehen. Ich wünschte mir, er müsste nicht schon mit acht Jahren seinen Vater verlieren, ich hatte gehofft, du hieltest zumindest durch, bis er erwachsen ist.

Als du an Weihnachten plötzlich so schwach warst, ahnten wir schon, dass der Krebs zurückgekommen war, aber keiner sprach es aus. Du schliefst stundenlang auf der Couch, unter der Replik von Raffaels *Madonna Tempi*, während wir anderen um dich herum aßen, mit den Kindern spielten, Geschenke auspackten. Obwohl du mir schon nach der Diagnose vor drei Jahren offenbartest, dass du eine der aggressivsten Krebsarten hast, eine, die nur wenige Menschen überleben, war ich mir doch immer sicher, dass du noch ein oder zwei Jahrzehnte bei uns bleiben würdest. »André hat sich mal wieder etwas ganz Besonderes ausgesucht«, sagte Mama damals zu mir, um ihre Verzweiflung mit etwas Humor zu überspielen. Du hast dir immer die teuersten Kameras, die neuesten Handys, die schnellsten Autos gekauft. Und nun hast du also den schlimmsten Krebs. Zwei Tumore kamen und gingen. Diesen dritten wirst du nicht überleben.

Zu verdrängen, was nicht sein soll, war in den letzten drei Jahren eine gute Taktik für mich. Wir beide waren schon immer die größten Optimisten, wahrscheinlich haben wir das von Papa. »Hoffen wir's Beste« ist einer seiner Lieblingssätze. Wir finden uns erst dann mit etwas ab, wenn es garantiert keinen Ausweg mehr gibt. Nun ist es so weit. Gestern konntest du noch aus dem Glas trinken, jetzt träufeln wir dir mit einer Pipette Saft in den Mund, wie einem Vögelchen. Als du vor zehn Tagen aus dem Krankenhaus nach Hause kamst, dachte ich, es gehe vielleicht noch ein paar Wochen oder sogar Monate gut. Jetzt isst du nichts mehr, öffnest kaum noch deine Augen. Nur Papa hofft noch, Gott werde an dir ein Wunder vollbringen.

Wir sind froh, dass deine Sterbebegleiterin jeden Tag kommt. Ruth sagt, dass du gut vorbereitet bist. Vor ein paar Tagen hat sie dich nach deinen Träumen gefragt. »Du willst mich wohl aushorchen«, sagtest du zu ihr. Sentimentalitäten sind dir zuwider. Dann erzähltest du ihr aber doch, dass du von einem hohen, hellen Raum mit großen Rundbogenfenstern geträumt hast. Auf den Tischen lagen medizinische Instrumente, fein säuberlich aufgereiht. Alles in bester Ordnung.

Heute Morgen hat Anouk Mangosaft in einer Eiswürfelbox gefroren und Zahnstocher hineingesteckt. Damit befeuchten wir deine Lippen und hoffen, dir die letzten Stunden etwas erträglicher zu machen. Als du vorhin an einem Mangowürfel ein wenig geleckt hast, hätte ich ihn mir danach am liebsten selbst in den Mund gesteckt und zu Ende gelutscht. Als letzten gemeinsamen Akt.

In Ägypten werden Mangos im Oktober reif, in deinem Geburtsmonat. Weißt du noch, wie wir alle immer darauf aus waren, hier eine Mango zu bekommen, die so gut schmeckt wie in Ägypten? Sie darf nicht hart sein, aber auch nicht zu weich. Innen schön gelb, aber nicht faserig. Das war unser Ding, die Suche nach der perfekten Mango.

Ich lege mich zu dir ins Bett und schiebe meine Hand unter deine. Ich hoffe, das stört dich nicht. Wann habe ich eigentlich das letzte Mal deine Hand gehalten? Wahrscheinlich, als wir Kinder waren. Wir haben uns auch nie viel umarmt. Trotzdem fühlte ich mich dir immer sehr nah, so unterschiedlich wir auch sind.

Während du gern zu Hause bist, wollte ich hinaus in die Welt. Ich liebe Bücher, du liest vielleicht eins im Jahr. Du bist Mitglied in der CSU, ich habe diese Partei noch nie gewählt. Trotzdem sind wir in vielen Dingen einer Meinung. Wie wenig die politische Einstellung doch zählt, wenn die Grundhaltung zum Leben dieselbe ist.

Jetzt, da du im Sterben liegst, will ich so viel Zeit wie möglich in deiner Nähe verbringen. Am liebsten würde ich dich umarmen und nicht mehr loslassen. Aber wir sollen dich nicht zurückhalten, hat Ruth gesagt. Sterben ist Arbeit, und diese Arbeit müssen wir dich jetzt machen lassen. Sterbende Menschen suchen sich einen unbeobachteten Moment, um zu gehen, einen, in dem sie allein sind. Tiere machen das ähnlich, sie verstecken sich draußen in der Natur, wenn sie merken, dass ihr Ende kommt.

Ich denke in den letzten Tagen auch an verpasste Chancen. Du wolltest noch einmal an deinen Geburtsort zurückkehren. Letztes Jahr schlugst du vor, wir sollten alle zusammen an Ostern nach Kairo fliegen, aber wir anderen sorgten uns mehr um die schwierige politische Situation dort, anstatt darum, dass es für dich bald zu spät sein könnte. Am Ende blieben wir zu Hause. Ich wünschte, wir wären geflogen. Ich hätte dich auf deiner Reise in die Vergangenheit so gern begleitet.

Jetzt können wir nur noch im Geiste gemeinsam reisen, während Anubis über dich wacht.

Seit unsere Eltern 1968 mit euch drei älteren Geschwistern aus Ägypten nach Deutschland zurückgekehrt waren, mit nicht viel mehr als den Kleidern am Leib, ging es immer bergauf für uns. Erst als du vor drei Jahren so schwer an Krebs erkrankt bist, wurde plötzlich alles anders. Für mich war der Zeitpunkt gekommen zurückzublicken. Hast du dich auch manchmal gefragt, wie es kam, dass unsere deutsche Mutter sich Anfang der 1960er-Jahre ausgerechnet in einen Ägypter verliebte? Das Ende der Nazidiktatur mit ihrem Rassenwahn lag gerade mal fünfzehn Jahre zurück. Und warum akzeptierte ihre tiefgläubige katholische Mutter diesen Studenten aus Nordafrika ohne Vorbehalte als Schwiegersohn?

Aber wahrscheinlich war unser Vater derjenige, der damals den größeren Schritt ins Ungewisse tat. Er wuchs in einer Kleinstadt im Nildelta auf, wo seine Mutter noch selbst das Fladenbrot buk und die Hühner schlachtete, und wo die Eltern die Ehepartner der Kinder aussuchten. Für ihn war eigentlich seine Cousine Yvonne bestimmt.

Und was haben wir, die nächste Generation, aus diesen zwei Welten mitgenommen? Wir vier dunkelhaarigen Geschwister, die zwar anders aussahen als die übrigen Kinder in der Reihenhaussiedlung Erding-Ost, sich aber meistens nicht anders fühlten?

Während du dich von deiner ersten Operation erholtest, begann ich die Geschichte unserer Familie zu erforschen. Ich ging in den Keller unserer Eltern, wo im Hobbyraum zehn dicke Ordner mit den Briefen unserer deutschen Großeltern lagern. Hunderte Seiten vergilbtes Papier in seidengefütterten Umschlägen, dicht beschrieben in deutscher Volksschrift, Liebesbriefe, Ansichtskarten, Feldpost. Um die Jahrtausendwende hat Onkel Heinrich mit dem Computer alles abgetippt, Original und Abschrift fein säuberlich in Klarsichthüllen gesteckt und abgeheftet. Ich las mich durch die gesammelten Dokumente, durch Dramen zwischen zwei Pappdeckeln.

Ich sprach mit unserem Vater über seine Kindheit im Nildelta und mit unserer Mutter über ihre im zerbombten München. Über Momente, in denen ihr Leben auf dem Spiel stand – und damit auch unsere Existenz. Über den Drang nach Freiheit, als Maria in Bayern und Amir in Ägypten aufbrachen und ihre Heimat verließen – sie mit dem Schiff über den Atlantik in die USA, er übers Mittelmeer nach Deutschland. Und darüber, wie Maria und Amir, die auf zwei verschiedenen Kontinenten aufwuchsen, zufällig aufeinandertrafen und für immer zusammenblieben.

Was damals in Deutschland noch ungewöhnlich war, wurde durch Familien wie unsere zur Normalität. »Zu wem g'hörst du?«, fragte man in der Stadt unserer Kindheit gern, um herauszufinden, wessen Spross man vor sich hatte. Mit unserer Antwort konnte selten jemand etwas anfangen. Heute ist das anders, und das ist auch dein Verdienst. Unser Nachname sichert mir bei der örtlichen Sparkasse einen satten Dispokredit, weil unsere Eltern und du dort seit Jahren Kunden seid. Du bist Teil der Erdinger Geschäftswelt geworden, der Bürgermeister ist dein bester Freund. Wir alle haben die Fähigkeit, uns unserer Umgebung anzupassen. Am kompromisslosesten warst allerdings du.

Ich denke jetzt manchmal an Scheherazade und die Märchen aus Tausendundeiner Nacht.

Es ist ungefähr tausendundeine Nacht her, dass wir von deiner Krankheit erfahren haben. Scheherazade erzählte um ihr Leben. Der persische König heiratete jeden Tag eine neue Jungfrau, die er nach der Hochzeitsnacht tötete, aber Scheherazade erzählte ihm Nacht für Nacht an seinem Bett so spannende Geschichten, dass er sie am Leben ließ und sein grausames Ritual nach tausendundeiner Nacht für immer beendete.

Viel Zeit bleibt uns nicht mehr. Wenn ich nun an deinem Bett sitze und dir die Geschichte unserer Familie erzähle, erzähle ich nicht um mein Leben, sondern gegen deinen Tod. Bald wirst du nicht mehr da sein. Ich kann dich nicht festhalten, aber ich will festhalten, was wir beide erlebt haben. Auch du sollst weiterleben, und mit dir das ägyptisch-deutsche Chamäleon.

Aufbruch I

München, Stollbergstraße 14

In unserer Kindheit gab es einen Ort, an dem der Tod immer präsent war. Der Ort war nicht unangenehm, im Gegenteil, wir waren gern bei unserer Oma Elisabeth. Sie lebte in ihrer Wohnung in der Stollbergstraße 14, seit sie mit ihrem Mann und den sieben Kindern 1938 dort eingezogen war. Und hier starb sie auch, kurz vor ihrem neunundneunzigsten Geburtstag, in einer warmen Augustnacht des Jahres 1998.

Wenn wir sie besuchten, schlug uns der Duft vergangener Zeiten entgegen, hier war jahrzehntelang gebacken und gekocht worden, Schmalzgeruch und Kohldämpfe hatten sich in den Wänden festgesetzt. Wir schritten über Teppiche, über die schon zwei Generationen vor uns gelaufen waren. In ihrem Wohnzimmer saßen wir unterm Herrgottswinkel und bewunderten ihre handgeschnitzte Schwarzwalduhr. Das kleine Holzvögelchen, das alle Viertelstunde durch ein kleines Türchen herauskam und »Kuckuck, Kuckuck, Kuckuck« rief, als wäre es lebendig, hat mich so fasziniert, dass unsere Eltern mir eine Miniatur-Kuckucksuhr aus Plastik für mein Zimmer kauften. Aber die konnte die Oma-Uhr natürlich nicht ersetzen.

Wenn unsere Mutter in der Münchner Innenstadt einkaufte, blieb ich bei Oma Elisabeth in der Wohnung. Ihr drei älteren Geschwister wart damals schon Teenager und froh, wenn ihr mal allein zu Hause in Erding sein konntet. Ich weiß nicht, was dir von Oma noch in Erinnerung ist, aber wenn ich an sie denke, dann sehe ich sie in der Küche stehen und Grießnockerlsuppe und Apfelstrudel zubereiten. Das hat sie oft gemacht, wenn ich zu Besuch kam. Ich kenne niemanden sonst, der diesen dünnen, fast durchsichtigen Teig so ziehen kann, wie sie es konnte. Überall in der Küche lagen die Teigblätter zum Trocknen herum, auf dem Büfett, der Arbeitsplatte, den Stühlen, sogar vom Gewürzregal hingen die runden Teigscheiben herunter, wie die weichen Uhren auf dem berühmten Dalí-Gemälde.

Ihre langen grauen Haare hatte Oma stets zu einem Dutt hochgesteckt, den metallene Haarnadeln zusammenhielten, von denen ich bis heute nicht so recht weiß, wie man sie benutzt, ohne sich dabei in die Kopfhaut zu piksen. Wenn sie in der Küche stand, waren die Ärmel ihrer Bluse hochgekrempelt, sodass ihre Unterarme zum Vorschein kamen, die so weich und weiß waren, wie nur Arme aussehen können, die nie der Sonne ausgesetzt werden. Sie trug immer langärmelige Kleider und ging fast nie ohne Hut aus dem Haus.

Weißt du noch, wie Oma zur Begrüßung immer »Hihi« zu uns Kindern sagte? Ich habe mich jedes Mal gewundert über diese Laute, die wahrscheinlich eine Abwandlung von »Huhu« sein sollten. Mir kam ihre Sprache überhaupt etwas altertümlich vor. Wenn sie auf die Toilette musste, sagte sie: »Ich geh verschwinden.« Vor dem Essen hieß es: »Wohl bekomm's!« Und wenn sie sich nach meiner Arbeit erkundigte, fragte sie: »Wie läuft's im Dienst?« Als wäre ich beim Militär.

Als Kind fand ich es auch erstaunlich, dass sie weder Rad fahren noch schwimmen konnte. Immer wieder fragte ich sie, ob das wirklich stimme. Und wenn sie bei uns im Auto mitfuhr, hielt sie sich verkrampft am Griff fest. Sie stammte aus dem letzten Jahrhundert, war 1899 geboren. In unserem Wohnzimmer hängt bis heute ihre Stickarbeit, die sie mit zehn im katholischen Mädcheninternat in Erding angefertigt hat: das Alphabet in geschwungenen Buchstaben, umrandet von einer Bordüre aus Blumen, so ordentlich wie von einer Maschine gestickt.

Unsere Oma konnte auch richtig gut sparen. Ihr Lebensmotto war auf den handbemalten Fliesen in der Küche verewigt: »Spare in der Zeit, so hast du in der Not.« Neulich fand ich bei Mama im Schrank einen alten Taschenkalender aus dem Jahr 1957, in den Elisabeth mit ihrer etwas krakeligen, spitz zulaufenden Schrift alle Ausgaben penibel eingetragen hat: Miete 161,06,- steht da zum Beispiel. Herder-Rechnung 3,20,- und Seife 2,-. Sogar Pfennigbeträge für Porto hat sie notiert. Ihre Rente damals reichte zwar aus, aber wie viele aus der Kriegsgeneration musste sie in ihrem Leben oft mit so wenig Geld zurechtkommen, dass die Sparsamkeit zu ihrem Wesen gehörte.

Ihre sieben Kinder zog Elisabeth allein groß, denn unser Großvater Rudolf starb während des Ostfeldzugs 1941 an Fleckfieber. Aber sein Geist lebte weiter in dieser Wohnung. Wenn Oma von ihm erzählte, und das tat sie bei jedem Besuch, sah er vom Foto auf dem Klavier auf uns herab, ein Mann mit wachen, blitzenden Augen, schütterem blonden Haar und einem ernsten Zug um die schmalen Lippen. In ihren Erzählungen war er ein liebevoller, fürsorgender, pflichtbewusster Vater und Gatte. »Der Vati war ein ganz feiner Mann«, sagte sie jedes Mal. Elisabeth glaubte fest daran, dass sie im Himmel mit ihrem Rudolf wieder vereint sein würde, wofür sie jeden Morgen betete. Solange es ging in der St.-Anna-Kirche, zehn Minuten von ihrer Wohnung entfernt, später dann unterm Herrgottswinkel.

Die Erinnerung an Rudolf, dessen Tod die Familie erschütterte, lange bevor wir geboren wurden, hilft mir jetzt, während wir dich verlieren. Elisabeth war gerade mal einundvierzig, als sie Witwe wurde, unsere Mutter, das jüngste Kind, wurde mit vier eine Halbwaise.

Der letzte Brief

In Omas Wohnung gab es immer etwas zu entdecken: Bildbände aus fernen Ländern, die sie sich gerne ansah, weil sie selbst nie weitergekommen war als bis nach Südtirol. Alte Fotoalben mit sepiafarbenen Familienfotos. Und sind dir mal die getrockneten Blumen aufgefallen, die in einem ovalen Bilderrahmen über Omas Bett hingen? Ich entdeckte sie neulich wieder, als ich Tante Josefa besuchte, bei der sie jetzt im Flur hängen. Die Blumen waren ein Geschenk, ein letzter Gruß von Rudolf. Elisabeth presste sie hinter Glas. Ein Moment des Glücks, gerettet für die Ewigkeit. Auf die Rückseite hat sie geschrieben: »Vom Hochfelln 1941«.

Unsere Großeltern sind gern in die Alpen gefahren, du bist, glaube ich, nach deiner Schulzeit auf keinen Berg mehr gestiegen. Bei Schulwandertagen mussten wir das, es war sozusagen bayerische Pflicht, aber sonst war Bergsteigen nichts für dich – man konnte da ja nicht mit dem Auto hochfahren. Ich hingegen bin geradezu süchtig nach den Gipfeln der Alpen und nach der Freiheit, die man empfindet, wenn man dort oben steht und einem die Welt zu Füßen liegt.

Auf dem Hochfelln spürt man das besonders, das Gipfelkreuz ragt aus einem schroffen Felsen empor, von dem es senkrecht nach unten geht. Man hat einen Blick über den ganzen Chiemgau, unten im Tal liegt der See wie ein riesiger Spiegel, und in einiger Entfernung sieht man Traunstein, eine Ansammlung von Häusern im Dunst, ein paar Kirchtürme und Schornsteine ragen empor. Unsere Urgroßeltern hatten dort einen Schreibwarenladen, dort wuchs unsere Großmutter auf, bis sie vierzehn war. Und im Juli 1941 verbrachten Rudolf und Elisabeth dort ihre letzten gemeinsamen Tage. Rudolf war gerade eingezogen worden, und man hatte ihn zunächst in Traunstein stationiert, zumindest ein vertrauter Ort bei all der Unsicherheit im Krieg. Rudolf hatte als Leutnant im Ersten Weltkrieg gekämpft, aber seit dreiundzwanzig Jahren kein Gewehr mehr in der Hand gehalten.

Ich weiß nicht, ob du das Gefühl nachvollziehen kannst, aber wenn ich auf einen Berg steige, spielt die Zeit keine Rolle mehr für mich: Er war schon vor meiner Geburt da, und er wird auch noch da sein, wenn ich längst tot bin. Als ich kürzlich wieder auf dem Hochfelln war, stellte ich mir vor, wie achtzig Jahre zuvor unsere Großeltern dort oben standen. Vielleicht Hand in Hand? Den Blick in weite Ferne gerichtet, während die Welt um sie herum aus den Fugen geriet? Elisabeth muss das Unheil bereits gespürt haben, denn seitdem ihr Mann Soldat war, litt sie an Migräne, die oft in derartigen Schüben kam, dass sie sich nur noch ins abgedunkelte Schlafzimmer legen konnte.

Warum hatte man einen zweiundfünfzigjährigen Vater von sieben Kindern überhaupt geholt? Weil Rudolf nicht in der Partei war? Elisabeth hasste die graue Uniform, die Stiefel, mit denen er von ihr fortmarschieren würde. Der Befehl zum Ausrücken konnte jederzeit kommen. Krieg im Westen, Krieg im Osten. Ihr eigener Vater war 1917 mit einem durchschossenen Bein heimgekehrt und konnte seither nie mehr richtig laufen. Jeder Krieg erschien ihr wie ein Irrsinn.

Auf dem Hochfelln unternahm sie einen letzten Versuch, ihren Mann davor zu bewahren. Waren ihre schwache Gesundheit und die sieben Kinder nicht Grund genug für eine Eingabe beim Reichskriegsministerium? Sie hatte Gallenprobleme und war erst kurz vor seiner Einberufung von einer wochenlangen Kur heimgekehrt, was nur möglich gewesen war, weil ihre Mutter und ihre älteste Tochter Josefa sich um den Haushalt gekümmert hatten. Was, wenn Rudolf nun in den Osten müsste, nach Russland, wo auch sein neunzehnjähriger Neffe kämpfte? Die Nachrichten von dort klangen besorgniserregend.

Rudolf versuchte sie zu beschwichtigen, ihm war eine Stelle als Ausbilder in Berchtesgaden in Aussicht gestellt worden, außerdem glaubte er fest daran, dass der Krieg bald zu Ende sein würde. Wie so viele damals noch an einen deutschen Sieg glaubten.

An diesem schönen Sommertag, so stelle ich es mir vor, küsste er sie und pflückte ihr den Blumenstrauß, der bis heute an ihn erinnert.

Am nächsten Morgen war Elisabeth nicht wohl bei dem Gedanken, ihren Mann wieder verlassen zu müssen, aber sein Kurzurlaub war vorbei, und die Kinder erwarteten sie. Bevor sie das Gasthaus verließ, in dem sie übernachtet hatten, legte sie die Blumen in ein Taschentuch und presste sie zwischen die Seiten ihres Buches, damit sie die Rückfahrt überstanden. Daraufhin kehrte sie schweren Herzens nach München zurück.

»Liebe Mutti! Wenn dich dieser Gruß erreicht, sind wir bereits über alle Berge. Ich bin guter Dinge und weiterhin mit dir in Gottvertrauen.«

Wie müssen Elisabeths Hände gezittert haben, als sie im August 1941 diesen ersten Feldpostbrief in Händen hielt und nun Gewissheit hatte, dass ihr Mann im Krieg und nicht in Berchtesgaden war. Heute liegt er im Keller unseres Elternhauses, und neulich hat einer ihrer vielen Urenkel ihn neugierig hervorgekramt.

Erinnerst du dich noch an das silberne Medaillon, das Oma immer an einer langen Silberkette trug? An das Porträt ihrer Schwiegermutter darin, die so gutmütig dreinblickte und von der sie auch später noch glaubte, sie wäre ihr Schutzengel? Manchmal sprach sie sogar mit ihr, und ich bin sicher, auch in diesem Moment. »Josefa, was soll ich tun?«

Josefa war eine Baroness, ihr Mann Oberlandesgerichtsrat in Köln, und Elisabeth verehrte sie sehr. Ihre eigenen Eltern waren einfache bayerische Kaufleute, die ersten aus ihren jeweiligen Familien, die den Bauernhof der Familie verlassen hatten und in die Stadt gezogen waren. Aus diesem Grund war Elisabeth Zeit ihres Lebens davon überzeugt, dass die noblen Kölner Verwandten sich für ihren Rudolf, das siebte von vierzehn Kindern, insgeheim eine bessere Partie gewünscht hätten, eine junge Frau aus gutem Hause und mit einer ordentlichen Mitgift. An dieser Überzeugung änderten auch die herzlichen Briefe nichts, die bis zu Josefas Tod im Jahr 1936 hin- und hergingen, und auch nicht, dass Josefa genauso religiös war wie sie.

Elisabeth selbst hatte keine Geschwister, ihr kleiner Bruder war früh an Diphtherie gestorben. Auch deshalb gab sie sich alle Mühe, die Erwartungen der Eltern zu erfüllen. Egal ob Handarbeiten, Hauswirtschaft, Schönschrift oder Buchführung, sie bekam fast nur Einsen im Internat. Ihren bairischen Dialekt gewöhnte sie sich ab, nur das »mei« und das »gelt«, die sie gerne in ihre Sätze einstreute, verrieten ihre Herkunft.

Von ihrer Mutter lernte Elisabeth, wie man Geld zusammenhält. Während der Vater sein gesamtes Vermögen durch unsichere Aktiengeschäfte verlor, versorgte die Mutter die Familie mit ihrem Schreibwarenladen. Auch Elisabeth musste früh ihr eigenes Geld verdienen und trat im Alter von einundzwanzig Jahren ihre erste Stelle an der Kasse einer großen Münchner Buchhandlung an, bei Herder am Dom in der Löwengrube 14. Dort nahm kurz darauf auch ein neuer Geschäftsführer seine Arbeit auf, ein Mann mit flaumigem blondem Haar und glasklaren blauen Augen, dessen energisch abstehende Nasenflügel nicht so recht zu seinem sonst eher zarten Äußeren passen wollten. Gleich nach seinem ersten Arbeitstag erzählte Elisabeth ihrer Mutter daheim von ihrem neuen Vorgesetzten. Er stamme aus Köln und sei ein ganz feiner Herr. »Wenn ich einmal heirate, dann so einen«, sagte sie. In den kommenden Wochen entwickelte sich im Schatten des Münchner Doms, umgeben vom staubigen Geruch Hunderter Bücher, eine zarte, bald ernsthafte Liebesgeschichte.

Als ich die alten Briefe unserer Großeltern durchsah, entdeckte ich auch Rudolfs ersten Liebesbrief an Elisabeth, auf der Rückseite eines vergilbten Rechnungsformulars der Buchhandlung Herder. Was unser Großvater vor hundert Jahren ohne Anrede hastig und mit Bleistift auf das dünne Papier schrieb, ist noch immer gut lesbar:

»Seien Sie guten Mutes. Ich bringe Ihrer Liebe und Ihren persönlichen Verhältnissen die größte Beachtung und Wertschätzung entgegen. Meine Liebe wird sich aufbauen auf klarer Erkenntnis und vollster Lebensbejahung.«

Er sei zuweilen ein »undankbarer Philosoph«, warnte Rudolf seine Angebetete. Ich nehme an, er spielte damit auf seine Vergangenheit als Ordensbruder an: Nach seiner Rückkehr aus dem Ersten Weltkrieg wollte Rudolf eigentlich Mönch werden, aber diesen Plan gab er nach wenigen Monaten im Kloster wieder auf.

Ein halbes Jahr nach dem ersten Liebesbrief, am 30. Dezember 1922, heirateten Elisabeth und Rudolf. Zehn Monate später kam ihr erstes Kind zur Welt: Josefa, benannt nach der Schwiegermutter.

Rudolfs Kompanie war nach Weißrussland geschickt worden, in bereits eroberte Gebiete, er sei der Kommandant eines Zugs, schrieb er seiner Frau. Später wurde er Kommandant einer kleinen Stadt in der Nähe von Gomel. Alle paar Wochen bekam sie einen Brief von ihm, doch die Schilderungen seiner Erlebnisse blieben vage. Er berichtete von der »unverbesserlichen Not«, die dort herrsche, von der »Not der Kriegsgefangenen«. Er erlebe »ganz furchtbare Dinge. Einzelheiten zu berichten, muss ich mir allerdings für später versparen.« Er schrieb auch von »den Juden, die nun weg« seien. Mehr schrieb er dazu nicht, die Feldpost wurde zensiert. »Etwas Unheimliches lastet auf diesem Land, für Gott existiert es nicht«, schloss er einen seiner Briefe.

Zu Hause in München tat Elisabeth, was sie immer tat: beten und arbeiten. Auch wir lernten sie noch so kennen: morgens um sechs der Kirchgang, dann waschen, kochen, flicken. In jenen Kriegsmonaten waren die Nahrungsmittel schon rationiert und vieles war gar nicht mehr zu bekommen, doch zum Glück überließen ihr die Verwandten von den Bauernhöfen in Grabing und Steinkirchen Äpfel, Kartoffeln und Gläser mit eingemachtem Gemüse. Dafür musste sie mit den älteren Kindern jedes Mal eine lange Reise auf sich nehmen. Erst fuhren sie mit dem Zug nach Taufkirchen, dann liefen sie einige Kilometer zu Fuß, und auf dem Rückweg schleppten sie die kiloschweren Taschen und Rucksäcke.

Wann immer Elisabeth ein paar Minuten Zeit fand, schrieb sie ihrem Mann und erzählte ihm von den Kindern, von Josefa, Adelheid, Heinrich, Korbinian, Therese, Theo und der kleinen Maria – oder Schnucki, wie Mama als Kind genannt wurde. Sie schickte ihm Pakete mit Geräuchertem, Gebäck und wollener Unterwäsche, damit er nicht hungern und nicht frieren musste im sowjetischen Winter.

Am vorletzten Tag des Jahres 1941, ihrem neunzehnten Hochzeitstag, schrieb Elisabeth ihm einen besonderen Brief. Auch in München war dieser Winter eisig, dicke Schneeflocken fielen vom Himmel, und ein scharfer Wind blies durch die Straßen Münchens, als sie sich an den runden Esstisch unterm Herrgottswinkel setzte. Schnucki fuhr unten im Hof mit Theo Schlitten, und die älteren Brüder bastelten an ihren Holzfliegern, die sie zu Weihnachten bekommen hatten. Elisabeth war froh, überhaupt etwas für sie gefunden zu haben. Die Spielwarengeschäfte waren fast leer, die Arbeiter und Handwerker alle eingezogen, und was es an Holz und Metall noch gab, wurde zu kriegswichtigem Gerät verarbeitet und nicht zu Spielwaren.

Ich sehe sie vor mir, wie sie ihren damals noch schwarzen Dutt richtet und ihre Brille aufsetzt, das einst runde Gesicht von den Strapazen der letzten Jahre spitz und hager geworden. Wie sie einen Bogen ihres cremefarbenen Briefpapiers aus der Kommode holt und das Datum notiert: 30.12.1941. Zu Beginn hatte sie ihren Mann noch mit »Lieber Rudolf« angeredet und er sie mit »Liebe Liesel« oder »Liebes Kind«, aber nun war sie nur noch »Mutti«, und auch sie begann diesen Brief mit »Lieber Vati!«. Weiter schrieb sie:

»Heute, an unserem Hochzeitstage, musst du doch noch einen kurzen Gruß haben. Ich war heute in der Kirche und habe dem lieben Gott für das Glück, dass wir beide gemeinsam unseren Lebensweg gehen dürfen, gedankt. Wenn es auch manchmal schon schwere Zeiten waren, so hat doch in Treue und Liebe eines zum andern gestanden. Gebe Gott, dass wir noch viele Jahre beisammen sein dürfen.«

Sie erzählte von den Kindern, von Schnucki, die das Vaterunser schon fehlerfrei beten könne, und von Adelheid, siebzehn inzwischen, die ihren Arbeitslohn als Laborantin schon wieder beim Friseur ausgegeben habe. Sie bedankte sich für das Weihnachtspaket, das Rudolf der Familie geschickt hatte, vor allem für die Zahnpasta, die man gerade so schwer bekomme und über die sich die Kinder sehr gefreut hätten.

»Hoffentlich bekomme ich bald gute Nachricht von dir. Ich muss so oft an dich denken und möchte am liebsten jeden Tag von dir hören. Recht herzliche Grüße. In Liebe, Mutti.«

Die Nachricht kam vier Tage später, am frühen Nachmittag. Um diese Zeit ruhte Elisabeth, und selbst die kleine Schnucki, die eigentlich immer vor sich hin plapperte, saß still im Wohnzimmer und lauschte dem Summen des Wasserkessels, der damals noch auf dem alten Ofen vor sich hin bullerte, die älteren Kinder lasen in ihren Zimmern oder stickten. Es war also still in der Wohnung, als die Türklingel den Schrecken, der nun über Elisabeth und ihre Kinder hereinbrach, um so schriller ankündigte.

Die achtzehnjährige Josefa mit den langen braunen Zöpfen und dem großen Kreuz, das um ihren Hals hing und sie regelrecht vornüber zu ziehen schien, öffnete die Tür und nahm das Kuvert vom Postboten entgegen. Seit zwei Wochen hatte Elisabeth nichts mehr von ihrem Mann gehört, und nun kam ein Einschreiben. Auf der Rückseite des Kuverts prangte ein Stempel mit dem Eingangsdatum in München: 03.01.1942, darunter das Hakenkreuz und rundherum der Schriftzug »Hauptstadt der Bewegung«. Wie damals, als sie ihren ersten Feldpostbrief erhielt, zitterten Elisabeths Hände beim Öffnen des Umschlags. Stumm und hastig überflog sie, was der Chefarzt des Lazaretts in Gomel ihr am Heiligen Abend geschrieben hatte.

»Ich habe die traurige Pflicht, Ihnen mitteilen zu müssen, dass Ihr Mann, der Oberleutnant RUDOLF SEITZ, der am 7. Dezember 1941 mit Fleckfieber ins Lazarett eingeliefert wurde, am 16. Dezember 1941 gestorben ist.«

Die nächsten Zeilen, in denen der Militärarzt berichtete, dass Rudolf auf dem »Heldenfriedhof in Gomel« beigesetzt worden war, verschwammen vor Elisabeths Augen. An ihrem Hochzeitstag war Rudolf also schon tot gewesen. Ihr fiel ein, dass sie am 16. Dezember abends im Weihnachtskonzert des Bach-Vereins gewesen war. Im Wohnzimmer lag noch das Programm. Als der Chor »Morgenstern der finstern Nacht« gesungen hatte, hatte sie sich ihrem Mann so nah gefühlt.

Dann verlor Elisabeth das Bewusstsein.

Der Wolf und die sieben Geißlein

Die Geschichte unserer deutschen Großeltern hat auch dich immer fasziniert. Du hättest dich zwar niemals durch die vielen Leitz-Ordner mit den alten Briefen gequält, aber als unsere Oma Ende neunzig war, bist du mit deiner Videokamera zu ihr nach München gefahren, um sie über ihr Leben zu befragen. »Sie hat fast ein Jahrhundert gelebt. Das muss man doch festhalten, bevor alles mit ihr verschwindet«, hast du damals gesagt.

Was genau daraus wurde, wusste ich lange nicht. Aber jetzt fiel mir diese Aufnahme wieder ein, und ich habe Mama danach gefragt.

»Ja, die DVD liegt in irgendeiner Schublade.«

»Und? Hast du sie dir nie angesehen?«

»Nein. Irgendwie nicht.«

Warum Mama diesen Film seit zwanzig Jahren dort liegen lässt, kann ich mir nicht erklären. Aus Schmerz über den Tod ihrer Mutter? Sie war damals ein Jahr lang nicht mehr sie selbst, weinte viel.

Ich werde mir deinen Film ansehen, aber im Moment schaffe auch ich es nicht: unsere tote Oma, plötzlich wieder lebendig, im Zwiegespräch mit dir, der nun im Sterben liegt.

Wenn ich deinen Sohn ansehe, wie er verstohlen um dein Bett schleicht, muss ich daran denken, dass auch Mama ihren Vater als Kind verloren hat. Sie hat nie viel davon gesprochen, woraus man schließen könnte, es hätte ihr wenig ausgemacht. Doch als ich mir neulich ihr Fotoalbum aus der Teenagerzeit ansah, blickte mir von der ersten Seite ein Porträt unseres

Großvaters entgegen, damit eröffnete sie das Album. Der Tag der Trauerfeier habe sich für immer in ihr Gedächtnis gebrannt, erzählte sie mir.

Obwohl Rudolfs Leichnam längst in Gomel unter der Erde lag, organisierte Elisabeth in München nicht nur die übliche kirchliche Zeremonie, sondern ließ auch einen Grabstein für ihren Mann anfertigen. Als Kind habe ich mich immer gewundert, wenn wir auf den Ostfriedhof gingen und vor diesem Stein standen, weil ich wusste, dass der Leichnam unseres Opas irgendwo weit entfernt im Osten beerdigt worden war. Du kennst sicher auch die alten Schwarz-Weiß-Fotos von seinem Grab in Gomel, die man mit der Todesnachricht geschickt hatte, Oma hat sie uns ein paarmal gezeigt: Man sieht darauf einen Grabhügel im Schatten einer Birke, am Kopfende steht ein Holzkreuz mit der Aufschrift »Rudolf Seitz«, dahinter und daneben erheben sich Dutzende gleicher Hügel, nur die Namen auf den Kreuzen sind andere.

Schon Tage vor der Trauerfeier hörte die kleine Maria ihre Geschwister über die vielen Verwandten reden, die zu Besuch kommen würden, sogar die Familien vom Land wollten den beschwerlichen Weg auf sich nehmen. Als ihre große Schwester Josefa sie dann aber am Morgen der Feier für den Kindergarten fertig machte, anstatt sie in die Kirche mitzunehmen, weinte sie. Warum durfte sie nicht dabei sein?

»Schnucki, so eine Trauerfeier ist nichts für dich«, hieß es, und damit war die Sache erledigt.

Die Kinder gingen zum Schlittenfahren in die Isaranlagen. Sie stapften die Böschung hoch, oben zwischen den Bäumen leuchtete der goldene Friedensengel, unten rauschte der Fluss vorbei.

Woran erinnert sie sich heute, wenn sie an die Vierjährige von damals denkt? Dass sie sich in den Schnee warf, wie ein

Hampelmann die Beine auf und ab bewegte und »ein Schneeengel!« rief, als sie aufstand und ihren Abdruck am Boden betrachtete. Josefa hatte ihr gesagt, dass der Vater jetzt auch ein Engel sei und vom Himmel aus auf sie aufpassen werde. Oben auf dem Hügel war ihr plötzlich alles ganz leicht vorgekommen, weshalb sie sich auf den Schlitten setzte, mit den Beinen abstieß und hinuntersauste. Direkt auf den Baum zu, da nutzte kein Fersenstemmen etwas, der Schlitten tat, was er wollte.

Mit einem weißen Verband um den Kopf platzte sie später mitten in die Trauergesellschaft, die sich zu Hause in der Stollbergstraße versammelt hatte. Aller Augen waren auf sie gerichtet, und aus Elisabeths blassem Gesicht wich noch der letzte Anflug von Farbe.

»Das wird schon wieder. Zum Glück hat die Schnucki ja einen Dickschädel«, sagte ihr großer Bruder Theo und brachte damit alle zum Lachen.

Unsere Mutter muss als Kind eine Frohnatur gewesen sein. Fast auf allen Fotos aus jener Zeit lacht sie, die Augen zu kleinen Schlitzen zusammengekniffen, Grübchen auf den Wangen. Vielleicht liegt es auch an ihrer Nase, die wie eine Rutschbahn geschwungen ist, dass sie immer etwas frech aussieht. Von den sieben Geschwistern kam sie wohl am besten mit dem Verlust des Vaters zurecht, wahrscheinlich weil sie noch so jung war und sich alle um sie kümmerten. Und weil sie ihren Vater ohnehin seit Monaten nicht mehr gesehen hatte. Außerdem war ja im Haus immer etwas los. Ihre Oma Anna und Tante Marille, eine Freundin der Familie aus Schwabing, waren da, um zu helfen.

Dafür machten sich ihre älteren Geschwister umso mehr Sorgen, dass sie bald nicht nur ohne Vater sein würden. Nach der Beerdigung versank Elisabeth in ihrer Trauer, verweigerte jedes Essen und schien immer mehr zu verschwinden. Sie lag in ihrem dunklen, unbeheizten Zimmer wie im Koma und sprach kaum. Nur Schnucki, die handgenähte Puppe vom Weihnachtsfest immer im Arm, schaffte es hin und wieder, dass sie ein paar Stücke Brot oder Apfel von ihr nahm, während der neunjährige Theo vor ihrer Zimmertür saß und hoffte, seine Mutter möge endlich wieder herauskommen.

Unser Onkel Theo, dem wir später bei seinen Marathonläufen zujubelten, war ein schmächtiger kleiner Junge, das vorletzte Kind, das von den älteren Geschwistern manchmal wegen seiner mandelförmigen Augen gehänselt wurde. Weil niemand sonst in der Familie solche Augen hatte, meinten die Älteren, er sei wohl ein Findelkind und stamme von den Mongolen ab. Nach dem Tod des Vaters stritt er sich vor allem mit Josefa, die nun das Regiment übernommen hatte und die Arbeiten im Haus verteilte. Er war dafür zuständig, Schnucki in den Kindergarten zu bringen, der neben seiner Schule lag, was nicht einfach war, weil Schnucki immer herumtrödelte und nicht auf ihn hörte. Theo wiederum wollte sich von Josefa nicht herumkommandieren lassen und nannte sie wegen ihrer herrischen Art nur noch Josef.

Auch Korbinian, der Vierzehnjährige, geriet mit Josefa aneinander. Sie hatte die Verteilung der Brotrationen übernommen: Jedes Kind bekam seinen eigenen Laib, in den sie den Anfangsbuchstaben des Vornamens ritzte und die Rinde einschnitt, sodass jeder wusste, wie viel er täglich essen durfte. Korbinian, der größte von allen, war immer hungrig und schnitt sich, wenn er es nicht mehr aushielt, bei den anderen heimlich eine Scheibe ab. Auch wenn die es vielleicht nicht mitbekamen, Josefa bemerkte es und machte den Diebstahl in einem großen Donnerwetter publik. Um dem täglichen

Ärger unter den Geschwistern zu entgehen, verbrachte sein ein Jahr älterer Bruder Heinrich die Nachmittage am liebsten im Hort der St.-Anna-Schule, wo es auch damals noch gutes Essen für die Kinder gab.

Es sollte mehrere Wochen dauern, bis Elisabeth wie durch eine innere Eingebung eines Morgens wieder aufstand, ihre Finger ins kleine Weihwasserbecken an der Wand ihres Zimmers tippte, sich bekreuzigte und beschloss, dass es irgendwie weitergehen musste. Um der Kinder willen.

Sie fuhr nach Langengeisling zu ihrer Cousine Betty – erinnerst du dich, die dunkelhaarige Frau mit dem Damenbart, die noch in hohem Alter an ihrer Nähmaschine saß und Kleider schneiderte? Betty nähte auch die Dirndl, die Mama mir als Mädchen so gern anzog und die ich überhaupt nicht mochte. Elisabeth ließ sich damals zwei schwarze Blusen und Röcke von ihr nähen. Den Ehering ihres Mannes, den man ihr mit den anderen Sachen aus Gomel zurückgeschickt hatte, brachte sie mit ihrem eigenen zum Juwelier und ließ aus beiden einen einzigen machen, mit sieben winzigen Steinen darin, einen für jedes Kind.

Seither stand Rudolfs Porträt, das er kurz vor seiner Einberufung hatte machen lassen, auf dem Klavier im Wohnzimmer, und wurde verehrt wie ein Heiligtum. Wenn sie fortan von ihm erzählte, dann von dem »feinen Mann«, der nie ein böses Wort an sie gerichtet habe, der, wann immer er konnte, mit den Kindern für die Schule gelernt und ihnen im Volksbad das Schwimmen beigebracht habe. Von seiner zaudernden, grüblerischen Art, vor der er seine Braut schon in seinem ersten Brief gewarnt hatte, war nie die Rede.

Alle Fährnisse der letzten Jahre, die Nöte und Mühen, schienen in Elisabeths Erinnerung wie weggewischt. Doch wie groß die Geldsorgen unserer Großeltern lange gewesen waren, wurde mir erst klar, als ich die vielen Briefe las, die sie sich in der Anfangszeit schrieben. Rudolf war in den ersten Ehejahren kaum zu Hause. Wie es damals üblich war, gab Elisabeth nach der Hochzeit ihre Stelle in der Buchhandlung Herder auf, und bald kündigte sich das erste Kind an. Auch Rudolf verließ die Münchner Traditionsbuchhandlung und wechselte in den Vertrieb des Pustet Verlags. Aber auch dort hielt es ihn nicht lange. Er wollte sein eigener Herr sein und versuchte sich als Verkäufer von Messbüchern, wofür er erst mit dem Fahrrad und dann mit dem Moped durch ganz Deutschland zog. Elisabeth hielt daheim das Geld zusammen und ermahnte ihren Mann zur Sparsamkeit, wenn er auf seinen Touren mehr Benzin verbrauchte, als er durch den Verkauf der Bücher verdiente. Sie besserte die Einnahmen auf, indem sie in München Eier von den Höfen ihrer Verwandten verkaufte. Und einmal schrieb sie ihrem Mann, er solle ihr bitte endlich Geld schicken, sie habe nur noch fünf Mark im Portemonnaie.

Eine Zeit lang plante die Familie, nach Hamburg umzuziehen, wo Rudolf die Buchabteilung der neuen Karstadt-Filiale in Barmbek aufbaute, aber aus der erhofften Festanstellung in dem modernen Kaufhaus wurde nichts. Dann wollte Rudolf die Buchhandlung einer Pfarrei übernehmen. Auch das zerschlug sich. Ob er seine Eltern nicht um Geld bitten wollte, oder ob sie – hochbetagt und mit vierzehn Nachkommen – außer ihrem noblen Stammbaum nichts zu bieten hatten, weiß heute niemand mehr.

Erst 1930, als Rudolf und Elisabeth im schwäbischen Aalen einen Schreibwarenladen übernahmen, kehrte Ruhe ein. Bis 1933 die Nationalsozialisten an die Macht kamen. In der Kleinstadt sprach sich schnell herum, dass Rudolf, anders als die meisten Geschäftsleute im Ort, nicht in die NSDAP eingetreten war. Die katholische Familie Seitz glaubte an Gott, nicht an Hitler, und während die drei Söhne bei der Fronleichnamsprozession die Prozessionsfahnen trugen, standen die Spitzel aus der Partei am Wegesrand und sahen genau hin, wer da mitlief. Als später ein Nazi-Mob das Bischofspalais im schwäbischen Rottenburg stürmte, weil Bischof Sproll ein erklärter Gegner der Nazis war, unterzeichnete Rudolf mit anderen Katholiken einen offenen Protestbrief. In dieser Zeit brach der Familie eine wichtige Einnahmequelle weg: Die Nazis verhinderten, dass Rudolf Seitz ihre neuen Schulbücher in seinem Laden verkaufte.

Was jedoch schließlich dazu führte, dass sie den Laden irgendwann schließen mussten, darüber gehen die Meinungen auseinander. Oma erzählte mir, dass sie das Geschäft nicht hätten halten können, nachdem sie die Schulbücher nicht mehr verkaufen durften. Onkel Theo vermutet, das Geschäft seiner Eltern ging einfach pleite, weil es nicht rentabel war.

Jedenfalls geht die Familienerzählung so, dass die Stadtverwaltung den erwerbslosen Rudolf daraufhin zur Straßenreinigung einteilte – eine Demütigung, die er laut unserer Oma still ertrug. Bis ein Bekannter aus der Kirchengemeinde ihn eines Tages mit einem Besen den Gehweg fegen sah, Mitleid mit dem frommen Mann hatte, aber vor allem über Kontakte in die Finanzverwaltung von Oberbayern verfügte und Rudolf eine Stelle in München verschaffte. Schließlich bezog die Familie die Wohnung in der Stollbergstraße 14.

Bei einem meiner Besuche, ich war vielleicht zehn Jahre alt, erklärte mir Oma, woran man erkennen könne, wo im Krieg die Bomben heruntergekommen seien: überall dort, wo ein Neubau stand oder eine Lücke klaffte. Und als wir zusammen zum Fenster hinaussahen, fielen mir plötzlich die vielen Neubauten und Lücken in ihrer Straße auf. Sie befindet sich im einst bevorzugten Abwurfgebiet der Alliierten, Regierungsgebäude und Staatskanzlei sind nicht weit entfernt.

Die Luftangriffe auf München begannen wenige Wochen nach Rudolfs Tod. Es war mitten in der Nacht, als die Sirenen zum ersten Mal heulten und Elisabeth mit ihren Kindern in den Keller musste. Unzählige solcher Nächte folgten, und schon bald kamen die Bombenangriffe in immer kürzeren Abständen. Beim Zubettgehen ließen sie die Kleider an, und Schnucki schlief bei ihrer Mutter im Bett, damit Elisabeth ihre Kleine bei Alarm schnell mitnehmen konnte. Unten im Keller hatten die Hausbewohner Notbetten und einen Ofen aufgestellt, und Schnucki fand es aufregend, dass alle zusammensaßen. Sie verstand die Gefahr nicht.

Und auch Elisabeth nahm das, was um sie herum geschah, wie durch einen Schleier wahr. Sie war selbst überrascht, wie wenig sie der Krieg da draußen berührte. Ihr Krieg tobte im Inneren. Abends, wenn die Kinder schliefen und die Sehnsucht nach ihrem Mann sie besonders quälte, holte sie seinen Koffer vom Schrank, den man ihr aus Gomel zugeschickt hatte, setzte sich vor den Ofen und packte alles aus. Da war die Stiefelhose, die sie ihm im Sommer hatte anfertigen lassen. Seine Brille, sein Rosenkranz, sein Schal, der anfangs noch nach seiner Rasierseife roch. Tief sog sie den Duft ein, obwohl nur noch ein Hauch davon übrig war. Auch das Benzinfeuerzeug war dabei, das sie ihm mitgebracht hatte, als sie ihn in Traunstein besuchte, kurz bevor er ausrückte. Sie berührte die Gegenstände, strich darüber und stellte sich vor, wie ihr geliebter Mann sie in seinen Händen gehalten hatte.

Wir beide haben uns oft darüber unterhalten, wie turbulent es damals zugegangen sein muss in der Stollbergstraße mit den sieben Geschwistern unter einem Dach, von denen einige sehr eigenwillige Persönlichkeiten besaßen: Josefa natürlich; dann Adelheid, die Zweitgeborene, die in allem das Gegenteil ihrer großen Schwester war und nicht gerne Ordnung hielt, ihr karges Gehalt in schöne Kleider und neue Frisuren investierte und sich nicht für Jesus, sondern für ganz reale Männer interessierte; Heinrich, der sich für nichts als Volksmusik aus dem neunzehnten Jahrhundert begeisterte und darüber manchmal das Essen vergaß; Theo, der immer um die Liebe seiner Mutter buhlte und sogar auf ihrer Beerdigung unter Tränen noch davon sprach, wie wenig Zeit sie für ihn gehabt hatte.

Bald kam der Fliegeralarm auch tagsüber. Wenn das »Kuckuck, Kuckuck« aus dem Radio ertönte, stand ein Bombenangriff kurz bevor. An einem dieser Tage war Josefa mit Schnucki allein zu Hause. Elisabeth war bei den Verwandten auf dem Land, die anderen Geschwister saßen in der Schule. Nachdem die Mädchen unten im Keller angekommen waren und der Luftschutzwart die Tür hinter ihnen verriegelt hatte, gab es plötzlich einen dumpfen Schlag, diesmal näher als jemals zuvor. Die Wände wackelten, der Putz bröckelte von den Mauern. Eine Frau begann zu wimmern.

Das Haus bebte erneut, und Josefa betete still den Rosenkranz vor sich hin. Auch sie hatte Todesangst, ließ es sich aber nicht anmerken. Wenn sie betete, fühlte sie sich geborgen, ganz bei Gott, vor dessen Angesicht sie bald treten wollte. Sie würde Ordensschwester werden, davon war sie überzeugt.

Schnucki fühlte sich sicher neben ihrer großen Schwester und fütterte stoisch ihre Puppe.

Erst nach einer halben Stunde wurde das Dröhnen leiser, die Flugzeuge drehten ab, und im Keller machte man sich bereit, wieder nach oben zu gehen. Kaum waren die Bewohner im Treppenhaus angekommen, sahen sie, dass eine der Lampen zu Boden gefallen war und auf den Stiegen weißer Putz lag. Irgendetwas musste geschehen sein, vielleicht lag eine Brandbombe auf dem Speicher?

»Ich gehe hoch«, sagte Josefa, und niemand widersprach. Eilig lief sie die Holzstiegen hinauf, die Finger umklammerten das Kreuz vor ihrer Brust. Im Speicher prangte in der Mitte des Daches ein Loch. Der Wind blies hinein und wirbelte Staub auf. Dann sah sie das Ding: eine konisch zulaufende Brandbombe lag da, gut zwanzig Zentimeter lang. Sie hatte nicht gezündet, musste aber raus, bevor sie doch noch hochging und der Dachstuhl in Flammen stand. Josefa ging auf die Bombe zu und nahm sie vorsichtig in den Arm, langsam, fast zärtlich, wie ein neugeborenes Baby. Das Metall fühlte sich warm an. Schritt für Schritt stieg sie die Stufen wieder hinunter. Die Nachbarn warteten schon, und als sie Josefa sahen, wichen sie zur Seite, bleich, als schwebte ein Gespenst die Stiegen herab. Der Luftschutzwart eilte zur Haustür, Josefa trat über die Schwelle und legte die Bombe in sicherer Entfernung vom Haus auf der Straße ab, dann rannte sie zurück.

Nachdem der Kampfmittelbeseitigungsdienst die Bombe entschärft hatte und der Schreck vorüber war, gingen Josefa und Schnucki nach draußen. Sie wollten Tante Marille in Schwabing besuchen, um nachzusehen, wie es ihr ergangen war. Die Straßen waren voller Menschen, die das Ausmaß der Zerstörung begutachteten. Die Erleichterung, selbst nicht getroffen worden zu sein, wich sehr bald der Neugier.

Dieser Angriff auf München im März 1943 war der schlimmste, den die Stadt bislang erlebt hatte. Ein beißender Brandgeruch lag in der Luft, während die beiden Schwestern die Maximilianstraße hinunter in Richtung Feldherrnhalle gingen, überall stieg schwarzer Rauch auf. Sie liefen an der

Oper vorbei und bogen in die Ludwigstraße. Auch die Staatsbibliothek brannte. Josefa zog Schnucki hinter sich her und lief mit ihr auf das riesige sandfarbene Backsteingebäude zu, das für Josefa immer ausgesehen hatte wie eine unzerstörbare Trutzburg. Dutzende Menschen hatten sich davor versammelt, die Feuerwehrleute versuchten, den Brand zu löschen, Helfer warfen wahllos Bücher aus den Fenstern.

Mit bebender Stimme erklärte Josefa ihrer kleinen Schwester, dass dort Werke aus fünfhundert Jahren lagerten. Und auch wenn Schnucki sich darunter noch nichts vorstellen konnte, Bücher waren auch für sie etwas Besonderes. Das ganze Wohnzimmer zu Hause stand voll damit, und sie mochte es sehr, wenn ihr die Mutter vorlas. Nun segelten lose Seiten vom Himmel, und vielleicht dachte Schnucki in diesem Moment an ihr liebstes Buch, das Märchen vom »Wolf und den sieben Geißlein«, in dem das jüngste Geißlein als einziges dem Wolf entkommt und später alle seine Geschwister rettet. In ihrer Vorstellung war sie lange selbst das siebte Geißlein.

Auch das Haus, in dem Marille wohnte, war schwer getroffen worden. Wie ein fauler Zahn, schwarz und halb abgebrochen, ragte es in den Himmel. Die Fassade war weg, und wie bei einem Puppenhaus konnte man ins Innere des Hauses sehen. Im zweiten Stock entdeckte Schnucki Marilles weinrotes Sofa, fast vollständig mit Putz bedeckt. Von Marille selbst fehlte allerdings jede Spur.

Zwei Tage voller Sorgen vergingen, bis die Familie herausfand, dass Marille während des Angriffs bei ihrer Schwester gewesen war, die am Stadtrand in Obermenzing wohnte. An diesem Tag waren auch Elisabeths Eltern in der Humboldtstraße ausgebombt worden, und sie wusste, dass es an der Zeit war, wenigstens ihre drei jüngsten Kinder in Sicherheit zu bringen.

Hinterland

Du kennst sicher die alte Fotografie im Flur unseres Elternhauses, gleich wenn man hereinkommt. Ein schlichtes Bild, ich schätze, es ist aus den 1930er-Jahren, Mama weiß es selbst nicht so genau. Jedenfalls war es ursprünglich schwarz-weiß und wurde nachkoloriert. Es zeigt eine graue Kirche auf einem unwirklich grünen Hügel, dahinter sieht man den Pfarrhof von Steinkirchen, ein weißes Eckgebäude mit kirschrotem Dach. Farben wie im Rausch. Dieses Foto steht für die glücklichsten Jahre der Kindheit unserer Mutter. »Steinkirchen war das Paradies«, sagte sie mir einmal. »Wir konnten tun und lassen, was wir wollten.«

Wusstest du eigentlich, wie viele Erinnerungsstücke es in unserem Elternhaus an diese Zeit gibt? Die zwei feinen, mit Seidensatin bezogenen Biedermeierstühle, auf denen wir Kinder nie sitzen durften, weil Mama Angst hatte, dass wir sie bekleckerten. Mama hat sie von Lisi geschenkt bekommen, einer von Omas drei ledigen Großcousinen, die sie während des Krieges bei sich im Pfarrhof von Steinkirchen aufnahmen. Dort führten sie ihrem Cousin, dem Pfarrer Wimmer, Haus und Hof. Auch die Vitrine, in die ich als Kind mit einem Stuhl rückwärts hineinkippte und dabei das wertvolle Kristallglas zerschmetterte, ist von Lisi. Und daneben hängt das kleine Landschaftsgemälde, das diese Steinkirchen-Gedächtnis-Ecke abrundet.

Neulich war ich mit Mama wieder mal dort. Dein Sohn war gerade zu Besuch, also packten wir ihn und meine Kinder ins Auto und fuhren los. Wir kamen durch all die Dörfer, in denen unsere unzähligen Erdinger Verwandten wohnen, durch Langengeisling, Pirka, Tittenkofen. Unsere Urgroßmutter Anna stammt von dort. Sie hatte dreizehn Geschwister, was in unserer Verwandtschaft noch nicht mal übermäßig viel war. Ihre Schwester Babett brach alle Rekorde und bekam achtzehn Kinder. Später hatte sie vierundvierzig Enkel und hundert und einen Urenkel. Ich schätze, wir sind so ziemlich mit jedem in der nordöstlichen Ecke Erdings verwandt.

Nach gut zwanzig Minuten erreichten wir Steinkirchen und gingen hinauf zur Kirche. Wie auf dem Foto breiten sich auch heute noch grüne Wiesen und braune Äcker vor ihr aus, nur von einer schmalen Straße durchschnitten, die sich wie eine Schlange durch die Landschaft windet. Am Horizont sahen wir die Alpenkette glühen. Es hatte Föhn, und die Berge schienen ganz nah zu sein – ich liebe diese bayerische Fata Morgana.

Wir gingen über den Friedhof, ehrfürchtig betrachteten die Kinder die vielen Gräber ihrer Ahnen. Der halbe Friedhof scheint voll von ihnen zu sein.

Im Pfarrhof gegenüber wohnen heute zwei polnische Pfarrer, weil sogar in Bayern der Nachwuchs für diesen Beruf fehlt. Aber das Gebäude sieht noch genauso aus wie 1943, als unsere Mutter auf der Ladefläche eines Kartoffellasters hier ankam.

Kurz nach dem verheerenden Luftangriff auf München holte ein Bauer aus Steinkirchen Elisabeth mit ihren drei jüngsten Kindern ab. Sie wollte Therese, Theo und Maria nicht in eines dieser Nazi-Landschulheime geben, in denen die meisten Stadtkinder untergebracht waren, und war dankbar, dass sie auf den Pfarrhof durften. Die vier älteren Kinder blieben in München, weil sie dort in die Oberschule gingen oder schon arbeiteten.

Bei »den Tanten«, wie die Kinder die drei Schwestern Lisi, Resi und Kati nannten, gebe es keine Bomben und genug zu essen, erklärte Elisabeth, während sie die zerbombten Häuser der Großstadt hinter sich ließen und immer weiter ostwärts fuhren, bis an den Rand von Oberbayern.

Das Erste, was Schnucki in Steinkirchen auffiel, war der Jauchegeruch. Ein Bauer odelte gerade sein Feld. Sie beschwerte sich bei ihrer Mutter über den Gestank, da trat Lisi, die jüngste der drei Schwestern, aus dem Haus, eine kleine, kräftige Frau mit hochgekrempelten Ärmeln und einer Zahnlücke im Oberkiefer, was Schnucki gut gefiel, denn ihr selbst war gerade der erste Zahn ausgefallen. Neben Lisi trottete Pauli, der alte Schäferhund, und schnupperte neugierig an den fremden Stadtkindern.

Lisi sollten die Kinder bald am liebsten mögen, sie lachte viel und hatte mehr Geduld mit ihnen als die beiden anderen Tanten. Sie trug immer eine Schürze über ihren Kleidern, außer am Sonntag. Wenn sie nicht in der Küche oder im Stall arbeitete, kümmerte sie sich um den Garten. In Mamas Erinnerung hatte Lisi fast immer eine Gießkanne in der Hand, denn der Garten war ihr eigentliches Refugium: vom Frühjahr bis in den Spätherbst ein Meer bunter Blumen, mit denen sie die Kirche schmückte, Tulpen, Pfingstrosen, Löwenmaul, Margeriten und am Ende der Saison noch bunte Dahlien.

Lisi war die einzige Steinkirchener Tante, die wir noch kennenlernten. Sie sprach einen starken oberbairischen Dialekt, weshalb ich sie oft nicht verstand, in meinen Kinderohren hörten sich ihre Sätze wie freundliches Bellen an.

Wir waren nicht allzu oft bei unseren Verwandten rund um Steinkirchen, aber wenn wir dort waren, kamen mir die Frauen vor wie Vertreterinnen eines kernigen Urvolks, mit rosigen Wangen und rissigen Händen. Sie waren ähnlich wie unsere ägyptischen Tanten allesamt einfache Frauen, gottesfürchtig und fleißig. Nicht arm, nicht reich, aber zufrieden mit dem, was sie hatten. Auch die Großmutter meines israelischen Freundes, mit dem ich später zusammenlebte, gehörte zu diesem Frauentypus. Sie war eine gläubige jemenitische Jüdin, die zu Fuß durch die Wüste gelaufen war, um ins Heilige Land zu kommen. Bei diesen kleinen, zähen Frauen mit ihren Lachfalten und Kopftüchern habe ich mich immer wohlgefühlt wie zu Hause in einer weltumspannenden Sippe.

Im Pfarrhof von Steinkirchen sind wir nie gewesen, aber so, wie unsere Mutter ihn beschreibt, muss man sich darin wie in einer Höhle vorgekommen sein. Zumindest als Kind. Die Tür war so niedrig, dass ein Erwachsener den Kopf einziehen musste, und durch die kleinen Fenster kam nur wenig Tageslicht herein, es roch nach Butterschmalz und gelagerten Äpfeln.

Damals, als die Münchner ankamen, stand in der Küche, dem einzigen beheizten Raum, schon ein Hefezopf auf dem groben Holztisch, und Resi, die mittlere der drei Schwestern, bereitete am Herd dampfenden Pfefferminztee zu. Die Kinder ahnten gleich, dass sie hier im Schlaraffenland gelandet waren, für sie gab es selbst gepressten Apfelsaft.

Am Kachelofen saß die grauhaarige Kati und stopfte Socken. Sie nickte den Kindern zu, dann setzte sie ihre Arbeit fort. Kati war damals schon über siebzig und hatte dem vorherigen Pfarrer den Haushalt geführt. Der Ofen in der Küche war ihr Stammplatz, nur wenn die Sonne schien, humpelte sie zur Bank vor dem Pfarrhof und ließ sich dort nieder.

Nach ein paar Tagen musste Elisabeth zurück nach München zu ihren vier älteren Kindern. Schnucki weinte beim Abschied, sie wusste, dass ihre Mutter erst in einigen Wochen wieder zu Besuch käme. Aber als Lisi sie mit in die Speisekammer nahm und sie sich dort eine Leckerei aussuchen durfte, war ihre Trauer schnell vergessen.

Lisi war die Köchin des Pfarrers, und deshalb gab es in ihrer Speis die feinsten Sachen: Speck, Rohrnudeln mit Pflaumenmus, immer einen Hefezopf. Im Speiseplan offenbarte sich die Hierarchie des Pfarrhofs: Der Pfarrer bekam jeden Tag ein großes Stück Fleisch, außer am Freitag, dem Todestag Jesu, da gab es eine üppige Mehlspeise für ihn, manchmal auch Forelle oder Bachsaibling. Dementsprechend übergewichtig war er. Die anderen mussten sich mit den einfacheren Gerichten begnügen, für die Resi zuständig war: Kohl, Kartoffeln, Knödel und Gemüse in Mehlschwitze.

Manchmal, wenn Lisi gerade beim Melken im Stall war oder im Garten arbeitete, gingen die Kinder heimlich in die Speis und stibitzten sich die eine oder andere Leckerei. Sie waren stets davon überzeugt, dass Lisi nichts merkte. Wahrscheinlich war es aber eher ihrer Gutmütigkeit zuzuschreiben, dass sie die Kinder nie zur Rede stellte.

Im Dorf sprach sich schnell herum, dass drei »Zuagroaste« aus München angekommen waren, und anfangs wurden sie von den anderen Kindern neugierig beäugt. Therese hatte es mit ihren dreizehn Jahren etwas schwerer, aber Maria und Theo fanden schnell Freunde, auch wenn sie immer die »Münchner Kinder« blieben. Es muss ihnen damals ähnlich ergangen sein wie uns deutsch-ägyptischen Kindern, als wir nach Erding zogen.

Bald waren die Münchner für ihre verrückten Ideen bekannt. Am Windrad neben dem Pfarrhof, das auf einem zehn Meter hohen Metallgestell thronte, verabredeten sie sich zu Mutproben. Ihre Mutter war weit weg, die Tanten hatten zu tun, niemand hielt die Kinder auf. Theo und die anderen Dorfjungen maßen sich darin, wer es am weitesten nach oben schaffte. Auch Schnucki machte mit, gab aus Angst aber meist nach wenigen Metern auf.

Einmal schoss Theo beim »Indianerspiel« einem anderen Jungen mit einem Pfeil in den Po, aber wirklich Ärger gab es nur, als Theo und Schnucki bei den anderen Bauern hamstern gingen. Das hatten sie sich bei den mageren Städtern abgeguckt, die manchmal an die Tür des Pfarrhofs klopften, und von den Schwestern immer etwas bekamen, einen Tiegel Schmalz oder ein paar Eier, manchmal auch Mehl oder eingelegte Gurken. Für die Kinder wurde daraus ein Spiel, kichernd zogen sie von Tür zu Tür und freuten sich, wenn man ihnen etwas gab. Es dauerte allerdings nicht lang, bis man sich im Dorf ernsthaft fragte, ob die Kinder vom Pfarrhof um Essen bettelten, weil sie dort nicht genug bekämen – und das packte die Tanten bei ihrer Ehre. Das Hamstern wurde Theo und Schnucki fortan strengstens verboten.

Aber auch die Tanten liebten es, den Kindern Streiche zu spielen. Ihre Aprilscherze sind legendär, unsere Mutter erzählt bis heute davon. Einmal wurde Schnucki von Lisi in den Dorfladen geschickt, um ein Fläschchen »Ibidumm« zu kaufen. Unter dem Gelächter der Tanten kam sie mit leeren Händen zurück. Im nächsten Jahr sollte sie mit Theo im Dorfladen ein Päckchen abholen. Sie wunderten sich, was darin war, weil sie es kaum tragen konnten. Zu Hause angekommen, ermunterten die Tanten sie, es aufzumachen. Zum Vorschein kamen vier Backsteine.

Alle paar Wochen machte Elisabeth sich auf den gefährlichen Weg von München nach Steinkirchen. Mittlerweile bombardierten die Alliierten auch die Zuglinien, um den Nazis die Transportwege abzuschneiden. Unsere Oma hat mir mal erzählt, wie sie und die anderen Fahrgäste bei Fliegeralarm den Zug verlassen mussten, sich irgendwo in der Nähe auf den Boden warfen und hofften, dass sie nicht getroffen wurden.

In Steinkirchen warteten die Kinder oft stundenlang auf die Ankunft ihrer Mutter. Vom Hügel des Pfarrhofs konnten sie weit ins Land sehen, und sobald sich Elisabeth am Horizont abzeichnete, rannten sie los und stürzten sich in ihre Arme.

Von einem dieser Besuche gibt es ein Foto. Ich meine, die Strapazen des Krieges in Omas Gesicht zu erkennen, sie sieht dünn und hager aus, gehetzt, aber glücklich in diesem Moment. Die dreizehnjährige Therese, fast so groß wie sie, hat den Arm um sie gelegt, daneben der grinsende Theo. Elisabeths Hände ruhen schützend auf Schnuckis Schultern, die vor ihr steht. Ein kleines Kind von sechs oder sieben Jahren, pausbackig und lachend, das schon gelernt hat, ohne die Mutter zurechtzukommen. »Ich habe zwar jedes Mal geweint, wenn sie ging. Aber dann habe ich es auch schnell wieder weggesteckt«, sagte Mama in Steinkirchen zu mir. »Es war einfach so eine komische Zeit damals.«

Aber auch eine Zeit der großen Freiheit. Es gab nur ein paar wenige Regeln: Am Morgen mussten die Kinder in die Schule gehen und sonntags in der Kirche ruhig sein, samstags wurde gebadet. Manchmal sollten sie die Kühe auf der Weide hüten oder den Feldarbeitern nachmittags die Jause rausbringen, ansonsten waren sie sich selbst überlassen. Allzu viel Schaden konnten sie auf den Feldern rund um den Pfarrhof ja auch nicht anrichten. Schnucki, die im Fasching am liebsten als Cowboy ging, fühlte sich hier wie in der endlos weiten Prärie. In München war ihr hingegen oft furchtbar langweilig gewesen. Elisabeth hatte ihre Jüngste kaum zum Spielen nach draußen gelassen, weil sich das nicht schickte. Sie durfte auch nicht mit den anderen Kindern im Hinterhof spielen, da würde sie sich nur schmutzig machen, hieß es. »Das höchste der Gefühle war, wenn ich mit meinem alten Tretroller, der in der Mitte immer durchbrach, den Gehweg vor unserem Haus auf- und abfahren durfte«, erzählte Mama mir.

In ihrem zweiten Jahr in Steinkirchen starb Pauli. Schnucki hatte den Hund inzwischen sehr liebgewonnen, und sie bestand darauf, dass er unter einem großen Baum in der Nähe des Pfarrhofs begraben wurde. Von da an ging sie mit ihrer Schulkameradin Erika in der großen Pause immer an Paulis Grab und brachte gepflückte Blumen mit. Manchmal kamen die Mädchen danach nicht pünktlich zum Unterricht zurück, einmal sogar eine satte Viertelstunde zu spät, wofür allerdings nur Schnucki bestraft wurde – nicht Erika. Schnucki musste sich vorne neben das Pult stellen, dann gab ihr die Lehrerin Fräulein Hillgruber mit einem Holzlineal Tatzen auf die Handinnenflächen.

»Sie war fürchterlich, eine richtige Nazi-Anhängerin. Sie glaubte, dass ich, die freche Münchnerin, die Drahtzieherin wäre und die arme Erika nur verführt hätte.« Eine Haltung, die bestimmt auch dadurch genährt wurde, dass Fräulein Hillgruber immer wieder Fleisch und Eier von Erikas Tante bekam.

Die Münchner Kinder waren Fräulein Hillgruber, die alle Schüler im Dorf unterrichtete, sowieso ein Dorn im Auge. Was auch daran lag, dass Theo im üblichen Trubel vor dem Unterrichtsbeginn einmal auf eine Schulbank gestiegen war, ein Porträt Adolf Hitlers hochgehalten und »Den häng ich auf!« geschrien hatte. Es war als lustiges Wortspiel gemeint, aber Fräulein Hillgruber nahm es bitterernst. Sie drohte dem Jungen mit Konsequenzen. Theo bekam Angst und verließ den Pfarrhof zwei Tage lang nicht mehr. Aber aus irgendeinem Grund, den er sich bis heute nicht erklären kann, verlief die Sache im Sande. Vielleicht hatten die Tanten, die im Dorf hoch angesehen waren, die Lehrerin beschwichtigen können.

Was ein Nazi eigentlich war, wusste Schnucki nicht so genau. Aber sie spürte, dass die Tanten und der Pfarrer keine Anhänger Hitlers waren. »Ihr sagt nichts weiter, was wir hier im Pfarrhaus bereden«, hatten sie den Kindern gleich zu Beginn eingebläut. Im Pfarrhof wusste man um das Schicksal des Pfarrers Korbinian Aigner, der aus dem Nachbardorf Hohenpolding stammte. Er hatte sich abfällig über die Nazis geäußert, war denunziert worden und saß nun im »Priesterblock« des KZ Dachau ein.

Den letzten Kriegswinter verbrachten Theo und Schnucki ohne ihre große Schwester. Therese war nach München zurückgekehrt, weil es in Steinkirchen keine passende Schule mehr für sie gab. In der Kammer, in der Schnucki und Theo nun allein schliefen, war es in diesem Winter so kalt, dass sogar das Waschwasser in der Karaffe einfror. Und in einer dieser kalten Nächte holte der Krieg die Kinder dann doch noch ein. Plötzlich stand Lisi in ihrem Zimmer und weckte sie. Im Halbschlaf sahen die Kinder, dass die Scheiben geborsten waren, Schnee wehte ins Zimmer hinein. Barfuß liefen sie über ein Gemisch aus Scherben und Flocken, das den Boden in eine feucht-glitzernde Fläche verwandelte. Schnucki musste ans Märchen von der Schneekönigin denken, in dem der Zauberspiegel zerbrochen war und das Böse in die Welt brachte.

Beim Huber am Dorfeingang sei eine Bombe runtergekommen, erklärte Lisi den Kindern. Sie schlüpften ohne Strümpfe in die Schuhe und warfen sich ihre Mäntel über. Draußen hatten sich schon andere Dorfbewohner versammelt, und gemeinsam ging man zum Huber-Haus, das nur ein paar Schritte entfernt war. Der Dachstuhl brannte lichterloh. Dass niemand verletzt worden war, kam einem Wunder gleich, denn vom Einschlag war eine derart heftige Druckwelle ausgegangen, dass die Scheiben aller Häuser im Umkreis kaputt gegangen waren. Man war sich schnell einig, dass der Abwurf der Brandbombe ein Versehen gewesen sein musste. Wahrscheinlich hatte sie ein Flieger auf dem Weg zum Erdinger Militärflughafen einfach verloren.

Als ich mit Mama und den Kindern nach Steinkirchen fuhr, hat sie uns das Haus gezeigt, in das damals die Bombe gefallen war. Man sah natürlich nichts mehr davon, und doch starrten die Kinder gebannt auf das Gebäude und redeten noch tagelang davon, dass ihre Oma einmal einen Bombenabwurf miterlebt hatte. Was in ihrer Vorstellung nur in anderen Ländern geschieht, war plötzlich ganz nah.

Wenige Tage nach dem Bombenabwurf starb Tante Kati. Ob vor Aufregung oder einfach, weil sie alt war, konnte niemand so genau sagen. Wie auf dem Land üblich, wurde die Tante drei Tage lang aufgebahrt, damit Verwandte und Bekannte sich von ihr verabschieden konnten. Man hatte ihr das Sonntagskostüm angezogen, sie frisiert und im offenen Sarg auf den Tisch im sogenannten Hochzeitszimmer gestellt, wo der Pfarrer normalerweise angehende Eheleute empfing, um sie über den Sinn der kirchlichen Heirat aufzuklären. Der Sarg war weiß, weil Tante Kati Jungfrau war, sie würde einen besonderen Platz im Himmel einnehmen, davon waren alle im Dorf überzeugt. Im Pfarrhof gingen die Besucher ein und aus, doch Schnucki stand vor der Tür und weigerte sich, das Zimmer zu betreten. Es war ihr unheimlich, dass der Sarg mit der leblosen Tante auf diesem Tisch stand, den sonst Kerzenleuchter und ein schönes Deckchen schmückten.

Am 1. Mai kamen die Amerikaner nach Steinkirchen. Obwohl laut Kalender längst Frühling war, lag draußen noch Schnee. Von der Anhöhe des Pfarrhofs aus sahen Schnucki und Theo, wie riesige Panzer auf das Dorf zurollten. In den Wäldern, das hatten auch die Kinder mitbekommen, versteckten sich SS-Leute, die sich in ihrem Wahn vom Endsieg nicht kampflos ergeben wollten. Dabei hatten die Amerikaner am Vortag sogar München erobert. Schüsse peitschten über die Felder, und der Pfarrhof lag mittendrin.

Während die Panzer immer näher kamen, versammelten sich die Bewohner des Pfarrhofs vor einem Marienbild, der Pfarrer hielt eine Andacht. Gemeinsam betete man das Ave-Maria in Endlosschleife: »Heilige Maria, Mutter Gottes, bitte für uns Sünder, jetzt und in der Stunde unseres Todes.« Schnucki konnte es vor lauter Angst bald nicht mehr mitsprechen. Sie rückte näher an Lisi heran, die den Arm um sie legte und sie fest an sich schmiegte.

Dann wurde es draußen plötzlich still. Der Pfarrer unterbrach die Andacht, alle gingen ans Fenster und sahen, dass die amerikanischen Soldaten nun vor dem Haus standen. Die Kinder staunten mit offenem Mund: Unter den Männern waren Schwarze. »Marokkaner« seien das, behauptete Lisi.

Kurz darauf hängten die ersten Dorfbewohner weiße Fahnen aus den Fenstern, einige trauten sich sogar auf die Straße. Nur Fräulein Hillgruber versteckte sich im Keller, wie die Kinder später erfuhren. Sie kam erst nach einer Woche wieder heraus.

Irgendwann klopfte es an der Tür. Der Pfarrer öffnete, und zwei Soldaten mit Gewehren standen da und gaben zu verstehen, dass sie das Haus durchsuchen wollten. Die Frauen und Kinder zogen sich in die Küche zurück, während die Amerikaner, die Gewehre weiter im Anschlag, von Zimmer zu

Zimmer gingen. Nach einer halben Stunde war alles vorbei, und die Soldaten zogen mit einem »Goodbye« wieder ab.

Am nächsten Tag sah Schnucki in der Kirche, dass dort die Leiche einer Frau aufgebahrt war, die Mutter eines Schulkameraden, wie sie bei näherem Hinsehen erkannte. Während der Kämpfe war eine Kugel durch die Scheibe ihrer Küche geflogen und hatte sie getroffen. Sie hatte gerade mit ihren Kindern zu Mittag gegessen.

Unsere Mutter war acht Jahre alt, als in Deutschland die Stunde null schlug. Und auch wenn sie es damals neben dem Leichnam der toten Frau nicht ahnte: Von nun an sollte es stetig bergauf gehen.

Großmutter und der Adjutant

Mit demselben Kartoffellaster, der sie zwei Jahre zuvor nach Steinkirchen gebracht hatte, fuhren Schnucki und Theo mit ihrer Mutter im Frühsommer 1945 nach München zurück. Nur fuhr der Laster jetzt nicht mehr mit Benzin. Es gab keines. Stattdessen hatte der Bauer hinten am Auto einen Metallkessel mit einem Rohr befestigt, den er vor der Abfahrt mit Holzstücken befüllt hatte. Als er anfuhr, kam dichter Rauch aus dem Rohr, und der Kessel ratterte und zischte.

Schnucki und Theo erkannten die Stadt kaum wieder. Von der Oper stand nur noch die Fassade, die Löwengrube hinterm Dom, wo Elisabeth und Rudolf sich kennengelernt hatten, gab es schlicht nicht mehr. Einst hatten hier Häuser den Blick auf den Dom verdeckt, jetzt stand er nackt da.

Zu Hause in der Stollbergstraße 14 war es ungewöhnlich dunkel. Die Fenster waren mit Pappe abgedichtet worden, weil alle Scheiben zersprungen waren. In der Küche lag noch immer ein Brotlaib für jeden, die Anfangsbuchstaben der Vornamen in die Kruste eingeritzt. Nur der Laib mit dem »K« fehlte. Als Schnucki nachfragte, begann ihre Mutter zu weinen. Mittlerweile siebzehn, war Korbinian kurz vor Kriegsende noch als Flakhelfer eingezogen worden und in amerikanische Kriegsgefangenschaft geraten. Niemand wusste, wie es ihm ging und wann er wiederkommen würde.

Ungefähr zu dieser Zeit muss der frühere Adjutant unseres Großvaters in die Stollbergstraße gekommen sein. Oma hat mir erzählt, wie wichtig dieser Besuch für sie war. Früher habe ich mir diesen Adjutanten als Mann in Uniform und Stiefelhosen vorgestellt, was natürlich Unsinn ist, weil nach dem Krieg keiner mehr die Wehrmachtsuniform trug. Jedenfalls muss er bei Oma auf dem gelben Samtsofa gesessen haben, unter Raffaels *Madonna Tempi*, unter der ich als Kind sehr gerne saß und die nun bei unseren Eltern über dem Sofa hängt. Die Madonna mit dem Jesuskind im Arm guckt so gütig, dass ich mich immer gleich beschützt fühlte.

Oma hatte das Gemälde 1942 vom Geld gekauft, das ihr nach Rudolfs Tod aus seiner Lebensversicherung ausbezahlt worden war, viel war es nicht, ein paar Tausend Reichsmark. Weil das Geld immer weniger wert wurde und es kaum mehr etwas zu kaufen gab, investierte sie einen Teil in die Madonna.

Der Adjutant erzählte Elisabeth, wie er ihren Mann noch im Lazarett in Gomel besucht hatte. Rudolf habe geweint, weil er gewusst habe, dass er sterben werde, und er habe sich sehr um seine Frau und die sieben Kinder gesorgt. Dann soll der Adjutant noch gesagt haben, dass Rudolfs Tod im Lazarett vermutlich die gnädigere Variante gewesen sei. Er wäre nämlich kurz darauf vors Kriegsgericht gestellt worden.

Ich stelle mir vor, wie Elisabeth aufrecht und stumm in ihrem Sessel saß und dem Adjutanten genau zuhörte. Sie wusste ja nicht viel darüber, was ihr Mann im Krieg erlebt hatte. Kurz vor seinem Tod hatte er ihr geschrieben, er sei Kommandant eines Ortes etwa hundertfünfzig Kilometer südöstlich der Stadt Bobruisk. Dort sei er unter anderem für die Zivilbevölkerung zuständig und müsse Reiseausweise und andere Papiere ausstellen. Und genau das, so soll es der Adjutant erzählt haben, habe Rudolf genutzt, um Passierscheine an Bewohner auszustellen, die aus dem Ort fliehen wollten. Darunter seien auch Juden gewesen.

Als Kind konnte ich mir darunter nichts vorstellen, doch seit mir bewusst ist, was hinter dieser Erzählung steckt, frage ich mich, ob es tatsächlich stimmen kann, dass unser Großvater versucht hat, Juden zu helfen. Zu der Zeit, als ich in Israel wohnte und gerade zu Besuch in München war, fragte ich Oma noch einmal danach. Sie saß in ihrem Ohrensessel am Fenster, vor sich das Stickzeug und die Zeitung, ihre wichtigsten Gefährten im Alter, und bestätigte in ein paar knappen, nüchternen Sätzen, wie es eben ihre Art war, dass ihr der Adjutant genau das erzählt habe.

Könnte es vielleicht sein, dass sie den Adjutanten missverstanden hat, im Wunsch, ihr Ehemann möge nicht umsonst gestorben sein in diesem grauenvollen Krieg?

Auch Onkel Heinrich, der damals noch lebte, habe ich danach gefragt, er kannte sich von allen am besten mit der Familiengeschichte aus. Das Verfahren vor dem Kriegsgericht sei bereits in Vorbereitung gewesen, sagte er und bestätigte Omas Aussage damit. Mama und Onkel Theo – er war bei Kriegsende immerhin dreizehn – erinnern sich hingegen überhaupt nicht an den Adjutanten, nur daran, dass man sich in der Familie erzählte, Rudolfs Kompanie habe Gefangene bewacht und Rudolf habe Probleme mit Vorgesetzten bekommen, weil er ihnen habe helfen wollen. Wer diese Gefangenen nun genau waren und wie unser Großvater ihnen geholfen haben soll, daran erinnern sie sich nicht.

Stimmt die Geschichte?

Die Gegend um Bobruisk war im Sommer 1941 von der Wehrmacht eingenommen worden. Die Stadt selbst war ein wichtiges Zentrum jüdischer Kultur gewesen, ein Drittel der Bevölkerung waren Juden – zwanzig- bis dreißigtausend Menschen. Erst trieben die Deutschen sie in Gettos. Dann begannen die Massenerschießungen durch SS und Polizeibataillone. Tausende jüdische Männer, Frauen und Kinder wurden ermordet. Kurz nach den ersten Exekutionen kam unser Großvater dort an.

Ich habe Bilder von solchen Massakern in Polen und der Ukraine gesehen. SS-Leute, die jüdische Frauen in den Wald führen. Deutsche Polizisten, die nach einer Massenexekution inmitten nackter Frauen- und Kinderleichen stehen und die letzten Überlebenden aus nächster Nähe erschießen. Eine Frau, die noch ihr Kind auf dem Arm hält, während Mitglieder der SS-Einsatzgruppe die Waffen anlegen. Die Männer tragen Stiefelhosen, wie sie auch unser Großvater trug.

In der ganzen Umgebung von Bobruisk wurden im Herbst und Winter 1941 Juden zusammengetrieben und getötet. Rudolf war vielleicht nicht Zeuge, aber er wird mitbekommen haben, was geschah. Meinte er das, als er Ende November 1941 schrieb, er erlebe ganz furchtbare Dinge, könne aber keine Einzelheiten berichten? Stattdessen flüchtete er sich in Metaphern: »Auf der Landschaft mit ihren unendlichen Weiten liegt Melancholie. Schwer und träge fließen die Ströme dahin«, schrieb er im selben Brief. Er erzählte, dass er sich mit einem russischen Geistlichen angefreundet habe. Und weiter: »Ich muss doch immer unter Menschen sein, und hier tut ja das Trösten, Mut machen und Aufrichten not.«

In seinem Nachlass befindet sich auch ein Gedicht, das er zwei Wochen vor seinem Tod geschrieben hat:

O Welt, was ist mit dir geschehn
Du gingst so schön hervor
Aus deines Schöpfers Hand
Und jetzt muss ich zerstört dich sehn

Weh dir, das tat dein schlimmer Wahn
Der dich abirren ließ
Von Gottes heil'gem Pfad
D'rum hebe laute Klage an.

Nichts ist mehr, was uns freut an dir,
In Bitterkeit getaucht
Ist alle Lebenslust
Von Lieb' zu dir blieb nichts in mir
Und dennoch darf ich dich nicht schmähn,
Bin doch ein Stück von dir. –
Ist's auch ein harter Kampf,
Komm Welt, wir wollen auferstehn.

Versuchte er, seine Gewissensqualen mit dem Schreiben trauriger Gedichte zu lindern? Oder half er tatsächlich Menschen, die in ihrer Not zu ihm kamen und ihn um ein Dokument baten, mit dem sie aus der Stadt fliehen konnten? Aber war er nicht auch ein Zauderer? Hätte er, dessen Lebensinhalt die Familie war, für andere sein Leben aufs Spiel gesetzt? Die Familie war seit der Erfahrung in Aalen sehr vorsichtig. Wenn unsere Oma ihrem Mann mitteilen wollte, dass die Kinder in den Gottesdienst der Jesuiten in der Kaulbachstraße gegangen waren, schrieb sie nur vom Gottesdienst in der »K.B.«. Die Jesuiten galten den Nazis als »Volksschädlinge«, viele Patres wurden verfolgt.

Ein russischstämmiger Bekannter aus Israel empfahl mir, Inserate in israelische und jüdische Zeitungen zu setzen und so nach Leuten aus der Umgebung von Bobruisk zu suchen, die unseren Großvater gekannt haben könnten. Das war 1997, damals hätte es noch eine Chance gegeben, Informationen zu bekommen. Aber ich habe es nie versucht.

Vielleicht, weil mir die Ungewissheit insgeheim lieber war.

Ich weiß nicht, wie es dir geht, aber in manchen Situationen war ich ganz froh, dass wir nur zur Hälfte deutscher Herkunft sind. Im Geschichtsunterricht und später in Israel gab es für mich immer eine Hintertür, durch die ich mich innerlich schleichen konnte, wenn es zu schmerzhaft wurde.

Der GI, Jesus und Errol Flynn

Neulich habe ich Tante Josefa in Feldkirchen besucht. Ich weiß nicht, wann du das letzte Mal in ihrer Wohnung warst, aber ist dir auch aufgefallen, wie sehr sie einen an die unserer Großmutter erinnert? Josefa ist jetzt siebenundneunzig, fast so alt wie Elisabeth war, als sie starb. Vielleicht liegt es daran, dass einem dort der gleiche Geruch entgegenschlägt wie in der Stollbergstraße. Vielleicht aber auch daran, dass Josefa die letzten fünfundzwanzig Jahre bis zum Tod ihrer Mutter mit ihr dort gewohnt hat. In der Nacht, als Oma ihren letzten Atemzug tat, war es Josefa, die sie in ihren Armen hielt.

Bei ihrem Umzug nahm unsere Tante einige Möbel mit, auch den zehn Meter langen Läufer mit dem Paisleymuster, auf dem wir als Kinder um die Wette gelaufen sind. Josefa ist ja eine sehr praktisch denkende Frau, was sich nicht nur darin zeigt, dass sie seit fünfzig Jahren den gleichen Pilzkopf trägt: Damit der Teppich in ihr neues Wohnzimmer passt, hat sie ihn in drei Teile zerschnitten und mit Paketband aneinandergeklebt, sodass sie nicht über die Kanten stolpert.

Immer wenn ich zu Josefa komme, staune ich über die Bücher in ihrem Wohnzimmerregal.

Die Gedichte des indischen Mystikers Kabir sind darunter. Auf Englisch. Die Veden und die Bhagavad Gita. In Hindi. Wir würden diese Bücher wahrscheinlich nicht mal auf Deutsch verstehen. Dazwischen steht ihr eigenes Buch, *Abenteuer des Glaubens*, auf dem ein verschneiter Gipfel des Himalayas zu sehen ist. Darin beschreibt sie ein Erweckungserlebnis, das sie mit vierzehn gehabt habe, erzählt, wie ein unsichtbares Licht sie durchflutet und sie eine Stimme in ihrem Innern gehört habe: »Bewahre dir die Liebe deines Herzens, denn vielleicht wird Gott sie eines Tages von dir verlangen.« Mit sechsundzwanzig Jahren trat sie in ein Benediktinerkloster ein, von dem sie sechzehn Jahre später genug hatte und nach Indien in einen Ashram ging. Dort stieß sie auch auf die »Lehre der Meister«, eine hinduistisch beeinflusste Lebensphilosophie mit Millionen Anhängern auf der ganzen Welt. Statt Jesus verehrt sie seither den spirituellen Meister Kirpal Singh und trägt den Namen: »Sadhana«, Anbetung. Nur wir in der Familie nennen sie weiter Josefa.

In ihrem Wohnzimmer hat sie einige Bilder ihres Gurus aufgestellt, ein alter, freundlich lächelnder Mann mit Turban und langem weißem Bart. Er schickte unsere Tante Anfang der 1970er-Jahre nach Deutschland zurück, damit sie seine Lehre in den Westen trägt. Seither trifft sie sich jede Woche mit anderen Anhängern der »Lehre der Meister«, und Sadhana alias Josefa ist so eine Art Eminenz, die die Schriften des Meisters erklärt und Vorträge hält.

Wusstest du, dass sie jede Nacht um drei Uhr aufsteht und bis sechs Uhr meditiert? Und das seit fünfzig Jahren.

In der Familie schmunzeln wir oft über unsere Tante. Wenn ich Freunden von ihr erzähle, nenne ich sie oft »die Indien-Tante«. Aber ich schätze, was Intellekt und Weisheit anbelangt, ist sie uns allen überlegen. Man vergisst das nur im Alltag, weil sie sich oft etwas eigenartig verhält, sich den ganzen Tag nur mit ihren Büchern beschäftigt und irdische Konventionen deshalb für sie keinen Sinn mehr ergeben. Ist dir aufgefallen, dass sie am Telefon weder »Hallo« noch »Auf Wiedersehen« sagt? Sie redet einfach drauflos, spricht eigentlich nur von sich selbst und legt auf, wenn sie fertig ist. Ich war fast erschrocken, als sie mich bei meinem letzten Besuch plötzlich fragte, wie es mir geht.

Später machten wir einen Waldspaziergang. Andere in ihrem Alter hätten Probleme gehabt, mit dem Rollator über die Baumwurzeln zu kommen, aber Josefa walzte einfach darüber hinweg, als wollte sie den Boden planieren. Ich kam kaum hinterher. Erinnerst du dich, wie sie mit fünfundsiebzig noch das Rollerbladen lernte? Früher bezwang sie mit ihrem Durchhaltevermögen Berge im Himalaya und schätzungsweise auch ihren Sexualtrieb – in ihrem Buch schreibt sie, dass sie schon mit achtzehn bei ihrem Seelsorger das Gelübde für ein zölibatäres Leben abgelegt habe. Und wehe, ein Mann wagte sich in ihre Nähe. Onkel Theo erlebte als Junge einmal mit, wie ein Schulkamerad seiner Schwester an der Tür klingelte, um sie auf einen Spaziergang einzuladen. Josefa putzte den Verehrer herunter und schimpfte, wie er so schamlos sein könne, sie einfach zu besuchen. Sie hat so eine einschüchternde Aura, ich glaube, dass sich sogar die Brandbombe, die sie im Krieg aus dem Speicher trug, nicht getraut hatte, in ihrer Gegenwart zu explodieren.

Im Wald erzählte sie mir wieder stolz, wie sie nach dem Tod des Vaters die Familie zusammengehalten habe. Was nicht immer leicht gewesen sei. Vor allem mit Theo habe sie Streit gehabt, wenn sie nur fünf Minuten zusammen in einem Raum gewesen seien. Der sei ja so kompliziert. Aber eine Sache tue ihr wirklich leid, erzählte sie.

Irgendwann im Sommer 1945 klingelte es nachmittags in der Stollbergstraße an der Wohnungstür. Josefa öffnete, und ein abgemagerter junger Mann in zerschlissener Kleidung und abgelaufenen Schuhen stand vor ihr. Ein modriger Geruch ging von ihm aus, unter seinen Fingernägeln klebte der Dreck, Oberlippe und Kinn waren von dichtem Bartflaum bedeckt. Ein Landstreicher, ganz klar. Josefa warf die Tür sofort wieder zu. Dann hörte sie von draußen eine Stimme schimpfen: »Josefa! Mach auf!«

War das nicht Korbinians Stimme?

Dass sie ihn nicht gleich hereingelassen hatte, habe er ihr ewig übel genommen, sagte Josefa zu mir.

»Aber wie kann es sein, dass du deinen eigenen Bruder nicht erkannt hast?«, fragte ich sie ungläubig.

»Na, ich habe eben nicht mit ihm gerechnet. Ich dachte ja, er sei in Kriegsgefangenschaft«, sagte Josefa.

Da war Korbinian durch ein Loch im Zaun aus dem Gefangenenlager in Ingolstadt ausgebrochen, hatte sich die achtzig Kilometer zu Fuß nach München durchgeschlagen – und dann warf ihm seine Schwester zu Hause die Tür vor der Nase zu.

Ich stelle mir die Nachkriegszeit als eine Mischung aus Aufbruch und Entbehrung vor. Der Krieg hatte das Leben in ein Vorher und Nachher geteilt, und alle in Elisabeths Familie halfen zusammen, damit es irgendwie weiterging. Nachdem die Alliierten den Kriegerwitwen die Rente gestrichen hatten, mussten die älteren Kinder einen Großteil ihres ohnehin kargen Lohns zu Hause abgeben. Josefa arbeitete als Sekretärin, Adelheid als Laborantin, Korbinian machte eine Ausbildung bei Siemens. Heinrich, der eigentlich am Konservatorium Klavier studieren wollte und stattdessen in einer Gärtnerei arbeitete, brachte zwar kaum Geld nach Hause, dafür aber jedes Wochenende einen Rucksack voller Gemüse, was besonders wertvoll war.

Die jüngeren Geschwister waren fürs Brennholz zuständig. Maria, Theo und Therese zogen mit einem Handwagen und einer Säge in den Englischen Garten, um heruntergefallene

Äste zu sammeln. Auch in den Ruinen gingen die drei auf Holzsuche und zersägten altes Parkett und Balken.

Weil das Geld trotzdem vorne und hinten nicht reichte, holte Elisabeth Untermieter in die Wohnung. Im Zimmer, das Maria sich mit Therese teilte, wurden Stockbetten aufgestellt und zwei Studentinnen einquartiert. Die Jungs wiederum teilten sich ihr Zimmer mit zwei jungen Männern.

Damit es bei den vielen Bewohnern morgens kein Durcheinander gab, hängte Elisabeth einen Plan an die Badezimmertür, wer zu welcher Zeit und wie lange hineindurfte. Alle hielten sich daran, nur Tante Adelheid, die auf ihr Äußeres so viel Wert legte, soll laut unserer Mutter immer etwas länger gebraucht haben.

Vielleicht weil es mit gut einem Dutzend Menschen so eng war in der Wohnung und Maria sich eigentlich immer im Weg fühlte, durfte sie jetzt so oft es ging nach draußen. Draußen, da waren vor allem die Amerikaner. Unter den Kindern hatte sich schnell herumgesprochen, dass man Schokolade und Kaugummi von ihnen bekam. Sie brachten die Cowboy-Filme ins Kino, für die Maria bald ihr spärliches Taschengeld opferte. Und sie richteten im ehemaligen Führerbau in der Arcisstraße das Amerikahaus ein, in dem Maria schnell Stammgast war. Sie nahm dort Englischunterricht, lieh sich in der Bibliothek Bücher aus und besuchte ihre ersten Kunstausstellungen.

Dann verliebte sich Tante Adelheid in einen GI. Howard. Als sie noch lebte, wusste ich von dieser Geschichte nichts, ich schätze, du auch nicht. Wir haben Tante Adelheid ja nicht oft gesehen, sie kam uns vielleicht ein oder zwei Mal im Jahr besuchen. Ich erinnere mich, als Kind immer überrascht gewesen zu sein, dass sie kaum größer war als ich. Mit elf oder zwölf hatte ich sie bereits überholt – was bei ihren knapp ein

Meter fünfzig auch nicht schwer war. Adelheid hatte eine kompakte, nahezu quadratische Statur und trug meist eine ihrer bunt gemusterten Tuniken, die sie sich von ihren Urlauben in Kenia mitbrachte.

Auf den alten Fotos, die kurz nach Kriegsende entstanden, sieht sie natürlich noch ganz anders aus als zu unserer Zeit. Damals, mit Anfang zwanzig, trug Adelheid ihr Haar mal glatt und blond gefärbt, mal als Dauerwelle, und offenbar liebte sie taillierte Blumenkleider. Dass sie gefallen wollte, sieht man, und das genügte in den Augen ihrer Mutter schon, um anrüchig zu wirken.

So fürsorglich Elisabeth sein konnte, für ihre Tochter Adelheid, die so anders war als sie selbst, hatte sie kaum Verständnis. Als Kind war ich ein paarmal dabei, als Adelheid unsere Oma besuchte. Sie kam nur, wenn Josefa nicht zu Hause war. Die beiden mochten sich nicht besonders, und seit Josefa Adelheid im Streit eine Ohrfeige verpasst hatte, gingen sie sich ganz aus dem Weg. Aber auch Elisabeth veränderte sich, wenn Adelheid anwesend war. Ich erinnere mich nicht mehr, worum es in ihren Gesprächen ging, aber ich weiß noch, dass ihre Lippen immer ganz schmal wurden und sie kaum etwas sagte. Adelheid konnte bei diesen Besuchen recht ruppig werden, und als sie unsere Oma in meiner Gegenwart einmal »oide Ruaschn« nannte, fragte ich mich, was sie wohl meinte, ahnte aber, dass es nichts Gutes bedeutete.

Später ging ich Adelheid lieber aus dem Weg. Nicht, weil ich sie nicht mochte, sie gab sich immer Mühe, nett zu sein, brachte kleine Geschenke mit, und ihre Stimme kletterte jedes Mal eine Oktave höher, wenn sie mit mir sprach. Aber sie gehörte zu den Menschen, die vom Pech verfolgt zu sein scheinen und die man intuitiv meidet, aus Angst, das Unglück könnte auf einen überspringen: Mit Mitte fünfzig war sie bereits Frührentnerin, weil sie bei ihrer Arbeit als Laborantin chronisches Asthma bekommen hatte, später kamen noch einige andere Krankheiten dazu. Sie hatte immer zu wenig Geld und war oft einsam, manchmal rief sie dann abends bei uns an und man hörte an ihrer Stimme, dass sie mehr Bier getrunken hatte, als ihr guttat.

Ich glaube, ihr lebenslanges Unglück nahm damals mit Howard seinen Anfang, obwohl diese Liebesgeschichte zunächst so vielversprechend begann.

An Heiligabend 1947 brachte Adelheid ihn zum ersten Mal mit in die Stollbergstraße. Er kam in Zivil, in einem grauen Tweedanzug und mit schmaler Krawatte, und hatte Geschenke dabei: Corned Beef, Eiscreme, Cola und Whiskey – von dem er selbst im Laufe des Abends am meisten trank. So wie ich Oma kannte, wird sie sich höflich bedankt, den jungen Mann aber sonst mit kühler Skepsis betrachtet haben. Sie war immer der Meinung, Adelheid solle lieber öfter in die Kirche gehen und weniger zum Tanzen, mehr ihren Glauben pflegen als ihre Dauerwelle.

Elisabeth wird nicht viel von dem verstanden haben, was Howard an diesem Abend gesagt hat, sie konnte kein Englisch und er kaum Deutsch. Ich stelle mir vor, wie Adelheid, die selbst nur wenig Englisch sprach, versuchte, eine Unterhaltung zwischen ihrer Mutter und Howard in Gang zu bringen, wie sie ihr vom Wohnzimmerfenster aus seinen neuen Ford zeigte, der vor der Tür parkte, das einzige Auto weit und breit. Wie Oma Interesse vortäuschte und Howard ihr irgendwas über die Motorleistung erzählte, wovon sie rein gar nichts verstand.

Nur Maria löffelte selig ihre Eiscreme, genoss die süße Kälte in ihrem Mund und störte sich nicht daran, dass die Atmosphäre um sie herum auch recht unterkühlt war. Bald war

Howard ziemlich betrunken, und am Ende nannte er seine Adelheid »Baby« ihre Mutter »Lizzy«, den Kindern brachte er »Jingle Bells« bei.

Wenige Wochen später kam Adelheid mit einem silbernen Verlobungsring am Finger nach Hause, und abends war sie nun häufig weg. Irgendwann in dieser Zeit stand ein Kinderwagen im Keller, und auf Marias Frage, wem der denn gehöre, gab Elisabeth nur eine ausweichende Antwort. Erst Jahrzehnte später erfuhr unsere Mutter, was es mit diesem Kinderwagen auf sich gehabt hatte.

Adelheid war schwanger von Howard und entband in der Haas-Klinik ein Kind, das kurz nach der Geburt starb. Unsere Mutter, damals elf Jahre alt, hatte rein gar nichts davon bemerkt und fragt sich bis heute, warum. Und auch, warum Adelheid, zu der sie unter den Geschwistern noch das beste Verhältnis hatte, ihr nie ein Wort davon erzählt hatte.

Bald nach der Fehlgeburt war Howards Zeit in Deutschland zu Ende, er musste in die USA zurück. Mama sagt, er habe über Monate versucht, ein Einreisevisum für Adelheid zu bekommen. Er wollte sie rausholen aus dem engen Nachkriegsdeutschland, in dem es noch immer zu wenig zu essen, kaum Geld und Wohnraum gab. Irgendwann muss den beiden aber klar geworden sein, dass die USA kein Interesse an den deutschen Verlobten ihrer GIs hatte. Howard und Adelheid schrieben sich noch ein paar Jahre lang, dann schlief der Kontakt ein. Adelheid fand danach nie mehr einen festen Partner.

Elisabeth sagte später einmal zu Maria, dass Adelheids Ehe vermutlich ohnehin kein gutes Ende genommen hätte. Sie hielt ihre Tochter für zu unordentlich und chaotisch, als dass sie den Aufgaben einer Ehefrau und Mutter gewachsen gewesen wäre.

Während Adelheid ihrem Howard nachtrauerte, bereitete Josefa sich auf ihre Vermählung mit Jesus vor. Es gibt einige Fotos von ihrem Klostereintritt: Wie eine Braut zieht sie im weißen Kleid und mit weißem Kranz auf dem geflochtenen Haar in die Kirche der Abtei ein. Den Bräutigam hält der Bischof an einem Holzstab in die Höhe. Oma und Tante Therese laufen mit schwarzen Schleiern und ernsten Gesichtern neben Josefa her und sehen aus, als nähmen sie an einem Begräbnis teil.

Maria war damals nicht dabei. Ihr war die Frömmigkeit der großen Schwester nicht geheuer, die religiöse Erziehung der Mutter hatte in ihrem Fall weit weniger gefruchtet. Wenn sie zur Maiandacht in die St.-Anna-Kirche ging, dann nicht wegen des Gebets, sondern weil sie bei Dunkelheit allein durch die Straßen laufen durfte. Und wenn ihre Mutter sie in den Ferien zur Acht-Uhr-Messe schickte, trödelte sie auf dem Weg zur Kirche so lange, dass sie erst zum Abschlusssegen dort war.

Maria verbrachte ihre Zeit lieber mit anderen Dingen. »Es gibt da einen Zeitungsartikel«, erzählte mir Mama einmal, und tatsächlich, mithilfe eines akribischen Archivars fand ich ihn jetzt schließlich. Ich wünschte, du könntest den Artikel noch lesen, er stammt aus der *Süddeutschen Zeitung* vom 10. 11. 1951. »Deutschlands kuriosester Club« lautet die Überschrift, und er handelt vom »Errol-Flynn-Club«, den Maria zusammen mit ein paar Freundinnen gegründet hatte. »Durch dick und dünn für Errol Flynn« war ihr Motto. Was Jesus für ihre große Schwester Josefa war, war für Maria der Schauspieler Errol Flynn. Sie nannte ihn liebevoll »Rolly«.

Der Reporter der Zeitung hat damals auch Fotos gemacht: Auf einem sieht man unsere Mutter mit Pferdeschwanz und ihrer lustigen Stupsnase an einer Kaffeetafel sitzen und mit ihren Freundinnen den zweiundvierzigsten Geburtstag ihres Idols feiern. An die Stirnseite des Tisches hatten die Mädchen einen lebensgroßen Papp-Flynn mit Cowboyhut gesetzt. Der Star hatte den Mädchen zur Feier des Tages über seinen deutschen Filmverleih sogar eine Schokotorte zukommen lassen, mit zweiundvierzig Kerzen und dem Schriftzug »Good Appetite, Yours Errol Flynn«.

Jedes Magazin, das sie bekommen konnten, durchsuchten die Mädchen nach Fotos von ihm. Sie schnitten sie aus und hängten sie zu Hause an die Wand. Wehe der Zeitung, die seine Filme verriss, die wurde mit Dutzenden zornigen Briefen »angeschossen«, wie sie dem Reporter sagten. »Rolly« war ihr Robin Hood und ihr Held. Dass Errol Flynn eigentlich ein Hallodri und Alkoholiker war und sich vor Gericht wegen Verführung einer Minderjährigen verantworten musste, wussten sie nicht. Er dankte ihnen ihre Unterstützung mit einem handsignierten Foto und grüßte mit den Worten: »Ich lieben das ganze Bavarian Girl-Club«.

In dieser Zeit ließ Maria sich heimlich ihre langen Haare abschneiden und kam mit einer Dauerwelle nach Hause, wie sie die Frauen in den Hollywood-Filmen trugen. Ihre Mutter war entsetzt. Sie sorgte sich ohnehin, dass ihre jüngste Tochter auf die schiefe Bahn geraten könnte, denn sie sah ja die Kinoprogrammhefte, die sich in Marias Zimmer stapelten. Die Frauen darin trugen schulterfreie Kleider, eine Schamlosigkeit. Und natürlich hatte Elisabeth auch keine Ahnung, wer die Schauspieler auf den handsignierten Autogrammkarten waren, die Maria sich bei Filmpremieren am Roten Teppich ergattert hatte.

An einem kalten Winterabend nutzte Elisabeth das bunte Papier, um den Ofen damit anzufeuern. Von einer Ingrid Bergman oder einem James Dean hatte sie noch nie gehört.

Stockbettträume

Ich denke in diesen Tagen oft an unsere gemeinsame Amerikareise vor so vielen Jahren, sie scheint eine Ewigkeit her zu sein. Du warst achtzehn, ich zehn, als wir mit unserer Mutter ins Flugzeug stiegen, um unseren Vater zu besuchen. Er verbrachte damals für seine Firma ein Jahr in Idaho Falls. Du warst eigentlich schon nicht mehr in dem Alter, in dem man die Sommerferien mit den Eltern und der kleinen Schwester verbringt, aber weil wir beide noch nie geflogen waren und wussten, dass wir auch nach New York reisen würden, in die Stadt aller Städte, bist du mitgekommen. Ich erinnere mich, dass du mich im Flugzeug sogar am Fenster hast sitzen lassen. Mein Gesicht klebte geradezu an der Scheibe, deines gleich daneben, während wir gebannt beobachteten, wie wir über den Runway brausten. Damals erlebten wir zum ersten Mal dieses irre Gefühl, das wir später so lieben sollten, wenn einen die Schubkraft in den Sitz drückt.

Wir beide verbrachten in diesen Ferien so viel Zeit miteinander wie nie zuvor und nie mehr danach. Idaho Falls, wo wir fast vier Wochen lang waren, bot uns nicht viel Abwechslung. Die Stadt liegt zwar wunderschön, umgeben von hohen Bergen und kühlen Bächen, aber Natur interessierte uns damals nicht so sehr. Und ansonsten war Idaho vor allem für seine Kartoffeln bekannt. Die hatten es sogar auf die Nummernschilder der Autos geschafft: »Idaho – Famous Potatoes« stand da. Natürlich hätten wir unsere Ferien lieber im »Sunshine State« Florida oder im »Golden State« Kalifornien verbracht, aber wir fanden schließlich doch einiges, womit wir uns beschäftigen konnten. Ich durfte abends lange wach bleiben und mit dir auf dem Schlafsofa HBO gucken. Du warst ganz scharf darauf, weil dort lauter Filme liefen, die es in Deutschland noch nicht gab. Manche so gruselig, dass ich sie nur mit geschlossenen Augen und Händen auf den Ohren ertrug. Du hattest gerade fahren gelernt, und so cruisten wir tagsüber im Auto unseres Vaters durch die Gegend, einem alten Pontiac Sunbird. Aus den Lautsprechern schallte dein damaliger Lieblingssong »Davy's on the Road again« von Manfred Mann's Earth Band. Die sphärischen Klänge passten zum Rauschen des Autos über den flirrenden Asphalt. Fast-Food-Restaurants und Shoppingcenter zogen an uns vorbei. Alles war irgendwie größer und bunter als bei uns. Ich blickte auf die regenbogenfarbenen Turnschuhe, die ich kurz zuvor bekommen hatte, und war glücklich.

Erst letzte Woche, als ich dich mit den Eltern noch im Krankenhaus besucht habe, sprachen wir lange über diese Reise. Wir lachten uns noch einmal kaputt über die Geschichte mit dem Wasserbett in San Diego. Ich hatte mich gerade gemütlich auf das gluckernde Bett gelegt, da hast du Anlauf genommen, dich draufgeschmissen und mich mit einer Welle hinausgeschwappt.

Und dann hast du noch erzählt, wie du uns vier eines Abends bei einem Sturm durch die Rocky Mountains fuhrst. Wir waren auf einem Ausflug im Grand-Teton-Nationalpark gewesen und dort oben vom Unwetter überrascht worden. »Wow, diese nassen Passstraßen waren heftig«, meintest du. »Eigentlich irre, dass die Eltern mich haben fahren lassen.«

Das finde ich auch. Ich kann mich an diesen Abend überhaupt nicht erinnern und schon gar nicht daran, wie gefährlich das war. Aber ich erinnere mich noch, dass du für einen Anfänger ein ungewöhnlich guter Fahrer warst, immer hochkonzentriert, wenn es drauf ankam. Überhaupt war das deine Spezialität: alle Arten von Problemen zu lösen. Wenn ich später Hilfe oder Rat brauchte, sei es bei einem Umzug oder wegen einer kaputten Waschmaschine, habe ich dich angerufen. Du warst immer mein Regler.

Diese Reise hat aber nicht nur uns beide nähergebracht. Es war auch eine Reise in Mamas Vergangenheit. Als sie so alt war wie du damals, ließ sie ihre Heimat hinter sich und ging nach New York. *If I can make it there, I'll make it anywhere* – das war ihr Motto.

New York City war dann auch der Höhepunkt unseres Urlaubs. Wir wohnten im zwanzigsten Stock eines Hotels in der Nähe des Central Park. Du warst berauscht von der Höhe und kamst auf die verrückte Idee, das Fenster aufzureißen und »I love New York« rauszuschreien. Du wolltest das Echo von den Hauswänden hören. Und das war ziemlich laut. Vor allem nachts, wenn die Polizeisirenen durch die Häuserschlucht hallten.

Am nächsten Tag zeigte Mama uns ihr New York. Sie nahm uns mit aufs Empire State Building, wir gingen zur Carnegie Hall, wo sie Leonard Bernstein live gesehen hatte, und zum Rockefeller Center, wo sie im Winter unter dem berühmten Weihnachtsbaum Eislaufen war. Dann fuhren wir mit dem Boot zur Statue of Liberty und merkten, wie aufgekratzt Mama war. Auch 1955 hatte sie Ausschau nach der Freiheitsstatue gehalten, während das Schiff in den Hafen von New York einlief.

In unserem Elternhaus gibt es überall Relikte aus jener Zeit: die Plattensammlung im Wohnzimmerbüfett – Nat King Cole, Bernstein, Aufnahmen der »West Side Story« und von »The King and I«. Und dann ihre drei Fotoalben, ein großes schwarzes, ein grünes und ein rotes. Früher bewahrte sie

sie unten in ihrem Kleiderschrank auf, und wenn ich sie herausholte, fühlte ich mich immer etwas komisch, weil es darin etwas Unbekanntes zu entdecken gab: das Leben unserer Mutter, bevor es uns gab. Es war kein schlechtes, das kapierte ich schnell. Mama im Kostüm und mit Clutch auf der Fifth Avenue, im Hintergrund die Wolkenkratzer, am Bildrand die typischen New Yorker Yellow Cabs, Männer in Trenchcoat und Hut. Irgendwie sahen damals alle wie Humphrey Bogart aus.

Das Erstaunlichste an dem Album ist aber, wie unsere Mutter sich im Laufe ihres Aufenthalts verändert hat. Als sie in Bremerhaven aufs Schiff ging, war sie ein pausbackiges Mädchen mit Pferdeschwanz und Glockenrock. Zurück kam eine selbstbewusste Frau mit fransigem Kurzhaarschnitt, in Bleistiftrock, Handschuhen und Pumps. Und mit einem Blick, als läge ihr die Welt zu Füßen.

Es war auch ihr Leben vor unserem Vater. Dass er davon lieber nichts wissen wollte, dämmerte mir schon als Kind. Auf manchen Seiten fehlen nämlich ein paar Fotos. Und bei einigen war mir schnell klar, dass es sich um Fotos von Männern gehandelt haben muss. »Der stille Zecher« stand zum Beispiel unter einer dieser Leerstellen. »Frank, mein temperamentvoller Tanzpartner« auf einer anderen Seite. »Party an meinem 21. Geburtstag«. »Das Ende naht …«, und darunter: »3 h morgens«. Ich brauchte keine Bilder, um zu wissen, dass ich gerne auf dieser Party gewesen wäre.

Bisher dachte ich immer, Mama habe die Fotos bald nach der Hochzeit verschwinden lassen, um die Fantasie unseres eifersüchtigen Vaters nicht mit Bildern vergangener Partys zu beflügeln. Vor ein paar Tagen fragte ich sie danach.

»Die hat Amir rausgenommen und weggeworfen, weil sie ihm nicht passten.«

»Du hast es zugelassen, dass er deine Erinnerungsfotos vernichtet?«

»Ich wusste, es hätte sonst eine Riesenauseinandersetzung gegeben. ›Wozu brauchst du die Fotos?‹, hat er mich gefragt. Ja, was sollte ich darauf sagen?«

»Dass ihn das nichts angeht, zum Beispiel.«

»Ja, verrückt, dass ich das hingenommen habe.« Mama seufzte, und dann sagte sie den Satz, den ich schon so oft von ihr gehört habe: »Das war eben damals so.«

Von Papa weiß ich, dass ihm seine Eifersucht mittlerweile unangenehm ist. Aber am Anfang muss es einen heftigen Kulturclash gegeben haben zwischen den beiden. New York gegen Nildelta. Den Nachhall haben auch wir manchmal noch zu spüren bekommen. Anouk wohl am meisten von uns. Erinnerst du dich, dass unser Vater ihr noch mit einundzwanzig verbieten wollte, bei ihrem Freund zu übernachten?

Doch trotz der verschwundenen Bilder – New York war in unserer Mutter nicht auszulöschen. Das achtzehnjährige Mädchen, das so neugierig auf ihr Leben und auf fremde Länder war, existierte weiter. Und manchmal kam es zum Vorschein. Ich erinnere mich an einen Besuch zu Hause, als ich schon längst nicht mehr dort wohnte. Ich hatte meine Freundin Hanne vom Flughafen abgeholt, die gerade von einer Kubareise zurückgekommen war, und weil wir es nicht weit hatten, nahm ich Hanne kurzerhand mit zu unseren Eltern. Im Wohnzimmer öffnete sie ihren großen Koffer und holte eine Flasche Rum und eine Kiste Zigarren heraus. Mama, die ich noch nie hatte rauchen sehen, freute sich diebisch. Nach Kuba wäre sie selbst immer gerne geflogen, nachdem New York schon in den 1950er-Jahren voller Exil-Kubaner gewesen war, von denen sie einige kennengelernt hatte. Wir drei Frauen setzten uns an den Esszimmertisch, rauchten Zigarre, tranken Rum und hörten uns Hannes Geschichten von Sonne, Salsa und Sozialismus an. Papa schaute missmutig ins Zimmer, dann verschwand er schnell wieder. Diese drei rauchenden und trinkenden Frauen waren ihm nicht geheuer.

Eigentlich war die Sache mit New York damals purer Zufall. Mama arbeitete zu der Zeit als Sekretärin bei einer Versicherung, dem Münchner Begräbnisverein. Du kannst dir vorstellen, wie spannend sie es dort fand, nachdem sie zuvor, wann immer sie die eine Mark fünfzig fürs Kino zusammenbekommen hatte, in ihre Traumwelt aus Zelluloid eingetaucht war. Nun saß sie von morgens um 7.30 Uhr bis abends um 17 Uhr am Schreibtisch, vor sich die Schreibmaschine, rechts das hellgraue Telefon, an dem sie die Fragen der Kunden beantworten musste. Manchmal war sie kurz davor, ins Telefon zu rufen: Was kümmert euch denn euer Begräbnis? Lebt doch erst mal!

Und dann ihre drei Kolleginnen, mit denen sie sich das Büro teilte. Alle drei älter als sie und verheiratet. Die eine beschwerte sich andauernd, dass ihr Mann seine getragenen Socken herumliegen ließ, die andere erzählte von ihren missglückten Kochversuchen, vom Sauerbraten, der zu zäh war, von den Klößen, die zu matschig waren. Auch am Samstag musste Maria ins Büro. Und dafür bekam sie am Monatsende einhundertzwanzig Mark. Wo doch ein schönes Paar Schuhe schon sechzig Mark kostete.

Auch zu Hause ging es nicht gerade aufregend zu. Wenn Maria abends müde heimkam, aß sie mit ihrer Mutter unterm Herrgottswinkel Käsebrot und trank Hagebuttentee. Nachts in ihrem Stockbett lag sie manchmal wach, während von oben der gleichmäßige Atem einer der Untermieterinnen zu hören war, und bereute, dass sie sich nun, da das Leben gerade erst richtig begonnen hatte, den ganzen Tag mit dessen Ende beschäftigte. Wenn sie dann auf das Plakat an der Wand sah, von dem ihr im fahlen Mondlicht Errol Flynn als »Herr des Wilden Westens« zulächelte, wusste sie, dass etwas mächtig schieflief.

Die Rettung kam ausgerechnet aus der St.-Anna-Kirche. Nach einer Andacht, zu der Maria ihre Mutter begleitete, erzählte ihnen ein Franziskanerpater, dass der Neffe eines Gemeindemitglieds, der in New York lebe, ein deutschsprachiges Au-pair für seine drei Kinder suche. Er heiße Tibor Kalmár und sei in den Dreißigerjahren aus Ungarn in die USA eingewandert, wo er es als plastischer Chirurg zu Wohlstand gebracht habe. Seine Frau Ingrid stamme aus einer Wiener Adelsfamilie. Ob Maria vielleicht Interesse habe?

Sie war begeistert.

Kurz darauf kam Ingrid Kalmár nach München, sie war auf der Durchreise zum alljährlichen Skiurlaub in Lech. Maria und Elisabeth trafen sie im *Café Tambosi* am Odeonsplatz. Die dreißigjährige Mrs. Kalmár muss eine beeindruckende Frau gewesen sein, sehr groß, sehr schlank, sehr blond. Es gibt ein Foto von ihr im schwarzen Album, das ich als Kind immer bewundert habe, weil sie mit ihren seidigen Locken, den hohen halbmondförmigen Augenbrauen und dem aristokratischen Zug um den Mund wie ein Filmstar aussieht. Schwer zu sagen, ob es an ihrer Ausstrahlung liegt oder am Weichzeichner des Fotografen. Jedenfalls horchte Maria auf, als Mrs. Kalmár erzählte, dass sie in New York als Model gearbeitet habe, übrigens in derselben Agentur wie Grace Kelly. Grace Kelly! Maria traute ihren Ohren nicht. Elisabeth hatte natürlich keine Ahnung, wer das war.

So oder so war man sich bald einig, dass Maria für ein Jahr zu ihnen kommen sollte. In der Schule hatte Maria einen Kurs in Babypflege und Kindererziehung gehabt, das schien den Kalmárs auszureichen, um ihr die Kinder anzuvertrauen. Ingrid wiederum versicherte Elisabeth, dass man sich gut um ihre Tochter kümmern werde. Und Elisabeth vertraute ihr, schließlich war der Kontakt über einen Franziskanerpater zustande gekommen.

Im September 1955 war es so weit: Maria verabschiedete sich am Münchner Hauptbahnhof von ihrer Familie. »Komm ja nicht ohne Millionär zurück!«, rief Korbinian ihr noch hinterher. Adelheid war nicht dabei. Vielleicht wollte sie nicht zusehen, wie ihre kleine Schwester nach Amerika aufbrach, wo man sie Jahre zuvor nicht hatte haben wollen.

Die große Leidenschaft unserer Mutter fürs Reisen nahm damals ihren Anfang. Über ihre erste große Fahrt schrieb Maria einen Artikel für eine Jugendzeitung, den ich auch im großen schwarzen Album fand. Sie erzählt darin, wie sie nach einer langen Zugfahrt in Bremerhaven am Pier ankam und dort schon die *America* stand, viel größer und herrlicher, als sie es erwartet hatte. Um Mitternacht ertönte das Schiffshorn, dann stach der Ozeandampfer mit seinen zweitausend Passagieren an Bord in See.

Auf der Suche nach ihrer Kabine in der zweiten Klasse verirrte Maria sich erst mal im Labyrinth der vielen Etagen und Gänge. Als sie sie schließlich fand, waren ihre Kabinengenossinnen schon da, eine davon hieß Karin und war so alt wie sie.

Am nächsten Morgen sah Maria zum Bullauge hinaus und war entzückt, wie das Wasser in der Sonne glitzerte. Die See war ruhig, und doch klagte Karin, die auch gerade wach geworden war, über ein komisches Gefühl im Magen. Frische Luft könne da nicht schaden, meinte Maria. Sie selbst würde gern mal einen richtigen Sturm auf dem Meer erleben, die Gewalt der Natur, das schien ihr ein Abenteuer zu sein.

Aber nun schlichen sich die beiden Mädchen erst mal

nach oben in die erste Klasse. Dort spielten reiche Amerikaner Decktennis. Einige Passagiere hatten ihre Haustiere mitgebracht, die in Stallungen untergebracht waren. Jemand hatte sogar sein Pferd dabei. Die Mädchen setzten sich in einen der Liegestühle am Swimmingpool und ließen sich den Wind um die Ohren blasen. »Keine Macht der Welt hätte mich zum Umkehren bewegen können«, schreibt Maria in ihrem Artikel.

Allerdings bewegte ein höflicher Steward die beiden Mädchen schließlich dazu, wieder in die zweite Klasse hinunterzugehen, wo sie versuchten, es sich auf den einfachen Holzbänken bequem zu machen. Maria war trotzdem begeistert von der Fahrt. Die frische Brise und das tiefe Blau, das am Horizont ins Hellblau des Himmels überging, die Gischt, die das Schiff hinter sich herzog wie einen Sternenschweif. Sie fühlte sich so frei wie noch nie in ihrem Leben. Erst recht, als abends der Sturm aufzog, den sie sich gewünscht hatte, und das Wasser gegen den Rumpf klatschte. Sie mochte das Kribbeln im Bauch, wenn der Dampfer auf dem Wellenkamm ankam und dann hinuntersauste. Je mehr sie durchgerüttelt wurde, desto besser. In den Gängen wurden Sturmseile für die Passagiere gespannt, an den Tischen im Speisesaal Leisten angebracht, damit das Geschirr nicht heruntersegelte. Außer Maria waren aber ohnehin fast keine Gäste mehr da. Die meisten, auch Karin, lagen seekrank in ihren Kabinen. Maria brachte ihr aus dem Speisesaal etwas zu essen mit, was sie allerdings ablehnte. Andere taumelten wie Betrunkene an Deck, in der Hoffnung, die frische Luft könnte die Übelkeit vertreiben. Ein Trugschluss, wie Maria feststellte, als sie einer bleichen Frau ausweichen wollte, die ihr Elend allerdings nicht mehr rechtzeitig zurückhalten konnte. Marias blauer Popelinerock verströmte noch Tage später einen säuerlichen Geruch.

Am siebten Morgen sah Maria wie immer beim Aufwachen durch das Bullauge der Kabine, und endlich entdeckte sie am Horizont die Silhouette von New York, und bald darauf die Freiheitsstatue.

Am Hafen wartete Ingrid Kalmár in ihrem Cadillac auf sie und brachte sie in ihr neues Zuhause in Greenwich, Connecticut, eine Dreiviertelstunde von Manhattan entfernt.

Zum ersten Mal erblickte Maria das Anwesen mit den Säulen vor dem Eingang und dem See im Garten und hatte das Gefühl, direkt ins Weiße Haus einzuziehen. In München besaßen sie nicht mal einen Kühlschrank, hier standen fünf Autos vor der Tür, darunter ein Porsche, den Mr. Kalmár für seine Tochter Margo aus erster Ehe gekauft hatte.

Im Haus gab es drei Trakte: einen für das Ehepaar Kalmár, einen für die Kinder, wo auch Maria ihr Zimmer hatte, und einen für die übrigen Angestellten – insgesamt fünfzehn Zimmer und fast ebenso viele Bäder, diverse Essräume, Salons und eine Bibliothek. Es gab eine Köchin, die laut unserer Mutter sehr lustig, aber meist betrunken war, eine Putzfrau aus Deutschland und eine Wäscherin. Zu den Cocktailpartys, von denen es immer viele gab bei den Kalmárs, wurde zusätzlich externes Personal geholt. Meist waren die Kellner Ungarn, die vor dem Kommunismus geflohen waren und denen Mr. Kalmár half, indem er sie anstellte.

Maria hatte hier nicht nur ihr eigenes Zimmer, sondern auch ein eigenes Bad. Im Schrank hingen zwei Hemdblusenkleider, die Ingrid für sie gekauft hatte. Wie nett von Ingrid, dachte Maria damals und strich über den kleinkarierten Stoff.

Mitten in der ersten Nacht kroch ein eigenartiges Gefühl in Maria hoch, mit dem sie überhaupt nicht gerechnet hatte: Heimweh. Auf dem Wandkalender in ihrem Zimmer begann sie gleich am nächsten Morgen damit, die Tage abzustreichen, die sie noch in den USA verbringen würde: dreihundertsechzig Mal schlafen, dann konnte sie wieder zurück.

Doch darüber, dass sie von nun an morgens nicht mehr in den Begräbnisverein musste, sondern nur in die Küche der Kalmárs, um die Milch für Baby Andrea warm zu machen, war sie dann doch ganz froh. Sobald Andrea versorgt war, frühstückte sie mit der dreijährigen Corinne und dem zweijährigen Adam, badete die Kinder und spielte im Garten mit ihnen.

An ihrem ersten freien Tag, einem der letzten wirklich warmen Spätsommertage, ging Maria zum Greenwich Point Beach auf einer Landzunge im Long Island Sound. Sie war überrascht, wie viele Frauen in Ingrids Alter hier auf Klappstühlen in der Sonne saßen. Im Badeanzug oder in einer Strandtunika, ein hübsch gemustertes Tuch auf dem Kopf und eine Zeitschrift oder ein Buch in der Hand. So viel kollektiven Müßiggang kannte sie aus Deutschland nicht.

Überhaupt war Maria zum ersten Mal in ihrem Leben an einem Strand. Sie zog ihre Schuhe aus und war überwältig von dem Gefühl des warmen, weichen Sands unter den Füßen. Dann ging sie ein Stück am Wasser entlang und sah dabei zu, wie ihre Fußspuren gleich wieder verschwanden, sobald die Brandung kam.

Eine Woche später dann die erste Fahrt nach Manhattan. Ingrid hatte ihr auf dem Stadtplan gezeigt, wie sie von der Grand Central Station zum Broadway kommen würde. Nachdem sie sich durch die Menschenmassen am Bahnhof gekämpft hatte, sah sie oben auf der Straße schon die hellen Neonreklametafeln und bald die von Hunderten Glühbirnen erleuchteten Eingänge der Theater. Es war genauso, wie sie es sich immer ausgemalt hatte in ihren Nächten im heimischen

Stockbett. Sie besah sich die Aushänge und entdeckte auf einem der Fotos Grace Kelly. Die war doch eine Bekannte von Ingrid gewesen! Wie nah sie jetzt an allem dran war. Maria kam sich plötzlich sehr bedeutsam vor, bald würde eine richtige New Yorkerin aus ihr werden.

Nach zwei Wochen ertappte Maria sich dabei, dass sie schon ein paarmal vergessen hatte, die Tage im Kalender abzustreichen. Auf einem Foto im schwarzen Album sieht man sie zufrieden auf ihrem Bett sitzen, eine Quiltdecke darüber und ein Stoffbambi auf dem Kissen. »Mein kleines Reich«, steht darunter. Bei genauerem Hinsehen entdeckte ich an der Wand einen Gruß aus der Zukunft: eine Postkarte mit dem Kopf der Nofretete darauf.

Das Einzige, was Maria jetzt noch fehlte, war der Führerschein. Dabei half ihr Mr. Kalmár, indem er ein großes L für Learner an die Heckscheibe seines Vanguards klebte und ihr zeigte, wo Brems- und Gaspedal waren. Den Rest lernte sie bei Übungsfahrten rund ums Haus, dann ließ er sich jeden Sonntag von ihr ins Krankenhaus fahren, wo er nach seinen frisch operierten Patienten sah.

Nach ein paar Wochen war Maria bereit, bei der Polizei die Fahrprüfung abzulegen. Eine Angelegenheit von fünf Minuten, bei der sie nur die Straße auf und ab fahren musste. So hast du Jahre später in Idaho auch deine Prüfung bestanden. Und den Motorradführerschein noch gleich dazubekommen.

Maria durfte jederzeit mit dem Vanguard fahren, »dem englischen Auto«, wie alle im Haus den Wagen nannten. Einmal brachte sie die Kinder zu einer Party bei einer befreundeten Familie. Maria trug eines ihrer karierten Hemdblusenkleider, die so bequem waren. Als sie ankam, sah sie, dass die anderen Kindermädchen genau das gleiche Kleid anhatten, es war die Uniform der Nannys. Maria war enttäuscht. Sie war also ein Statussymbol für die Kalmárs: Mit dem Kleid wollten sie zeigen, dass sie sich ein Kindermädchen leisten konnten. Warum hatte Ingrid ihr das nicht gesagt? War es ihr unangenehm, Maria so direkt daran zu erinnern, dass sie zum Personal gehörte? Fortan trug Maria die karierten Kleider nur noch manchmal tagsüber im Haus. Vor allem, wenn die Kalmárs Besuch hatten und sie zum Dinner dazubaten, wollte sie sich nicht in der Uniform zeigen. Ingrid ermunterte sie noch ein paarmal, doch die Hemdblusenkleider anzuziehen, aber als Maria ihr sagte, dass sie abends lieber etwas anderes tragen wolle, bestand Ingrid auch nicht darauf.

Die Kalmárs gaben sich weiterhin großzügig. Sie nahmen Maria mit in die Carnegie Hall und ins Mark Hellinger Theatre am Broadway. Einmal sogar zu einer bedeutenden Premiere. Mama erzählt noch heute davon, dass sie zu den Ersten gehört, die Julie Andrews im Musical *My Fair Lady* gesehen hat. Ich erinnere mich an die Schallplatte dazu, die im Wohnzimmerbüfett stand. Ich fand sie als Kind sehr lustig, weil darauf eine Karikatur von Professor Higgins zu sehen war, der wie ein Puppenspieler Fäden in der Hand hielt, die an den Armen und Beinen des zappelnden Blumenmädchens Eliza Doolittle befestigt waren. Ich glaube, Ingrid Kalmár sah in unserer Mutter ihre Eliza, ein Mädchen aus dem Nachkriegsdeutschland, dem sie die moderne Kultur nahebringen wollte.

Von dieser Kultivierung durch die Kalmárs haben letztlich auch wir profitiert. Nicht nur unser ägyptischer Vater machte unsere kleine bayerische Welt größer, sondern auch Mama mit ihren Geschichten aus New York. Ich glaube, keiner unserer Erdinger Freunde hatte damals eine Mutter, die schon am Broadway gewesen war.

Von allen Kalmárs verstand Maria sich am besten mit der

gleichaltrigen Margo. Ihre Mutter war früh gestorben und hatte ihr und ihren drei Geschwistern ein Vermögen hinterlassen. Eigentlich hätte Margo im Internat ihren Highschool-Abschluss machen sollen, aber sie brach die Schule im letzten Jahr ab und träumte von einer Karriere als Model. Weil Models damals schon spindeldürr sein mussten und Margo einfach nur schlank war, hatte sie allerdings keinen Erfolg. Dafür nun umso mehr Zeit. Die verbrachte sie mit Maria in Haus und Garten und half ihr mit den kleinen Kindern. Manchmal nahm sie Maria auch mit zum Golf im Greenwich Country Club oder zum Lunch mit Freunden im Colony in Manhattan. »Meeting People« nannte Margo diese Freizeitbeschäftigung.

Margo engagierte sich auch in allen möglichen Charity-Organisationen und Komitees. Mit ihrer Freundin Christina Rockefeller organsierte sie einmal im Großen Ballsaal des Waldorf Astoria ein Spendendinner für ungarische Freiheitskämpfer, die nach dem Volksaufstand 1956 hatten fliehen müssen. Das brachte ihr einen Aufmacher in den *Daily News* ein. Ich habe den Zeitungsartikel neulich im Internet gefunden. Gleich neben einem Porträt von Margo und ihrer Freundin sieht man eines von Vizepräsident Nixon mit Papst Pius XII. während einer Audienz. Gesellschaftsnachrichten waren offenbar genauso wichtig wie Weltpolitik.

Maria ließ sich von Margo gerne in die High Society New Yorks einführen. Margo wiederum interessierte sich für das Mädchen aus dem alten Europa, wo auch ihr Vater und ihre Stiefmutter herkamen. Neugierig hörte sie zu, wenn Maria ihr diese unglaublichen Geschichten erzählte, etwa, dass es in Deutschland Lebensmittel lange Zeit nur gegen Marken zu kaufen gab. Und sie lachte, als Maria behauptete, bei ihr zu Hause komme warmes Wasser nur dann aus der Leitung, wenn man vorher einen Ofen mit Holz befüllen und anheizen würde.

Es gibt ein Foto, das Margo von sich aufnehmen ließ, bevor sie zu einem Ball im Rockefeller Center ging: eine aschblonde junge Frau mit verträumtem Blick ins Nirgendwo, im schulterfreien Kleid aus weißem Satin und in Handschuhen bis über die Ellbogen. Zu diesem Ball, einer sogenannten Coming-Out-Party, die die Rockefellers für eine ihrer Töchter organisiert hatten, um sie in die New Yorker Gesellschaft einzuführen, nahm Margo unsere Mutter mit. Leider hat sie an diesem Abend keine Fotos gemacht. Aber sie hat mir erzählt, wie sie dafür an ihrem freien Tag in die Fifth Avenue gefahren und durch die Geschäfte gebummelt war, um ein passendes Kleid zu finden. Ich stelle sie mir an diesem Tag ein bisschen so vor wie Holly Golightly aus *Frühstück bei Tiffany's*, die davon träumt, sich die teuren Sachen leisten zu können, die in den Schaufenstern liegen.

Im berühmten *Bergdorf Goodman* fand Maria schließlich ein weißes Brokatkleid und passende Handschuhe dazu. Es kostete achtzig Dollar, fast die Hälfte ihres Monatsgehalts, aber das war es ihr wert. Ich hätte das Kleid zu gerne gesehen, aber leider hat Oma es verschenkt, nachdem unsere Eltern nach Kairo gezogen waren. Immerhin hat sie es nicht im Ofen verfeuert.

Das Kleid für den Abend hatte Maria erstanden, nun sorgte sie sich nur noch darum, ob sie auf dem Ball auch einen Tanzpartner finden würde. Wer kannte sie schon, Maria, das Au-pair aus München. Wie sich herausstellte, reichte es aber, dass sie den Ballsaal in Begleitung von Margo betrat. Die kannte hier jeder.

Margo und Maria holten sich einen Cocktail, dann standen schon die ersten Bekannten von Margo um sie herum.

Die Frauen in Kleidern mit tuffigen Petticoats, die Männer in schwarzen Anzügen und mit Fliege. Einer von ihnen, nicht viel älter als Maria, deutete eine höfliche Verbeugung an. Er heiße Steven, sagte er, und ob Maria mit ihm tanzen wolle. Natürlich wollte sie. Aufs Tanzen hatte sie sich am meisten gefreut, dafür hatte sie vor der Reise in München den Kurs bei Peps Valenci besucht, dem großen Tanzmeister. Walzer, Foxtrott, Rumba, Jive, sie konnte alles. Und hier spielte sogar eines der besten Orchester von New York.

Aber leider hatte Steven keinen Tanzkurs besucht, er wippte beim langsamen Walzer hin und her wie ein Stehaufmännchen und trat Maria bei jedem zweiten Schritt auf die Füße. Schon bald hatte sie das Gefühl, ihn übers Parkett zu führen, statt von ihm geführt zu werden. Auch ihre nächsten Tanzpartner waren nicht besser. Offenbar gehörten Standardtänze nicht zum Repertoire der New Yorker Jeunesse dorée. Maria hatte trotzdem ihren Spaß.

Als die Mädchen spät abends glücklich nach Hause kamen, hörte Maria, wie Margos Bruder im Nebenzimmer fragte, warum sie die Nanny mit auf den Ball genommen habe.

»Warum denn nicht?«, antwortete Margo.

Maria spürte einen Stich und fühlte sich wie damals auf dem Schiff, als sie sich mit Karin in die erste Klasse hochgeschlichen hatte und vom Steward wieder nach unten geschickt worden war. Und ihr fiel wieder ein, wie Ingrid sie einmal ungewöhnlich scharf angeredet hatte, als sie sich erkundigte, wie es ihrer Mutter gehe. Man sage »Frau Mutter«, hatte Ingrid sie zurechtgewiesen. Sogar die kleine Corinne versuchte manchmal, sie herumzukommandieren. »Du musst noch mit mir spielen, du bist meine Nanny«, hatte sie zu Maria gesagt, als sie abends nicht ins Bett gehen wollte. Maria wusste, sie würde nie wirklich zu dieser Gesellschaft gehören, in der sie nun verkehrte, es sei denn durch Heirat.

Wahrscheinlich wäre Maria wie geplant nach einem Jahr nach München zurückgekehrt, wäre nicht ihre beste Freundin Reserl 1956 nach New York gekommen. Reserl begann als Au-pair bei den Seegräbers, einer befreundeten Familie der Kalmárs. Nun hatte Maria endlich eine vertraute Gefährtin, mit der sie in Pumps über den verschneiten Times Square stöckeln konnte. Dass sie froren, war nicht so wichtig, Hauptsache, sie sahen gut aus.

Wir haben Reserl nie kennengelernt, aber den Erzählungen unserer Mutter zufolge war sie eine besondere Persönlichkeit, die andere schnell für sich einnahm. Auf den Fotos posiert sie oft mit ausgestelltem Bein und durchgedrücktem Rücken, wie eine Tänzerin, die gerade auf die Bühne gesprungen ist. Laut Mama interessierten die Männer sich sehr für sie, und so war es kein Wunder, dass Reserl schon einige Monate nach ihrer Ankunft die Chance bekam, für immer dazuzugehören: Herr Seegräber hatte einen Sohn aus erster Ehe, Peter, der auch mit im Haus wohnte, und Peter und Reserl verliebten sich ineinander.

Die beiden heirateten Hals über Kopf, in Acapulco, dem Partyort der Reichen. »Ich glaube, Peter wollte seinen Freunden beweisen, dass er das begehrte Reserl haben konnte«, sagte unsere Mutter rückblickend. Reserl wurde schnell schwanger. Allerdings verlor Peter nach der Geburt das Interesse an Frau und Tochter und setzte sich nach Mexiko ab, um ein Leben wie sein Idol Ernest Hemingway zu führen. Peter wurde dann zwar kein bekannter Schriftsteller, aber zumindest im Alkoholkonsum soll er seinem Idol in nichts nachgestanden haben. Die Ehe zwischen Reserl und Peter wurde nach einem Jahr annulliert, und sie wohnte wieder bei den Seegräbers und versorgte deren fünf Töchter, genau wie zuvor. Nur dass sie nun auch eine eigene Tochter hatte.

Erinnerst du dich an die Serie *Mad Men*, der so viele in unserem Bekanntenkreis verfallen waren? Sie spielt in einer New Yorker Werbeagentur. Daran muss ich bei Mamas Erzählungen jetzt immer denken. So ähnlich muss auch sie die High Society New Yorks erlebt haben: Die Männer machten Geschäfte und kippten dabei Unmengen von Alkohol in sich hinein. Und unter den Frauen gab es zwei Typen: Die Ehefrauen vertrieben sich ihre Langeweile auf Shoppingtouren oder betäubten sie mit Tabletten. Und für die Sekretärinnen bestand die einzige Chance zum gesellschaftlichen Aufstieg darin, sich nach oben zu schlafen.

Maria hatte Glück. Sie bekam nach zwei Jahren als Aupair durch Margos Vermittlung eine Stelle als Bibliothekarin in der Greenwich Library. Und eine Green Card obendrauf. Jetzt konnte sie für immer in New York bleiben.

Erding. Februar 2019

Um dir nahe zu sein, höre ich in diesen Tagen oft die Musik, die wir damals auf unserer Amerikareise gehört haben. Irgendwie passt »Davy's on the road again« auch jetzt wieder. Während ich hier an deinem Bett sitze, denke ich noch einmal an unser Gespräch, wie schön es war, all die Bilder im Kopf vorbeiziehen zu lassen, New York, San Diego, Idaho, sich an das Gefühl von damals zu erinnern, als wir allein in Papas Pontiac über den Asphalt rauschten und uns so frei fühlten wie Vögel bei ihrem ersten Ausflug.

Wir redeten, bis draußen vor dem Krankenhausfenster die Sonne über der Schneelandschaft unterging und ich mich auf den Rückweg nach Berlin machen musste. Da sagtest du: »Das war jetzt ein schöner Abschluss.«

Erst dachte ich, du meintest damit deinen letzten Tag im Krankenhaus, am nächsten Tag solltest du nach Hause entlassen werden. Doch bei meinem Beruhigungsbier im Zug, das ich nach den Besuchen bei dir nun immer brauche, dämmerte mir, dass du es vielleicht auch anders gemeint hast: Unser Gespräch war ein schöner Abschluss, bevor du für immer gehst. Tatsächlich war es das letzte Mal, dass wir uns unterhalten haben.

Nun, nur eine Woche später, sehe ich dich an und weiß, dass du nie mehr aufstehen wirst. Und doch hat mich dein Arzt, der eben hier war, ziemlich erschreckt.

»Wissen Sie, dass Sie sterben werden?«, fragte er dich geradeheraus.

»Ja«, hast du mit geschlossenen Augen geantwortet. Mehr nicht.

»Haben Sie Angst?«
»Nein.«

Tatsächlich wirkst du friedlich und ruhig, im Reinen mit dir. Mir scheint, du bist selbst im Sterben noch ein Chamäleon.

Später bist du noch ein paarmal nach New York geflogen, die Stadt zog dich magisch an. Das verband dich auch mit Mama, New York war euer gemeinsames Ding.

Ich habe jetzt immer dieses Bild vor Augen, wie du als Teenager abends quer auf dem Bett unserer Eltern lagst, Mama neben dir saß und du ihr von den Lehrern erzähltest, die dich gerade nervten, oder von einem Mädchen, für das du schwärmtest. Das Bett unserer Eltern war deine Psychiatercouch und Mama deine Vertraute.

In deiner Wohnung habe ich aber gerade auch unsere Vaterseite entdeckt. Nicht nur, dass Anubis jetzt über dich wacht. In deinem Flur hängen Papyrusbilder, auf denen Isis mit ihren ausgebreiteten Flügeln zu sehen ist. Die Göttin der Geburt und der Wiedergeburt.

Du warst zwar nie mehr in Ägypten, vermutlich, weil du wusstest, dass es dir dort zu voll, zu staubig und zu heiß wäre, sogar im deutschen Sommer schläfst du ja immer mit Klimaanlage. Dafür hast du dir Ägypten auf sinnliche Weise in dein Leben geholt, über Bilder und auch über das Essen. Du liebst Gerichte, die hier sonst niemand kennt. Vor drei Monaten, als es dir noch gut ging, hast du mich zum Muluchiya-Essen eingeladen, dem ägyptischen Nationalgericht. Ich liebe es, wie du die fein gehackten grünen Blätter in einer Hühnersuppe kochst und dazu in Butter gebratenen Reis servierst.

Für mich war Ägypten lange nur eine romantische Vorstellung, das Land der Pharaonen, mit dem ich irgendetwas zu tun habe, aber nicht so recht wusste, was – außer vielleicht, dass ich Muluchiya mag. Als Kind suchte ich in meinem Spiegelbild manchmal nach Ähnlichkeiten mit Nofretete und bildete mir ein, dass unsere Nasen sich glichen. Aber viel mehr war da nicht.

Für euch ältere Geschwister war damals viel klarer, was euer ägyptisches Erbe ist, ihr habt als Kinder dort gelebt und untereinander nur Arabisch gesprochen. In deinem Pass steht Kairo als Geburtsort.

Leider seid ihr nicht unschuldig daran, dass ich so wenig Ägyptisches in mir trage. In München angekommen, so erzählt es unsere Mutter, wolltet ihr nicht mehr, dass unser Vater mit euch Arabisch spricht. Ihr wolltet nicht auffallen und fandet die Sprache hier plötzlich komisch. Nach kurzer Zeit habt ihr sie alle drei komplett verlernt. Auch unseren Nachnamen haben wir eingedeutscht, das tief unten aus dem Rachen hervorgestoßene »h« lassen wir weg und nennen uns Waaba, mit stummem »h«. Deshalb kapieren die meisten Deutschen nicht, dass er arabisch ist.

Mir hat unser Vater die Sprache erst gar nicht beigebracht, und ich war auch schon siebzehn, als ich mit unseren Eltern überhaupt zum ersten Mal nach Ägypten reiste. Während ihr Älteren eure Wurzeln kanntet, begann ich sie nun erst zu entdecken.

Nach und nach lernte ich viele unserer ägyptischen Verwandten kennen: Großcousin Makram mit dem dicken Brillantring am Finger, der mit einem Möbelhandel zu Geld gekommen war; unsere Cousine Rania mit den Goldzähnen und Großcousine Yvonne mit den wasserblauen Augen, die unser Vater eigentlich hätte heiraten sollen, wenn es nach dem Willen seiner Eltern gegangen wäre. Anfangs waren sie mir alle sehr fremd, kamen mir so anders vor als unsere deutschen Verwandten. Kairo und München waren für mich wie zwei voneinander getrennte Universen.

Aber als ich mich jetzt mit unserem Vater über seine Geschichte unterhielt, fielen mir die Gemeinsamkeiten auf: der Glaube, der hohe Wert der Familie, die Sorge um die Kinder. Wusstest du, dass sich Anfang der 1940er-Jahre nicht nur unsere Oma in München den Kopf zerbrach, wie sie ihre Kinder retten könnte? Dreitausend Kilometer entfernt, im Nildelta, ging es Teta, unserer anderen Großmutter, ganz ähnlich. Nur dass es dort keinen Krieg gab. Noch nicht.

Eben hat Ruth, deine Sterbebegleiterin, uns zur Seite genommen und erklärt, dass deine Atmung sich verändert. Dass sie stockender wird. Ich kann das auch hören, für einige Sekunden bist du ganz still, brauchst nach dem Ausatmen lange, um wieder Luft zu holen. Ruth sagte, du atmest dich nun ins Koma. Eine der letzten Etappen auf deinem Weg.

Aufbruch II

Teta

Die einzige Erinnerung, die ich an unsere ägyptische Großmutter habe, ist die an die Nachricht ihres Todes. An einem Sommerabend im Jahr 1976 klingelte gegen halb acht das Telefon. Ich sollte mich eigentlich bettfertig machen und hopste stattdessen im Flur herum, um das Schlafengehen hinauszuzögern. Papa ging an den Apparat, der im Elternschlafzimmer stand, und ich hörte, wie er mit dem Anrufer Arabisch sprach und dabei ein sehr ernstes Gesicht machte. Mama stand in der Tür und lauschte konzentriert, was sie oft tat, um zu erfahren, wie es der Familie in Kairo ging, und auch, um ihr Arabisch nicht zu verlieren. Nach einigen Minuten legte Papa auf, ging stumm ans Fenster und sah nach draußen, den Blick ins Leere, die Hände in die Hüften gestemmt. Ich wollte gerade zu ihm, da hielt Mama mich zurück.

»Lass ihn mal«, sagte sie, »Teta ist gestorben.«

Dann ging sie hinein und schloss die Tür.

Ich weiß, dass ich Teta im Jahr zuvor noch gesehen habe, weil ein Foto von ihrem Besuch in meinem Album klebt. Sie war zwei Wochen lang bei uns. Eine rundliche kleine Frau von siebzig Jahren, immer in einem schwarzen Kleid und mit einem locker um den Kopf geschlungenen schwarzen Schleier. Auf dem Foto sitzt sie auf unserer Terrasse, breit und kräftig wie ein Monolith, mich hat sie auf ihrem Schoß. Sie hat schöne volle Lippen, die Mundwinkel leicht nach unten gezogen, das Kinn etwas nach vorne geschoben. Sie blickt ernst in die Kamera, und auch auf den anderen Bildern, die ich von ihr kenne, lacht sie nie – was vermutlich daran liegt, dass sie selten fotografiert wurde und es etwas Besonderes für sie war, weshalb sie seriös aussehen wollte.

Damals, als das Foto von uns beiden entstand, dachte ich noch, Teta sei ihr Vorname, dabei ist es nur die ägyptische Bezeichnung für Oma. Dass sie Faktoria hieß, erfuhr ich erst viel später.

Obwohl ich mich an keine Erlebnisse mit ihr erinnern kann, war Teta ein fester Bestandteil meiner Kindheit. Sie rief regelmäßig an, und unsere Eltern erzählten von ihr: davon, wie sie in Kairo sonntags für die ganze Familie gekocht hatte; wie sie ihnen öfter Geld geliehen hatte, wenn Papas karges Gehalt als Uni-Dozent schon vor Monatsende aufgebraucht war. Sie muss eine sehr warmherzige Frau gewesen sein, die alle zusammenhielt.

Auch ihr Geschwister habt oft von ihr gesprochen. Erinnerst du dich an diese Geschichte, die Anouk mir einmal erzählt hat? Teta passte in Kairo öfter auf euch auf, und als sie euch einmal Luftballons mitgebracht hatte, seid ihr immer wieder zu ihr gelaufen, habt so getan, als würdet ihr an ihrem Po riechen, »Iih!« gerufen und das Gesicht verzogen. Dann seid ihr zu den Ballons zurück, habt sie euch an die Nase gehalten und »Ah!« gemacht, als verströmten sie einen besonders guten Duft. Ihr müsst Teta ziemlich geärgert haben. Aber sie lachte nur und rief euch auf Arabisch »Ihr kleinen Teufelchen« zu.

Wenn ihr euch Geschichten aus eurer Kindheit erzählt habt, war ich immer etwas neidisch, weil ich nicht mitreden konnte. Ihr drei Älteren hattet einen gemeinsamen Erfahrungsschatz, der mir verschlossen blieb.

Trotz allem fühle ich mich Teta nah. Nicht so sehr als Person, sondern als Großmutterfigur, als eine der Säulen unserer Familie. Manchmal meine ich auch, mich zumindest an ihre Anwesenheit erinnern zu können, an eine Frau, die mich anlächelte und umarmte. Die leicht schwankte, wenn sie lief, weil sie an Diabetes litt und schlecht sah. Die mir etwas erzählte, ohne dass ich sie verstand. Die mich ständig küsste. Diese bedingungslose Liebe, einfach weil man zu einer Familie gehört, erfuhr ich später auch bei meinen Verwandtenbesuchen in Ägypten.

Es gibt ein Gemälde, das früher bei uns im Wohnzimmer hing und nun bei mir hängt, weil es mich an Teta erinnert – eine Kreidezeichnung in Pastelltönen, die eine ältere ägyptische Frau mit Schleier zeigt. Sie sieht schön und kraftvoll aus mit ihren scharfkantigen Gesichtszügen und ihren großen goldenen Ohrringen. Als Kinder dachten wir, sie sei unsere Teta, weil sie ihr so ähnlich sieht, aber in Wahrheit ist es die Hausangestellte der Künstlerin, eine deutsche Bekannte unserer Eltern in Kairo.

Wie wenig ich über die Welt weiß, aus der Papa kommt, wurde mir erst klar, als ich ihn stundenlang nach seiner Kindheit befragte. Bei uns zu Hause gibt es nur Erinnerungsstücke aus unserer deutschen Familie – Opa Rudolfs Baukasten, Mamas erstes Stofftier, ein schwarzes Schaf –, aus Papas Kindheit dagegen nur ein paar wenige Fotos, sonst gar nichts. Wir saßen an unserem großen Wohnzimmertisch, an dem wir sonst zu Feiertagen oder Geburtstagen zusammenkommen. Erst erinnerte er sich nur zögerlich, aber dann tauchten doch einige Geschichten von früher in seinem Gedächtnis auf. Ich erfuhr, dass er nicht in Kairo aufgewachsen ist, wie ich immer dachte, sondern im Nildelta, in Kaliub.

Nach allem, was Papa erzählt, war Kaliub in den 1940er-Jahren eine quirlige Stadt, ein Handelszentrum an der Bahnlinie Kairo–Alexandria und bekannt für seine Baumwollwebereien. Einige Stoffhändler, wie unser Großonkel Zaki, hatten es dort in den 1930er-Jahren zu Wohlstand gebracht. Großvater Barsoum, der fünf Jahre vor meiner Geburt starb und den ihr Gedo nanntet, ägyptisch für Opa, soll immer etwas eifersüchtig auf seinen erfolgreichen Bruder Zaki gewesen sein. Barsoum hatte nach dem Abitur versucht, einen Handel mit gerösteten Nüssen und Kernen aufzuziehen, aber leider wenig Glück gehabt. Papa vermutet, dass seinem Vater Intuition und Biss fehlten, um ein guter Geschäftsmann zu werden. Sobald sich die Möglichkeit ergab, schlug er eine Beamtenlaufbahn ein und wurde Verwalter in einem Elektrizitätswerk, wo er für die Auszahlung der Gehälter zuständig war. Sein Posten war sicher, aber er verdiente nicht besonders viel. Auch deshalb wohnte Papa mit seinen Eltern und Großeltern zusammen in dem Haus, in dem Barsoum auch geboren worden war. Unser Urgroßvater war Vermessungsangestellter bei einem Grundbesitzer, dem im Delta Felder und Plantagen gehörten. Er war oft wochenlang fort und kam dann zur Freude seiner Enkel mit Rucksäcken voller Früchte nach Hause.

Faktoria und Barsoum hatten sich 1929 durch die Vermittlung eines koptischen Priesters kennengelernt. Die Familien waren so zufrieden über die Verbindung, dass sie gleich noch eine weitere Ehe vereinbarten: Barsoums Bruder Zaki heiratete Faktorias Schwester.

Damals regierte noch König Fuad I. über Ägypten. In allen öffentlichen Gebäuden hingen Porträts dieses stattlichen Mannes mit dem nach oben gezwirbelten Schnauzbart, aber er war nicht sonderlich beliebt im Volk. Fuad I. hatte dem Land zwar einen wirtschaftlichen Aufschwung beschert und es 1922 in die Unabhängigkeit von Großbritannien geführt – allerdings nur auf dem Papier, die verhassten britischen Soldaten blieben weiter in Ägypten stationiert, noch bis nach dem Zweiten Weltkrieg.

Im Arbeitszimmer unseres Vaters habe ich einen weinroten Ordner mit Fotos entdeckt, den ich nie zuvor gesehen hatte. »Familie Ägypten« steht darauf. Ganz am Ende ist dort ein großes, sepiafarbenes Bild eingeklebt, auf dem Barsoum als junger Mann zu sehen ist. Es muss Anfang der 1920er-Jahre aufgenommen worden sein und lässt in meiner Fantasie die alte Kolonialzeit wieder aufleben: Man sieht fünfzehn Männer draußen unter einem Baum, die erste Reihe sitzend, die zweite stehend, alle mit ernsten Gesichtern und herausgeputzt für dieses Erinnerungsfoto. Sie tragen den Tarbusch, den weinroten Filzhut mit schwarzer Quaste, den die Osmanen ins Land gebracht hatten, und dazu Anzug mit Krawatte und Einstecktuch – die damals typische Mischung aus Abend- und Morgenland. So fein sie sich oben herum angezogen haben, an den Schuhen erkennt man bei einigen die bäuerliche Herkunft: Ein Mann hat ein riesiges Loch in der Sohle, ein anderer trägt Pantoffeln. Papa vermutet, dass es sich um die Belegschaft des Elektrizitätswerks handelt. Nur ein Mann trägt keinen Tarbusch, er ist heller als die anderen und hat die Haare mit Brillantine nach hinten gekämmt. Vermutlich der Chef, ein Engländer.

Teta hatte keine Berufsausbildung, aber ihr Vater hatte ihr ein Stück Land in der Nähe von Kaliub vererbt. Das verpachtete sie an Bauern und verfügte so über ein kleines Zusatzeinkommen. Als Papa mir vom Alltag bei sich zu Hause erzählte, musste ich an die Tanten in Steinkirchen denken, denn auch Teta war fast eine Selbstversorgerin. Jeden Morgen buk sie das Fladenbrot für die Familie, an ihrer schwarzen Singer-Nähmaschine fertigte sie die Kleider für sich und die Kinder an, und auf dem Flachdach hielt sie Hühner und Kaninchen, die sie zu den Feiertagen schlachtete.

2009 war ich zum ersten Mal selbst im Nildelta, um eine Reportage über die Bauern dort zu schreiben und darüber, wie sie mit der Wasserknappheit in Ägypten umgehen. Viel scheint sich nicht verändert zu haben, seitdem Papa hier lebte. Die Fellachen tragen noch die gleichen langen Gewänder, die Galabeyas, und weiße Turbane auf dem Kopf. Und wie seit Jahrtausenden helfen Esel und Büffel bei der Bestellung der Felder.

Auf Satellitenbildern leuchtet das Delta als grünes Dreieck inmitten der Wüste hervor. Und tatsächlich hat man das Gefühl, in ein Meer aus Grün einzutauchen, wenn man das staubige Kairo hinter sich lässt. Die Setzlinge auf den Baumwollfeldern schimmern in einem dunklen, die Reishalme in einem etwas helleren Ton, dazwischen ragen Dattelpalmen in den Himmel.

Aus Papas früher Kindheit kenne ich nur ein einziges Foto, das bei einem Familienausflug entstanden ist. Er kniet auf einer Wiese, kurze Hosen und Leinenhemd, hinter ihm sein älterer Bruder Karim, und daneben ein kleinerer Junge, der allerdings nur zur Hälfte auf dem Bild zu sehen ist, laut Papa sein Bruder Ramsi. Die Köpfe der Jungs heben sich scharf vom gleißend hellen Hintergrund ab, es muss heiß gewesen sein an jenem Tag.

An Ramsi hat Papa nur eine vage Erinnerung, er war ein Jahr jünger und starb mit vier Jahren an Diphtherie, derselben Krankheit, an der auch der kleine Bruder unserer Oma Elisabeth in Deutschland gestorben war. Papa weiß nicht genau, wie viele Kinder seine Mutter zur Welt gebracht hat, er weiß nur, dass sie acht oder neun Mal schwanger war. Fünf Kinder wurden erwachsen: Lilli, Karim, Moussa, Dalia und er selbst.

Wusstest du, dass auch unser Vater als Kind fast gestorben

wäre? Teta musste ihren Goldschmuck verkaufen, um sein Leben zu retten.

Amir war sechs Jahre alt, wie an fast jedem Morgen sollte er Foul fürs Frühstück holen, dieses typisch ägyptische Bohnengericht, das keiner von uns besonders mag. Der Stand war gleich gegenüber vom Haus und gehörte seinem Onkel Adel. Doch diesmal kam Amir nicht aus dem Bett. Faktoria sah nach ihrem Sohn und erkannte an seinem roten Kopf, dass er Fieber hatte. In den Tagen zuvor hatte er starken Husten gehabt, nun klebte das Laken an seiner feucht-heißen Haut. Mit dünner Stimme erzählte Amir, dass er wirres Zeug geträumt habe, von einem Mann mit einem Schakalkopf, der neben seinem Bett stand.

Faktoria versuchte alles, um Amirs Fieber zu senken. Sie machte Wadenwickel, gab ihm einen Sud aus Eisenkraut und Süßholzwurzel zu trinken, gegen den Husten rieb sie ihm Kampfer auf die Brust. Nichts half.

Sie dachte an Ramsi. Auch bei ihm hatte alles mit einer Halsentzündung begonnen. Weil der Arzt so teuer war, hatten sie ihn damals nicht gleich geholt, und eines Morgens war Ramsis Hals fast so dick wie sein Kopf. Der eilig herbeigerufene Arzt konnte nichts mehr tun. Wenig später war Ramsi tot. Noch einmal würde sie das nicht ertragen, das wusste Faktoria.

Sie bat ihre Schwiegermutter, auf Amir aufzupassen. Dann holte sie ihren Goldschmuck aus der Kommode und lief zum Basar.

Der Schmuck war ihre Mitgift, sie hatte ihn von den Schwiegereltern zur Hochzeit bekommen. Ein paar Münzen mit dem Bildnis König Fuads waren darunter, Ohrringe, eine Kette mit Anhänger. Dieses kleine Häufchen Gold war ihr Rückhalt für schlechte Zeiten. Und dazu die Armreifen, die sie immer trug. Auch unsere Mutter bekam solche Armreifen zur Hochzeit, einen breiten und zwei schmale. Ich liebte es, an ihrem Handgelenk damit zu spielen. Sie klimperten bei jeder Bewegung, und wir konnten Mama immer schon von Weitem hören. Dieses Klirren war für mich die Muttermelodie. So muss es auch Papa mit seiner Mutter ergangen sein – bis sie die Armreifen verkaufte.

Faktoria war nervös, als der Juwelier im Basar ihren Goldschmuck in die Waagschale legte. Sie hoffte, er würde ihr einen guten Preis machen, doch auf sein erstes Angebot ging sie natürlich nicht ein. Erst mal verhandelte sie.

Ich habe eine ähnliche Szene einmal mit Papa bei einem Silberschmied im Chan-el-Chalili-Basar in Kairo erlebt. Damals ging es nicht um Leben und Tod, sondern nur um ein Paar Silberohrringe, die ich haben wollte. Doch der Vorgang war der gleiche. Als der Verkäufer seinen Preis nannte, lehnte Papa ab. Dreimal ging das hin und her, bis Papa schließlich zu mir sagte: »Wir gehen.«

Ich konnte es nicht fassen und redete auf Papa ein, die paar Pfund, die diese Ohrringe kosteten, seien doch nicht die Welt. »Darum geht es nicht«, sagte er, als wir den Laden hinter uns ließen, »du wirst schon sehen …«

Kurz darauf kam der Verkäufer tatsächlich aus seinem Laden gerannt und rief uns hinterher. Er ging auf Papas Angebot ein, und ich bekam die Ohrringe.

Auch Faktoria verließ den Juwelierladen am Ende zufrieden, mit den Pfundnoten in der Tasche eilte sie nach Hause. Der Arzt kam, untersuchte Amir und stellte eine Lungenentzündung fest. Er gab Faktoria genaue Anweisungen, wie das Fieber zu senken sei, und verschrieb Medikamente. Der Rest liege in Gottes Hand, sagte er.

Faktoria tat alles genau so, wie der Arzt es gesagt hatte.

Dann schritt sie zur Paralleltherapie. Sie ging hinüber zur koptischen Kirche, die sich gleich hinter dem Haus befand, und bat den Priester am Abend eine Messe für Amir zu lesen. Sie spendete der Gemeinde Geld und betete zur Mutter Maria, sie möge ihren Sohn wieder gesund machen.

Zwei Tage später sank Amirs Fieber. Faktoria war überzeugt, dass Gott daran einen ebenso großen Anteil hatte wie der Arzt.

Seit diesem Erlebnis muss sie eine besondere Beziehung zu Amir gehabt haben. Zwar war Teta mit all ihren Kindern sehr innig – mit ihrer jüngsten Tochter Dalia schlief sie noch in einem Bett, als die schon fünfzehn war –, aber Papa war eben der Erste, der ins Ausland ging, fort aus ihrem Nest. Wenn Papa sich längere Zeit nicht aus Deutschland meldete, war sie so in Sorge, dass sie manchmal weinend selbst anrief.

Ich glaube, auch Papa hing sehr an seiner Mutter. Bevor ihr 1968 nach Deutschland zurückgingt, wollte er sogar, dass sie bei euch einzog. Aber Papa ist niemand, der viel über seine Gefühle spricht, und in dieser Hinsicht ein sehr untypischer Ägypter. Er hat mir mal erzählt, dass er seine Mutter jeden Tag in seine Gebete einschließt, das ist seine Art, ihr nah zu sein. Bei seinem Bruder Karim in Kairo hing zu dessen Lebzeiten hingegen ein großes Porträtfoto von Teta über dem Esstisch, sie wachte noch aus dem Jenseits wie eine Patronin über ihre Sippe. Bei uns hing oder stand nirgendwo ein Bild von ihr.

In ihrem tiefen Glauben waren sich auch Teta Faktoria und Oma Elisabeth sehr ähnlich. Die Religion war der Boden, auf dem unsere Familien sich trafen – auch wenn sie für Papa um einiges wichtiger ist als für Mama. Seitdem du so krank bist, sagt er oft: Ich bete für André. Er ist davon überzeugt, dass es hilft. Andererseits, was hilft jetzt sonst?

Ich habe mich oft gefragt, wie er als Naturwissenschaftler so widerspruchslos an die Dogmen seiner Kirche glauben kann. Du kennst ja die Heiligendarstellungen und Jesusbilder in seinem Arbeitszimmer. Und dann die Sache, als er sich mit Onkel Korbinian anlegte, weil der nach Tante Adelheids Tod seine Schwester feuerbestatten wollte – sie selbst hatte keine Anweisungen hinterlassen. Papa war der Meinung, ihre Seele könne dann nicht in den Himmel aufsteigen, und setzte sich damit auch durch. Keiner von uns verstand, warum er diesen Zwist mit Korbinian begann, die beiden redeten danach jahrelang nicht mehr miteinander. Vor allem Mama hat sehr unter der Funkstille zwischen den beiden gelitten. Korbinian war ihr Trauzeuge gewesen.

Du hast dich immer gegen alles gewehrt, was mit Religion zu tun hatte. Gegen die Ermahnungen unseres Vaters, doch am Sonntag mal wieder vor neun aufzustehen und in den Gottesdienst zu gehen. Gegen eine kirchliche Heirat. Auch wenn wir manchmal den Kopf geschüttelt haben über Papa, sein Glaube hat auch etwas Gutes. Ihm fällt es leichter, Dinge zu akzeptieren, die nicht zu ändern sind. Etwas mehr Ergebenheit ins Schicksal würde uns allen helfen in nächster Zeit.

Vielleicht hat seine Einstellung etwas damit zu tun, dass er als Junge Ministrant war und viele Beerdigungen miterlebte. Wenn in Kaliub jemand starb, musste der Leichnam wegen der Hitze recht bald bestattet werden, und der Pfarrer ließ nach seinen Ministranten rufen. Amir und die anderen Jungen stellten sich in zwei Reihen vor dem Sarg auf, immer vier auf jeder Seite, und begleiteten den Leichnam bis zum Friedhof.

Auf diesen Beerdigungen werden Frauen aus der Nachbarschaft dafür bezahlt, möglichst laut um den Toten zu klagen, denn daran wird gemessen, wie sehr die Familie ihn geliebt hat. Je lauter, desto größer der Verlust. Ich habe während meiner Ägyptenreise so eine koptische Beerdigung miterlebt. Einige Trauergäste gerieten so außer sich, dass sie mir wie in Ekstase vorkamen. Eine Frau fiel sogar in Ohnmacht.

Offenbar lernte Papa, bei all diesem Aufruhr ruhig zu bleiben. »Man singt ja tröstliche Lieder«, sagte er, als ich ihn einmal fragte, wie er das geschafft hat.

Die ersten sechs Schuljahre besuchte Amir die Grundschule der Kirche hinter seinem Haus. Schon damals zeigte sich seine mathematische Begabung, für die Schularbeiten bekam er meist die volle Punktzahl. Zu Hause löste er manchmal zum Spaß auch die Aufgaben seines größeren Bruders Karim. Anfangs war Karim begeistert, wie schnell Amir darin war, aber schon bald versteckte er seine Schulsachen. Dafür schrieb Amir in Arabisch schlechtere Noten, was den Lehrer erzürnte. Einmal bestrafte er ihn, indem er ihm mit einem Bambusstock auf die Fußsohlen schlug. Das kam allerdings nie wieder vor, nachdem Großvater dagegen protestiert hatte.

Vom Zweiten Weltkrieg, der Mamas Kindheit überschattete, bekam Papa im Nildelta fast nichts mit. Während heute von den Küsten Ägyptens Flüchtlinge nach Europa aufbrechen, war Ägypten damals Zufluchtsort für viele verfolgte Europäer. Nur im Radio hörte er manchmal vom Krieg, und dann, wenn die Erwachsenen sich über *el mehwar* unterhielten, die Achse. Und einmal, als er mit seiner Mutter auf dem Marktplatz unterwegs war, sah er, wie ein fremder Soldat durch die Menge rannte, blondes Haar, rotes Gesicht. Ein paar englische Soldaten liefen ihm hinterher. »Ein Deutscher! Haltet ihn auf!«, rief jemand.

Der Deutsche bog in eine enge Gasse ein, dann stürzte sich ein Mob von Passanten auf ihn und warf ihn zu Boden. Er versuchte, sich freizukämpfen, aber die englischen Soldaten waren schon über ihm. Sie packten ihn und zerrten ihn über den Marktplatz, dabei schlugen sie auf ihn ein und beschimpften ihn. Amir sah, dass der Mann aus dem Mund blutete und seine Uniform in Fetzen herunterhing. Er griff nach der Hand seiner Mutter, die ihn schnell wegzog. Abends erzählte er seinem Vater davon, und der erklärte ihm, dass die Engländer Krieg gegen die Deutschen führten. Aber Amir solle sich nicht sorgen, im Nildelta seien sie sicher. Nur in Europa, da herrsche das Chaos.

Allerdings ereignete sich auch in Ägypten bald etwas, das Amir Angst machte. Dass etwas nicht stimmte, merkte er an einem Septembermorgen im Jahr 1947. Er wollte gerade Foul für die Familie holen, da sah er, dass Onkel Adel mit zwei Polizisten diskutierte. Er müsse den Stand sofort schließen, sagte einer der Polizisten, Order von oben, es dürfe kein Essen mehr auf der Straße verkauft werden. Adel gestikulierte wild und rief, bei ihm sei alles sauber und gekocht. Man beraube ihn seiner Existenz! Da schrie der Polizist ihn an: Ob Adel wolle, dass es ihm genauso ergehe wie der Familie von Abu Ismael, wobei er auf das Haus gegenüber zeigte. Alle Kinder seien krank, das jüngste liege im Sterben. Schließlich packte Adel missmutig seine Sachen zusammen.

Als die Polizisten weg waren, ging Amir zu ihm hinüber und fragte seinen Onkel, was los sei. Der antwortete mit düsterem Blick: »Die Cholera ist ausgebrochen.«

Bald darauf leerten sich die Straßen der Stadt. Alle Läden schlossen, der Basar machte dicht, die Lehrer schickten die Kinder heim, die Busse standen still, die Züge fuhren nicht mehr. An den Ausfallstraßen stellte das Militär Checkpoints auf, niemand durfte mehr rein oder raus aus der Stadt. Die Wasserpumpen wurden außer Betrieb gesetzt, die offenen Brunnen geschlossen.

Amir sah, wie Männer mit weißen Kitteln und riesigen Pumpzerstäubern kamen und das Haus von Abu Ismael innen und außen mit einer scharf riechenden Flüssigkeit besprühten. Am Abend flogen Militärmaschinen über die Dächer und besprühten die ganze Stadt aus der Luft. Faktoria schloss schnell Türen und Fenster und holte die Hühner in ihren Käfigen ins Haus.

Amir hatte noch nie von der Cholera gehört, aber er spürte, welche Bedrohung von dieser Krankheit ausging. Seine Eltern übergossen Gemüse und Obst vor dem Verzehr mit kochendem Wasser, getrunken wurde nur noch abgekochtes Wasser. Dann stellte Barsoum die Kinderbetten ins Zimmer der Eltern, von nun an schliefen alle zusammen. Amir war froh, dass er bei den Eltern sein durfte, auch wenn er sich nun ein Bett mit Karim teilen musste. Er fühlte sich geborgener, und die Angst ließ nach, wenn er das regelmäßige Atmen der anderen hörte.

Die Cholera griff rasend schnell um sich. Vom Flachdach aus sah Amir, wie weiß gekleidete Trupps in umliegende Häuser gingen und Kranke auf Bahren hinaustrugen, ausgemergelte und blasse Gestalten, die mehr tot als lebendig aussahen. Sie wurden in den neuen, noch blitzweißen Ambulanzwagen davongefahren, die die Briten gespendet hatten. In den Radionachrichten verlasen sie nun ständig die Todeszahlen, manchmal starben fünfhundert Menschen an einem Tag.

In der Zeitung, die sein Vater jeden Morgen las, entdeckte Amir eines Tages eine Karikatur, die einen schwarzen Sensenmann zeigte, dessen Schatten auf eine Pyramide fiel. Und nachts träumte er jetzt wieder von Anubis, der ihn ins Jenseits geleitete.

Nach zwei Monaten war alles vorüber. Ärzte und Pfleger waren in jeder Stadt und in jedem Dorf von Tür zu Tür gegangen und hatten die gesamte Bevölkerung immunisiert. Auch Amir war geimpft worden und hatte einen Ausweis bekommen, den er vorzeigen musste, wenn er in die Schule und zum Einkaufen ging. Er war fasziniert davon, wie die Wissenschaft diese tödliche Krankheit gezähmt hatte, und las in der Zeitung von den Laboren in Kairo, in denen der Impfstoff hergestellt wurde. Auf den Fotos sah er, wie Männer und Frauen in weißen Kitteln kleine Glasampullen mit einer durchsichtigen Flüssigkeit füllten, die Millionen von Leben rettete. Damit begann Papas Leidenschaft für die Naturwissenschaften.

Entscheidungen am Nil

Durch deine Krankheit bin ich nun öfter als sonst in Erding und habe Zeit, im Haus unserer Eltern zu stöbern. Obwohl sie vor Jahren umgezogen sind und es unsere Kinderzimmer nicht mehr gibt, fühle ich mich bei ihnen wie in einem zweiten Zuhause. Der Reihenhaussiedlung, in der wir aufwuchsen, muss man auch wirklich keine Träne nachweinen. Ich mag es, dass sie nun so nah am Wald wohnen, und Mama hat sich in ihrem Garten ein Refugium erschaffen. Fast das ganze Jahr über blüht etwas, sie hat spiegelnde Rosenkugeln in ihre Beete gesteckt, wie Tante Lisi sie schon vor achtzig Jahren in ihrem Bauerngarten hatte. Die Zeit steht still, wenn ich unter dem alten Apfelbaum sitze und der Nachbarskatze zusehe, wie sie die flinken Vögel in der Baumkrone fixiert, die doch immer wegfliegen, sobald sie zum Sprung ansetzt.

Vor ein paar Tagen habe ich in Mamas Bauernschrank ein Dutzend Kästen mit alten Dias gefunden. Darunter waren Bilder von Papas Abschied aus Ägypten Ende der 1950er-Jahre, die ich noch nie zuvor gesehen hatte. Ich war begeistert und fühlte mich wie eine Archäologin, die auf einen vergessenen Schatz gestoßen war.

Ein Dia ist mir besonders aufgefallen, weil es aussieht wie ein Gemälde. Darauf ist eine junge Frau in einem rosafarbenen taillierten Taftkleid zu sehen, die grazil in einem Blumensessel sitzt, neben ihr eine grüne Lampe, hinter ihr Spitzenvorhänge – so farbenfroh und geradezu hyperreal, als könnte ich eintauchen in diesen Moment. Der Kopf der Frau ist leicht zur Seite gedreht, sie lächelt so fein wie Mona Lisa.

»Das ist meine Cousine Yvonne«, sagte Papa.

Yvonne. Großonkel Zakis Tochter, die er hätte heiraten sollen. Mir fiel wieder ein, dass ich sie einmal bei einem Familientreffen in Kairo gesehen hatte, eine ruhige, sympathische Frau, mit der ich aber nur kurz gesprochen habe. Ich hatte den Eindruck, dass sie mich sehr genau musterte.

Verwandtenehen sind nicht ungewöhnlich in Ägypten. Papas große Schwester Lilli heiratete auch einen Cousin. Man sieht einen Vorteil darin, sich gut zu kennen, und glaubt, dadurch keine bösen Überraschungen zu erleben.

Ich sah mir Yvonne auf dem Dia noch einmal an und versuchte mir vorzustellen, was passiert wäre, wenn Papa sie geheiratet hätte, was für ein Mensch aus ihm geworden wäre. Ich kam nicht weit mit diesem Gedanken, weil es den Menschen, der er heute ist, ohne uns nicht gäbe. An eines erinnerte ich mich aber in diesem Moment: Dass es dich bald nicht mehr geben wird. Und dass dieses Nichts, das sich in meinem Kopf auftat, dann sehr real sein wird.

Das Foto wurde bei Amirs Abschiedsfeier aufgenommen, kurz bevor er nach Deutschland reiste, um mit der Arbeit an seiner Doktorarbeit in Physik zu beginnen. Ob Yvonne traurig war, dass er ging und insgeheim hoffte, es würde nach seiner Rückkehr vielleicht doch noch etwas werden mit ihnen? Papa sagt, sie habe ihn immer sehr nett angelächelt.

Amir mochte Yvonne, aber er wusste, wie gefährlich Verwandtenehen sein können. Eine seiner Tanten, die einen Cousin geheiratet hatte, brachte drei Kinder mit einer geistigen Behinderung zur Welt. Amir lernte sie nie kennen, weil die Eltern sie vor dem Rest der Familie abschirmten.

Eigentlich verbot die Kirche auch damals schon solche Ehen. Aber wenn das angehende Brautpaar die Fastenzeit vor Ostern oder vor Mariä Himmelfahrt schon eine Woche früher begann und sich so Gottes Segen erwarb, glaubte manch ein Priester, das Verbot über den Haufen werfen zu können. Amirs Glaube ging glücklicherweise nicht so weit, dass er darauf vertraute, Gottes Segen würde die Regeln der Biologie außer Kraft setzen.

Amirs mathematisches Talent sorgte dafür, dass er als Erster unter den Geschwistern aufs Gymnasium ging. Sein älterer Bruder war darüber gar nicht begeistert, Karim schaffte es auf Umwegen erst ein Jahr später. Die Ausbildung ihrer Kinder war Barsoum und Faktoria sehr wichtig, bis auf Lilli, die früh heiratete, machten alle Abitur.

Zum Gymnasium musste Amir mit dem Zug in den Nachbarort fahren. Auf diese Schule gingen nur Jungen – dafür mischten sich die Religionen. Amirs Banknachbar Mansur war Muslim. Die beiden freundeten sich an, und Mansur schrieb Amir eine Koransure in eines seiner Hefte: »Du wirst finden, dass diejenigen, die den Muslimen am nächsten stehen, die Christen sind.«

Amir und Mansur verbrachten in der Schule viel Zeit miteinander und spielten am Nachmittag Fußball auf den staubigen Straßen vor ihren Häusern. Eine lebenslange Freundschaft wurde daraus allerdings nicht, irgendwann verloren sie sich aus den Augen. Überhaupt weiß ich von keinem einzigen muslimischen Freund unseres Vaters – was allerdings auch daran liegt, dass sein Bekanntenkreis in Deutschland nur aus den Mitgliedern der koptischen Kirchengemeinde, den Nachbarn und Arbeitskollegen bestand. In unserer Erdinger Siedlung und in Papas Firma gab es damals noch keine Muslime.

Die Kirche war ein Mittelpunkt in Amirs Alltag. Er und Karim waren oft in der Jugendgruppe der Sonntagsschule.

Anders als es der Name sagt, gingen sie dort nicht nur sonntags hin. Die Älteren gaben den Jüngeren Religionsunterricht, sie machten zusammen Ausflüge, auch das streng nach Geschlechtern getrennt. Als Teenager leiteten Amir und Karim selbst Jugendgruppen, manchmal beteten und sangen die Jungs abends so lange, dass sie erst um Mitternacht nach Hause kamen, was Barsoum gar nicht gefiel.

Auf einem der wenigen Jugendfotos von Papa sieht man ihn bei so einem Treffen der Sonntagsschule, draußen auf einer Wiese unter Bäumen, eine Traube lachender, junger Männer, den Zeigefinger erhoben zum Rhythmus eines Reims, den sie singen, einige tanzen auch. Dazwischen hüpft ein kleines Mädchen herum.

Was für mich später der Volleyballverein war, eine Gruppe von Freunden, mit denen ich abends nach dem Training etwas trinken ging und am Wochenende bei den Spielen um jeden Punkt kämpfte, das muss für Papa die Kirchengemeinde gewesen sein. Sie war seine Mannschaft. Und wenn ich ab und zu von den Kindern unserer Cousinen und Cousins höre, wundere ich mich jedes Mal, wie wichtig für sie der Glaube bis heute ist. In dieser Hinsicht hat sich in unserer ägyptischen Familie offenbar wenig verändert. Andrew, der Sohn unseres Cousins Fuad, ist Mitte zwanzig und beendet seine Mails an mich mit dem Gruß »Gott segne dich«. Seine jüngere Schwester Nadine postet im Internet Selfies von sich mit dem Priester ihrer Kirche, einem grauhaarigen alten Mann.

Ich habe Papa so viel über seine Jugend gefragt und weiß trotzdem ziemlich wenig. An vieles erinnert er sich nicht mehr. Manchmal dachte ich bei unseren Gesprächen aber auch: Vielleicht ist einfach nicht besonders viel passiert. Sein

Alltag spielte sich zwischen Familie, Schule und Kirche ab. Aus diesen Grenzen brach er nicht aus.

Erst das Studium in Kairo eröffnete ihm eine neue Welt. Als ich Papas alte Uni-Unterlagen durchsah, fiel mir seine erste Immatrikulationsbescheinigung von der Kairoer Ain-Shams-Universität in die Hände. Auf dem Foto von 1951 hat Papa noch den verträumten Blick und die weichen Gesichtszüge eines Jungen, er war gerade mal sechzehn, als er zu studieren begann. Aber vom Hals abwärts sieht er schon aus wie ein erwachsener Mann: Er trägt Anzug und Krawatte – wie später auf fast allen Fotos während seiner Universitäts- und Berufsjahre. Nur wenn es im Sommer richtig heiß wurde, ließ er den Schlips auch mal weg.

Bald nachdem Amir sein Studium aufgenommen hatte, begann in Ägypten eine Zeit des Umbruchs. An einem Samstag im Januar 1952, als er auf dem Weg nach Kairo war, hörte er schon am Hauptbahnhof die Zeitungsjungen, die ihre Extrablätter ausriefen: »Massaker in Ismailia!« Amir besorgte sich eine Ausgabe und erfuhr, dass britische Soldaten bei Auseinandersetzungen in der Stadt am Suezkanal fünfzig ägyptische Polizisten getötet hatten. Der Konflikt mit den Briten schwelte schon lange, Amir hatte seinen Vater oft schimpfen hören auf die alten Kolonisatoren, die noch immer den lukrativen Kanal kontrollierten, den Schiffe aus der ganzen Welt passierten. Aber König Faruk, der Sohn Fuads I., der seit 1936 regierte, scheute die Konfrontation. So hatten sich mit Duldung der ägyptischen Polizei zahlreiche militante Gruppen herausgebildet, die die Briten bekämpften. Am 25. Januar 1952 eskalierte der Konflikt, die Briten forderten die Polizisten in Ismailia auf, ihre Waffen abzugeben und die Kanalzone zu verlassen. Als die ägyptischen Beamten sich weigerten, griffen die Briten sie an.

Amir selbst war bisher kaum Briten begegnet, und wenn, dann war er ihnen aus dem Weg gegangen. Aber auch er spürte, dass jetzt die Luft brannte.

Als er an diesem Tag das Uni-Gebäude erreichte, ein alter, von einem weitläufigen Garten umgebener osmanischer Palast, drängten sich vor dem Portal und in den Fluren bereits die Studenten und diskutierten lautstark über die Ereignisse. Alle Vorlesungen und Kurse waren abgesagt. »Lasst uns zum Königspalast ziehen!«, rief einer. »Krieg den Briten!«, rief ein anderer. Mittlerweile hatte sich herumgesprochen, dass König Faruk sich weigerte, die Briten für die Tötung der Polizisten zur Rechenschaft zu ziehen. In den Augen der Studenten war er nichts weiter als eine Marionette der alten Kolonialmacht, und auch den Rückhalt im übrigen Volk hatte der König längst in den europäischen Casinos verspielt, in die ihn seine extravaganten Auslandsreisen führten.

Faruk war erst sechzehn Jahre alt gewesen, als er nach dem Tod seines Vaters den Thron bestieg. Anfangs war er beliebt, denn er war der erste Herrscher, der sich nach seiner Krönung direkt an sein Volk wandte, mit einer Radioansprache, in der er Ägypten Erfolg und Zufriedenheit prophezeite. Von der Hoffnung auf einen Neuanfang mit dem jungen Monarchen war aber bald nichts mehr übrig. Während des Zweiten Weltkriegs ging es in Ägypten wirtschaftlich bergab, dann verlor das Land 1948 den ersten Krieg gegen Israel. All das hinderte den König aber nicht daran, öffentlich mit seinem Reichtum zu protzen, seine Paläste auszubauen und seine Rolls-Royce-Sammlung zu erweitern. Auch Amir wusste, dass Faruk sich lieber mit den Bauchtänzerinnen in den Kairoer Nachtclubs vergnügte, als Sitzungen mit seinem Premierminister abzuhalten.

Amir wurde dennoch mulmig angesichts des Aufruhrs an

der Uni. Jeden Abend lauschte er gebannt den Nachrichten im Radio, auch konnte er sich stundenlang in die Zeitung vertiefen – aber er verfolgte das Weltgeschehen lieber vom Sofa aus, als mittendrin zu stehen. Am besten fuhr er wieder nach Hause, entschied er, und machte sich in Richtung Bahnhof auf. Polizeiautos rasten an ihm vorbei, dahinter Militärlaster mit Dutzenden Soldaten auf der Ladefläche. Über der Nil-Insel hing schwarzer Rauch. Je näher er dem Bahnhof kam, desto rußiger wurde die Luft. In seiner Lunge brannte es, irgendwo musste ein riesiges Feuer sein. Dann sah er, dass auch ein Teil des Bahnhofs in Flammen stand. Ein wütender Mob verbrannte Union-Jack-Flaggen und Bilder des Königs. Am Rand standen ein paar versprengte Polizisten, die nicht eingriffen.

Amir wollte so schnell wie möglich weg. Das Problem war nur, dass er das Bahnhofsgebäude nicht mal betreten konnte, und vermutlich fuhren auch gar keine Züge mehr nach Kaliub.

Amir fiel seine Tante Isis ein, die in Shobra wohnte, etwas außerhalb des Stadtzentrums. Er machte sich zu Fuß in Richtung Nil auf und ging dann an der Corniche entlang nach Norden. Überall sah er Brände, die halbe Stadt schien in Flammen aufzugehen.

Isis machte ein erstauntes Gesicht, als Amir vor der Tür stand. Sie bat ihn schnell herein und verriegelte dann die Tür. Ihre Familie war vor dem Radio versammelt, und der Sprecher sagte, dass Hunderte britische und andere westliche Geschäfte angezündet worden seien, auch das traditionsreiche Shepheard's Hotel sei zerstört worden, außerdem eine Niederlassung von Barclays Bank, Kaufhäuser, Restaurants, Cafés und einige Nachtclubs, in denen der König verkehrte.

Der Tag ging als der »Schwarze Samstag« in die Geschichte ein. Es war das erste Mal, dass Amir die große Politik hautnah miterlebte. Er ahnte, dass es die ägyptische Monarchie nicht mehr lange geben würde. Auch er fand, dass es um König Faruk nicht schade war, aber was käme danach? Wer hatte diese Brände gelegt?

Eine eigenartige Zeit begann. Jedes Mal, wenn König Faruk ein Kabinett entließ und ein neues benannte – was nach den Bränden alle paar Wochen vorkam –, gab es an der Uni Studentenversammlungen. Amir hörte den Reden der anderen gerne zu, sich selbst engagieren wollte er nicht. In den Pausen saß er oft im ehemaligen Schlossgarten am Springbrunnen, wo sich die Studentinnen und Studenten darüber unterhielten, wie lange der König wohl noch durchhalten würde. Einige glaubten, die Briten könnten das Land wieder besetzen, wenn Faruk weg wäre, der Suezkanal als Einnahmequelle sei ihnen zu wichtig. Die Christen unter den Studenten – von denen es viele gab, auch die Hauptprofessoren für Mathematik und Physik an Amirs Fakultät waren Kopten – erzählten sich Schauergeschichten über die Muslimbrüder und die bewaffneten Fedajin, die angeblich im Hintergrund eine Machtübernahme planten.

Amir mochte diese Treffen vor allem deshalb, weil seine Kommilitoninnen dabei waren. Das war die größte Neuerung, seitdem er zur Uni ging: Sonst traf er nur auf Frauen aus seiner Familie, auch in der Kirche war man ja getrennt, und nun saß er so nah neben Amal, Zeynab und Nabila, dass er ihr Parfum riechen konnte.

Sie kleideten sich ganz anders als die Frauen in Kaliub, trugen ausgestellte Röcke wie die Europäerinnen und Pumps, die auf dem Boden klackerten. Auf dem Land und in den ärmeren Vierteln Kairos bedeckten viele Frauen ihr Haar, nicht aber an der Uni. Die Muslimbrüder agitierten zwar dagegen, das bekam auch Amir mit, aber seine Kommilitoninnen interessierte das wenig. Amir bemerkte, dass seine Laune sich hob, wann immer er ihnen begegnete. Die langen Vorlesungen, die Experimente im Labor, alles kam ihm irgendwie leichter, beschwingter vor.

Papa erzählte mir, dass in seinem Semester fast so viele Frauen wie Männer eingeschrieben waren. In Kairo gab es damals schon eine bildungsnahe Schicht, in der es üblich war, die Töchter auf die Universität zu schicken, Papas kleine Schwester Dalia studierte später Agrarwissenschaften. In München wunderte er sich dann, dass Physik ein reines Männerfach war. Die einzige Frau am Lehrstuhl war die Sekretärin.

Nach Amirs erstem Jahr an der Uni begann auch Karim zu studieren, und die ganze Familie zog nach Kairo, in das Haus in Shobra, in dem schon Faktorias Schwester Isis wohnte. Das mehrstöckige Gebäude gehörte ihrem Mann, der es als Steuerberater zu einigem Wohlstand gebracht hatte.

Damals muss der Stadtteil, in dem traditionell viele Kopten leben, noch viel von seinem alten Flair gehabt haben. Shobra grenzt ans Nilufer, wegen des sagenhaften Blicks über den breiten Strom errichteten sich hier im neunzehnten Jahrhundert osmanische Herrscher ihre Paläste. Später entstanden große Gebäude mit stuckverzierten Fassaden und französischen Balkons, Einwanderer aus Italien und Griechenland siedelten sich an. Boulevards wurden erbaut, die aussahen wie die Pariser Champs-Élysees. Das erste Filmstudio Ägyptens eröffnete in Shobra und läutete das goldene Zeitalter des ägyptischen Kinos ein. Seitdem hat die Bevölkerung Kairos sich vervierfacht. Heute bröckelt der Stuck von den Villen, die im Schatten riesiger schlammfarbener Wohnblocks stehen, manche bleiben aus Geldmangel auch einfach unverputzt. Als ich zum ersten Mal nach Shobra kam, wäre ich am liebsten gleich wieder gefahren. Ich kam mir vor wie in der Kulisse eines Endzeitfilms: die vielen Menschen, die bettelnden Kinder, der Schmutz. In Deutschland hört man vor allem dann von Shobra, wenn mal wieder ein Haus eingestürzt ist – entweder weil es zu eilig hochgezogen wurde, ohne Baugenehmigung und mit minderwertigem Material, oder weil es aus Altersschwäche einfach in sich zusammenfiel.

Aber der marode Charme der alten Zeit blitzt hin und wieder noch auf, bis heute treffen hier alle aufeinander: Christen und Muslime, arme Slum-Bewohner und Kairos Mittelschicht. Leute wie unser Cousin Fuad, der seine beiden Kinder auf teure Privatunis geschickt hat, ist nie aus Shobra weggezogen, weil er die Atmosphäre liebt. Wo andere nur Verfall sehen, erkennt er noch die Reste einer glorreichen Vergangenheit.

Auch Dalida wuchs hier auf, die berühmte Chansonnière und Schauspielerin. »Ich komme aus Shobra in Kairo. Die Kinder dort sind schön wie der Mond mit dunklen Augen«, heißt es in einer ihrer arabischen Lieder. Ihre Großeltern wanderten einst aus Italien ein, ihr Vater war Geiger am Kairoer Opernhaus. In den 1970er-Jahren kehrte sie aus ihrer Wahlheimat Paris zu Besuch nach Shobra zurück, und der ägyptische Regisseur Youssef Chahine filmte sie, wie sie unter Tränen die Stufen zur Wohnung hinaufsteigt, in der ihre Mutter sie zur Welt gebracht hatte. Stromkabel hängen von den Decken des Treppenhauses, der Putz blättert von den Wänden – kaum vorzustellen, dass hier überhaupt noch jemand wohnt. Später tritt sie auf den Balkon, wie eine Fee mit hellblauem Kleid und goldfarbenem Haar, und lässt ihren Blick über die Straßen ihrer Kindheit schweifen. Mit ihr leuchtet plötzlich der alte Glanz dieses Viertels wieder auf, und ich verstand den Beinamen der Stadt: Paris am Nil.

Für Musik oder Kino interessierte Amir sich damals nicht besonders. In Shobra wurde die koptische Gemeinde schnell wieder zum Mittelpunkt seines Alltags, Karim und er verbrachten ihre Abende und Wochenenden in der Sonntagsschule der St.-Antonius-Kirche.

Politisch kam Ägypten auch in Amirs zweitem Jahr an der Uni nicht zur Ruhe. Zwar hatte im Sommer 1952 eine Gruppe junger Offiziere in einem unblutigen Putsch König Faruk aus dem Land vertrieben, aber noch immer war Ägypten eine Monarchie. Um die Briten nicht zu sehr zu beunruhigen und den Schein der alten Ordnung aufrechtzuerhalten, hatten die Offiziere um Gamal Abdel Nasser und Mohammed Nagib Faruks sechs Monate alten Sohn Fuad II. inthronisiert.

Vom Putsch selbst hatte Amir nichts mitbekommen, da er sich, von den Kairoern unbemerkt, in den frühen Morgenstunden vollzogen hatte. Aber wie die meisten Ägypter ahnte auch Amir, dass dieser Putsch noch nicht das Ende war.

Seine ganze Aufmerksamkeit galt zu dieser Zeit allerdings Amal. Bei einem Physikexperiment im Labor sollten sie gemeinsam einen Stromkreislauf aufbauen. Amir sah ihr fasziniert dabei zu, wie sie ein Stück Draht an der Batterie befestigte, eine wohlige Unruhe breitete sich in ihm aus. Plötzlich leuchtete die Glühbirne auf, und Amir erschrak, er hatte nicht bemerkt, dass Amal den Schaltkreis bereits geschlossen hatte. Als er die Kabel wieder auseinanderbauen wollte, bekam er einen elektrischen Schlag. Amir hüpfte hoch, Amal musste lachen. Vor Scham lief er rot an.

Amir suchte nun Amals Nähe, wann immer es der Anstand zuließ. Er bemühte sich, mittags in der Mensa neben ihr zu sitzen. Oder er bat sie um einen Kugelschreiber, obwohl er selbst drei in der Tasche hatte, nur um mit ihr zu sprechen. Er war sich nicht sicher, ob Amal sich auch für ihn interessierte, aber er glaubte, ein Funkeln in ihren Augen zu erkennen, wenn sie ihn ansah.

An einem Junitag im Jahr 1953 verließen Amir und Amal gerade mit ein paar anderen Studenten das Unigebäude, da kamen ihnen auf der Straße jubelnde Menschenmassen entgegen, einige Männer saßen auf den Schultern anderer und skandierten: »Nieder mit dem König, es lebe die Republik!«

Ministerpräsident Nagib hatte den König abgesetzt und sich zum Präsidenten erklärt. Den damals schon populären Gamal Abdel Nasser, die treibende Kraft hinter dem ersten Putsch, machte er zu seinem Stellvertreter. Das war der Umsturz, der sich so lange angedeutet hatte. Wildfremde Menschen fielen einander in die Arme, lachten und reckten ihre Fäuste in die Luft. »Nun wird das Volk das Geld bekommen, das ihm zusteht!«, rief einer der Demonstranten. Bald würde man auch die verhassten Briten los sein, davon waren alle überzeugt, und lauthals sangen sie die republikanische Nationalhymne.

Auch Amir und Amal ließen sich von der überschwänglichen Stimmung mitreißen. Die Straßen füllten sich mit immer mehr Menschen, gemeinsam zogen sie vor die eben fertiggestellte Mogamma, das sandfarbene Regierungsgebäude am Tahrir-Platz, das die Sowjets finanziert hatten und das mit seinen Säuleneingängen im Zuckerbäckerstil aussah wie ein Liebesgruß Stalins an Kleopatra. Mit diesem Geschenk an die Ägypter erhoffte man sich im Kalten Krieg politischen Einfluss – und den sollte die Sowjetunion tatsächlich bekommen.

Ich kann das überwältigende Gefühl, das Papa damals

auf dem Tahrir-Platz gehabt haben muss, die Hoffnung auf eine bessere Zukunft für sein Land, gut nachvollziehen. Fast sechzig Jahre später, im Februar 2011, stand ich selbst vor der Mogamma, während die Kairoer eine weitere Revolution bejubelten: Präsident Hosni Mubarak war gerade gestürzt worden, der korrupte alte Herrscher, der den Militärputsch von 1953 als junger Luftwaffenpilot erlebt hatte und von da seinen Aufstieg nahm. Um mich herum jubelten junge Menschen und schwenkten ägyptische Fahnen. Genau wie damals umarmten Wildfremde einander, ein Dauergrinsen im Gesicht. Teenager mit Besen standen am Straßenrand und fegten die Bürgersteige, jemand hatte einen Aufruf auf Facebook gestartet, die Stadt solle nach der Revolution in neuem Glanz erscheinen.

Ich war hergekommen, um einen Artikel über die Revolution zu schreiben. Großcousin Andrew begleitete mich, um mir bei der Recherche zu helfen. »Stell dir vor«, sagte er, »man würde Mubaraks Milliarden im Volk verteilen, dann könnte man die Armut besiegen.« Die Hoffnungen waren riesig, die Möglichkeiten schienen unendlich.

Andrew schenkte mir zum Abschied ein T-Shirt, das er auf dem Tahrir-Platz gekauft hatte, darauf stand mit roter Schrift: »Egypt's Youth – 25.1.2011«, das Datum, an dem die Proteste begannen. Heute liegt das T-Shirt weit hinten in meinem Kleiderschrank. Und Ägypten wird mit härterer Hand regiert als all die Jahre zuvor.

Nach dem Umsturz von 1953 erlebte das Land hingegen zunächst einen wirtschaftlichen Aufschwung, von dem auch Amir bald profitierte.

Gamal Abdel Nasser, der Kopf der Putschisten, enthob Präsident Nagib 1954 seines Amtes und wurde selbst Präsident. Er verteilte Ländereien der Großgrundbesitzer an Kleinbauern, führte den kostenlosen Schulbesuch ein und die Förderung begabter Studenten, er reformierte das Gesundheitssystem und rüstete die Armee auf. Die Waffen dafür bekam er aus der Sowjetunion. Als er 1956 im Radio die Nationalisierung des Suezkanals verkündete, wurde er zum Volkshelden. Zwar verlor er kurz darauf den Suezkrieg gegen Großbritannien, Frankreich und Israel, aber er schaffte es, dass die lukrative Schifffahrtsstraße in ägyptischer Hand blieb. In der gesamten arabischen Welt bejubelten ihn die Massen, weil er sein Land aus der jahrhundertelangen Fremdbestimmung befreit hatte. Sie träumten mit ihm von einer geeinten arabischen Nation vom Atlantik bis zum Persischen Golf.

Aus diesem Traum wurde nichts, und obwohl Nasser viele Errungenschaften der Revolution nicht aufrechterhalten konnte, weil sie zu teuer waren, sein arabischer Sozialismus die Korruption beförderte und seine Geheimdienste die Bevölkerung schikanierten, blieb er für viele eine Lichtgestalt. Allerdings nicht für Amir. Es lag auch an Präsident Nasser, dass er 1968 sein Land endgültig verlassen sollte.

Doch zunächst machte Amir 1955 seinen Bachelorabschluss. Er bekam eine Assistentenstelle an der Universität und begann sein Masterstudium. Eines Tages drückte sein Professor ihm ein Schreiben in die Hand. Auf dem Briefkopf prangte ein Adler, das neue Wahrzeichen der Republik Ägypten: Der Staat lobte Promotionsstipendien im Ausland aus, um seine angehenden Forscher bestmöglich ausbilden zu lassen. Mit dem Wissen, das sie dort erlangten, sollten sie anschließend in ihr Land zurückkehren und ihm dienen.

Obwohl Amir seinen Master noch gar nicht hatte, bekam er wegen seiner guten Noten zwei Zusagen, eine für Ungarn und eine für die Bundesrepublik. Ihm war schnell klar, dass er nach

Deutschland wollte. Die Höhe des Stipendiums war beträchtlich, ein Vielfaches von Amirs Gehalt an der Uni: Er würde umgerechnet sechshundert D-Mark im Monat bekommen, fünf Jahre lang. Dazu einen Deutschkurs vor der Abreise.

Barsoum und Faktoria waren stolz auf ihren Sohn: Amir war der Erste in der Familie, der ins Ausland gehen würde. Zu seiner Abschiedsfeier luden sie die gesamte Verwandtschaft ein. Faktoria schlachtete ihre Hühner, die sie seit dem Umzug nach Kairo auf dem Balkon hielt, und verbrachte zwei Tage mit Kochen. Sie war neben allem Stolz auch traurig, dass ihr Sohn nun für die nächsten fünf Jahre so weit weg sein würde. Vielleicht dachte sie an den Tag zurück, als sie ihren Goldschmuck verkauft hatte, um sein Leben zu retten?

Nach dem Essen stellte sich jeder noch zu einem Foto mit Amir auf – Onkel, Tanten, Cousinen, Cousins. Amir war der Star der Stunde. Auch Onkel Zaki und Cousine Yvonne waren gekommen, denn Amirs Wert auf dem Heiratsmarkt war nun beträchtlich gestiegen. Yvonne sah bezaubernd aus in ihrem ärmellosen rosafarbenen Taftkleid. Faktoria und Barsoum hatten die Hoffnung noch nicht aufgegeben, Amir mit ihr zu verheiraten, und sie fanden, es sei nun höchste Zeit für die Verlobung, denn ihr Sohn war schon dreiundzwanzig, bei seiner Rückkehr würde er sogar fast dreißig sein.

Wie genau das Gespräch zwischen ihm und seinen Eltern ablief, ob es eine hitzige Debatte gab oder sie seine Entscheidung einfach hinnahmen, weiß ich nicht, Papa kann sich nicht mehr richtig daran erinnern. Jedenfalls erklärte er seinen Eltern, dass er auf keinen Fall eine Cousine heiraten würde. Wenn schon eine Hochzeit, dann mit Amal.

Seine Eltern waren überrascht, Amir hatte noch nie von ihr erzählt. Aber Hauptsache er käme bald unter die Haube. Also ging Barsoum zu Amals Vater, um über eine Ehe ihrer

Kinder zu verhandeln. Amals Vater erbat sich einige Tage Bedenkzeit. Dann lehnte er ab. Er wollte nicht, dass seine Tochter mit Amir nach Deutschland ging, sie sollte erst einmal ihr Studium in Ägypten beenden.

Papa hat mir das alles ohne große Emotionen erzählt, fast so, als handele es sich um die Geschichte einer anderen Person. Auch wenn die Ereignisse lange zurückliegen, denke ich mir doch, dass ihn diese Ablehnung mitgenommen haben muss, schließlich war er bereit gewesen, den Rest seines Lebens mit Amal zu verbringen. Aber Papa kann eben sehr nüchtern sein.

Mama hingegen, die mit uns am Tisch saß, sah ihn mit großen Augen an und sagte:

»Von Amal höre ich zum ersten Mal.«

Bunte Abende und Saure Zipfel

An einem sonnigen Winterabend 1958 bestieg Amir in Alexandria das Schiff nach Venedig. Seine Eltern und Geschwister waren mitgekommen, um ihn zu verabschieden. Faktoria musste sich während der Zugfahrt immer wieder ein paar Tränen abtupfen. Dalia schmiegte sich an sie, um sie zu trösten, und Karim gab sich geschäftig, er hatte sogar seine Aktentasche mitgenommen, obwohl er die in Alexandria eigentlich gar nicht brauchte. Er war nun der konkurrenzlose Stammhalter des Hauses.

Alle trugen ihre besten Kleider, Barsoum hatte den Tarbusch mittlerweile durch eine Baskenmütze ersetzt. Amir steckte in dem silbergrauen Anzug, den Faktoria ihm für die Reise hatte schneidern lassen, dazu hatte er eine weiße Krawatte ausgesucht. Nachdem er die anderen Passagiere in ihren Pullovern und Leinenhosen gesehen hatte, dämmerte ihm, dass er sich vielleicht etwas Praktischeres hätte anziehen sollen.

Seine Familie kam noch mit an Bord. Faktoria zupfte an ihm herum, glättete Falten auf dem Anzug, strich ihm über das Haar, bis es Amir irgendwann zu viel wurde und er sie recht unwirsch bat, doch damit aufzuhören. Er war nervös und befürchtete, das Schiff könnte ablegen, bevor seine Familie von Bord gegangen war. So leid es ihm tat, dass er sie alle lange nicht mehr sehen würde, wünschte er sich doch, dass sie nun gingen. Vorfreude und Sorge hatten sich zu einem eigenartigen Gefühl vermischt, mit dem er nun allein zurechtkommen wollte.

»Du telegrafierst, wenn du da bist, ja?«, sagte Faktoria bereits zum dritten Mal.

Dann ertönte glücklicherweise die Schiffsglocke, und es blieb nur Zeit für eine kurze, feste Umarmung. Faktoria ging weinend von Bord. Das Schiff legte ab, und Amir sah dabei zu, wie er sich immer weiter von seiner Familie entfernte, bis ihre Köpfe bloß noch als dunkle Punkte am Hafen zu erkennen waren. Dann blickte er zum Horizont und spürte, wie sich die Weite des Meeres auch in seinem Kopf ausbreitete.

Amir teilte sich eine Kabine mit Ibrahim und Maher, die er flüchtig von der Uni kannte und die auch nach Deutschland gingen. Genau wie er hatten sie Ägypten noch nie verlassen, und so saßen sie meist zusammen an Deck, Amir wie immer im Anzug und mit seiner Exakta um den Hals, die er sich für die Reise gekauft hatte, um all das Neue zu fotografieren, das ihm vor die Linse kam.

Die drei fragten sich, ob es stimmte, was sie gehört hatten: Dass man in Deutschland auf den Straßen so schnell fahren durfte, wie man wollte, und Bier aus Gläsern trank, die so groß wie Blumenvasen waren. Hin und wieder dachte Amir noch an Amal, aber je näher er Europa kam, desto mehr verblasste die Erinnerung an sie.

Wenn ich mir die Bilder von Papas Fahrt übers Mittelmeer ansehe, fällt mir auf, wie sehr sie denen von Mamas Reise über den Atlantik ähneln. Für die Aufnahmen von sich selbst stehen sie vor der weißen Reling, neben sich längst vergessene Reisegefährten, mit denen sie aber der innige Moment des Aufbruchs verband. Und dann der identische 50s-Look: Die Frauen mit flatternden Kopftüchern, die Männer mit Hornbrillen und schmalen Krawatten.

Manchmal denke ich mir, dass das Reisen damals angenehmer war, gerade weil es so viel länger dauerte. Die Schiffspassage gab Maria und Amir genug Zeit, sich auf das einzustellen, was sie erwartete. Sie schipperten gemächlich in ihr neues Leben, zwischendrin konnten sie aufs Meer blicken und die beruhigende Wirkung der schier unendlichen Weite genießen. Auf der *America* wurde zudem die Uhr jeden Tag eine Stunde zurückgestellt, sodass die Passagiere sich an die Zeitverschiebung gewöhnen konnten.

Ganz anders als bei meiner letzten großen Reise, die ich vor drei Jahren nach Thailand unternahm, kurz vor deiner Erkrankung. Von meinen ersten Urlaubstagen bekam ich kaum etwas mit, tagsüber dämmerte ich in der Hängematte vor mich hin, nachts lag ich wach im Bett. Ich musste damals daran denken, was ich einmal über die Tolteken in Zentralamerika gelesen hatte: Sie legten auf Reisen immer längere Pausen ein, um ihrer Seele Zeit zu geben, nachzukommen. Meine Seele brauchte ungefähr eine Woche, bis sie Thailand erreichte.

Nach vier Tagen kam Amir ausgeruht in Venedig an. Vom Hafen war es nur ein kurzes Stück zum Bahnhof, dort setzten sie sich noch eine Stunde auf den Vorplatz, bis ihr Zug nach Deutschland abfuhr. Amir war begeistert. Sogar die Polizisten fuhren hier auf schnittigen Vespas durch die Stadt. Und dann die vielen Wassertaxis auf dem *Canal Grande* und diese Gebäude mit den Rundbögen, die ihn an zu Hause erinnerten. Nur war hier alles viel sauberer, die Stadt schien zu glänzen, es wehte eben kein Saharasand durch die Straßen. Das verwunschene Venedig mit seinen Brücken und Kanälen war Amirs Tor nach Europa.

Papa ist später immer wieder dorthin zurückgekehrt, und auf den Italienreisen unserer Kindheit hielten wir jedes Mal in Venedig. Erinnerst du dich an das obligatorische Taubenfüttern auf dem Markusplatz? Adam und du in den bayerischen Lederhosen, die ihr damals getragen habt. Ich in einem meiner neuen Urlaubskleidchen, dicht an Papa geschmiegt, aus Angst, dass die gierigen Vögel mir in die Hand pickten.

Von Venedig aus ging es für Amir und die beiden anderen zunächst weiter nach Bonn, wo sie für ein paar Tage in einer Pension übernachteten. Zum Frühstück bekam jeder ein Stück Brot, das Amir wegen der harten Rinde an eine Baumscheibe erinnerte. Er schnitt den Rand ab, so schmeckte es ganz gut, nur viel säuerlicher als das Fladenbrot seiner Mutter. Dazu hatte er eine kleine abgepackte Butter und ein Eckchen Schmelzkäse bekommen. In seinen Tee gab er wie immer drei Teelöffel Zucker, vom Tresen aus verfolgte die Wirtin mit ihren Blicken jeden einzelnen Löffel.

Danach gingen die drei Stipendiaten zum ägyptischen Konsulat, wo noch einige Formalitäten zu erledigen waren. Auf dem Weg dorthin staunte Amir über die vielen Baustellen, mit denen die riesigen Brachflächen der Stadt Stück für Stück geschlossen wurden. In Kairo hatte ihm der Deutschlehrer Fotos von kriegszerstörten Städten gezeigt, überall Schutthaufen und Häuserruinen ohne Dächer. Was er nun vor sich sah, hatte nichts mehr von diesen Bildern. Amir war beeindruckt, wie emsig die Deutschen ihr Land wieder aufbauten.

Der ägyptische Konsul, an dessen strammer Haltung Amir erkannte, dass er einst beim Militär gewesen war, empfing sie in seinem Büro und hielt eine kleine Begrüßungsansprache. Sie könnten stolz darauf sein, dass der Staat sie ausgesucht habe, auf ihnen ruhe die Zukunft der jungen Republik. Und diesen Stolz sollten sie auch nach draußen tragen, schließlich blicke Ägypten auf eine glorreiche Tradition zurück, von den alten Pharaonen bis zum großartigen Präsidenten Nasser, der die Kolonisatoren hinausgeworfen und Ägypten zum Zentrum der arabischen Welt gemacht habe. »Denkt immer daran: Ihr drei seid Repräsentanten dieser Republik«, sagte der Konsul. Beim Verlassen des Büros fühlte Amir sich, als schwebte er ein paar Zentimeter über dem Boden.

Hinterher schlenderte er mit Maher und Ibrahim durch die Stadt, Arm in Arm, wie es unter Freunden in Ägypten üblich ist. Aber warum starrten die Deutschen sie nur so an? Ein Mann deutete sogar mit dem Finger auf sie und lachte. Später lernte Amir, dass Männer in Deutschland nicht Arm in Arm durch die Straßen gingen, Männer und Frauen hingegen schon – was ihm sehr viel eigentümlicher vorkam.

Ibrahim sagte, dass er sich ständig beobachtet fühle, auch wenn sie nicht Arm in Arm gingen. Amir achtete darauf, und es stimmte: Wenn sie auf der Straße an jemandem vorbeigingen, wurden sie direkt angeblickt, und wenn Amir die Blicke dann erwiderte, sahen die Leute schnell wieder weg. Überhaupt kam ihm Bonn wie ein großes Aquarium vor: Im Bus starrten alle stumm wie Fische vor sich hin. Er vermutete, man musste die Deutschen erst einmal besser kennenlernen, dann würden sie hoffentlich reden.

Nach den Tagen in Bonn trennten sich die Wege der drei. Amir reiste weiter nach Rothenburg ob der Tauber, wo er die nächsten vier Monate einen Intensivkurs am Goethe-Institut besuchen würde, um seine Deutschkenntnisse zu vertiefen. Maher ging nach Freiburg und Ibrahim nach Göttingen. Was aus den beiden geworden ist, weiß Papa nicht, der Kontakt zu seinen Gefährten aus den ersten Tagen brach nach ein paar Briefen ab. Von Ibrahim ist ihm immerhin ein Erinnerungsfoto geblieben, das er zum Abschied von ihm geschenkt bekam: ein ägyptischer James Dean, mit trotzigem Mund und nach hinten gekämmten Haaren.

In Rothenburg bezog Amir ein Zimmer beim Ehepaar Ernst und Waltraud Schneider, die keine eigenen Kinder hatten und sich mit der Vermietung an Schüler des Goethe-Instituts etwas zusätzliches Geld verdienten. Sie wohnten in einem alten Fachwerkhaus mit kleinen Fenstern und dunklen Teppichen, die jedes Geräusch verschluckten.

Frau Schneider, die Amir auf Ende vierzig schätzte, servierte zur Begrüßung einen Sauerbraten, den sie schon Tage zuvor eingelegt hatte, wie sie Amir erzählte. Herr Schneider, der leicht hinkte, war freundlich, aber sagte nicht viel. Seine Frau führte die Konversation und fragte Amir nach den Pyramiden, zu denen sie so gerne mal reisen würde.

»Wie Howard Carter das Grab des Tutanchamun entdeckt hat, das ist ja wirklich der spannendste Krimi!«, sagte sie. C.W. Ceram habe das so wunderbar in seinem Roman *Götter, Gräber und Gelehrte* beschrieben, das müsse Amir unbedingt mal lesen.

Amir erzählte, dass er die goldene Maske des Pharaos vor einigen Jahren im Ägyptischen Museum in Kairo gesehen habe.

»Da will ich auch unbedingt mal hin«, sagte Frau Schneider und sah zu ihrem Mann hinüber. Der tat so, als ob er ihren Blick nicht bemerkte, und schob sich ein Stück Braten in den Mund.

Nach dem Essen zeigten die Schneiders Amir sein Zimmer. Es war klein, aber funktional: Schreibtisch, Stuhl, Bett, ein Sperrholz-Schrank. Auf dem Kopfkissen lag eine Tafel Sarotti-Bitterschokolade, auf der ein kleiner schwarzer Mann mit Turban und Pumphosen zu sehen war. »Ein Betthupferl«, wie Frau Schneider sagte. Dann verabschiedeten sie und ihr Mann sich und wünschten ihm eine gute Nacht.

Zum ersten Mal hatte Amir einen Raum nur für sich. Er

betrachtete die Tapete, auf der geometrische Figuren in allen möglichen Farben ineinandergriffen, und bemerkte, dass ihm dabei schwindelig wurde. Aber der Blick aus dem Fenster gefiel ihm, direkt auf die Stadtmauer. Kurz darauf ging er zum Zähneputzen ins Bad und erschrak: In der Ecke stand eine Beinprothese.

Am nächsten Morgen erzählte ihm Frau Schneider, dass ihr Mann sein Bein im Krieg verloren habe. Seither könne er seinen Beruf als Schreiner nicht mehr ausüben und habe eine Stelle als Pförtner angenommen.

»Deshalb haben wir auch keine Kinder«, sagte Frau Schneider und blickte zu Boden. »Erst kam der Krieg, und dann klappte es nicht mehr.« Leider sei ihr Mann seit seiner Verletzung nicht mehr sehr mobil. Reisen und Ausflüge seien ihm zu anstrengend. Wenn sie schon nicht nach Ägypten kämen, dann vielleicht zumindest mal nach Capri. »Dafür spare ich«, sagte sie.

Nach ein paar Tagen in Rothenburg bekam Amir Magenschmerzen, es drückte und kniff, als säße jemand mit einer Zange in seinem Bauch. Amir fragte sich, ob es vielleicht am Essen lag. Der viele Kohl, den er nicht gewohnt war, das dunkle Brot und die Milchprodukte, die man in Ägypten kaum aß. Der Arzt, zu dem er ging, verschrieb ihm Tabletten. Und Frau Schneider gab ihm Zwieback und kochte Haferschleim.

Amirs Vermieterin kümmerte sich um ihn wie um einen Ziehsohn, und schon bald ging es ihm wieder besser. Bei Bekannten stellte sie ihn als »meinen Studenten« vor. Amir hatte den Eindruck, dass sie stolz darauf war, einen Studenten bei sich zu beherbergen. Nach dem Abendbrot ließ sie sich manchmal von ihm vorlesen, damit er Deutsch übte, und sie zeigte ihm die Stadt mit den berühmten Torhäusern und Türmen. Amir kam sich vor wie im Mittelalter, wenn er über den Wehrgang der Stadtmauer lief. Jetzt im Winter gab es kaum Touristen, die engen Gassen lagen still und verschneit da, nur ein paar Passanten in ihren grauen Mänteln huschten durch die Kleinstadt. Und die Studenten des Goethe-Instituts.

Amir freundete sich mit Antonio an, einem Italiener, und mit Reza, einem Perser. Auf Reza waren alle etwas neidisch, weil er recht schnell eine deutsche Freundin hatte. Die Schule war wie ein Hafen und spülte immer neue Menschen in die Stadt, und für manch eine junge Rothenburgerin waren die Sprachschüler – die meisten darunter Männer – eine willkommene Abwechslung.

Eines Tages schlug Frau Schneider Amir vor, doch zur Sonntagsmesse mit ihr in die St.-Johannis-Kirche zu gehen. Er zögerte, irgendwie kam es ihm wie Verrat vor, als Kopte in einer katholischen Kirche zu beten. Aber Frau Schneider meinte, es sei doch schließlich derselbe Gott. Und weil Amir die nächsten fünf Jahre sonst ganz auf den Kirchgang verzichten müsste, kam er schließlich mit.

Er war überrascht von dem schlichten hohen Kirchenschiff und den kahlen weißen Wänden in St. Johannis, ganz anders als er es aus Ägypten kannte. Frau Schneider flüsterte ihm zu, dass die Kirche im Krieg beschädigt worden sei und man den steinernen Altar erst vor Kurzem eingebaut habe. Aber der Weihrauchgeruch war der gleiche, und auch das Vaterunser hörte sich für Amir nicht viel anders an. Und dann die Ruhe, wie hatte er die Atmosphäre in der Kirche vermisst. Inmitten dieser Rothenburger, aus deren Mündern beim Beten Dampfwolken in die kalte Luft stoben, fühlte er sich gar nicht wie ein Fremder.

Amir hatte den Eindruck, Herrn Schneider war es ganz recht, dass seine Frau so viel mit ihm unternahm. Dann konnte er in Ruhe zu Hause bleiben und dem Ticken der Standuhr lauschen. Einmal hatte Amir gesehen, wie er reglos in seinem Ohrensessel saß, den Blick ins Leere gerichtet.

Frau Schneider nahm »ihren« Studenten zur Hochzeit ihres Neffen Paul mit, die im *Alten Keller* bei Sauren Zipfeln mit Bauernbrot gefeiert wurde. Amir schnitt sich ein Stück Wurst ab, war sich aber nicht sicher, ob er die Haut mitessen sollte. Er sah etwas verlegen auf den Teller von Herrn Schneider, und als der die Pelle einfach mitaß, tat er es ihm gleich. Es schmeckte erstaunlich gut. Aber auch hier war alles genau abgezählt, ein Teller mit fünf kleinen Würsten, etwas Brot. Mehr gab es nicht. Merkwürdig war auch, dass während des anschließenden Tanzes plötzlich die Braut verschwunden war, und der Bräutigam sie in den Lokalen der Stadt suchen musste. Ein alter Brauch, erklärte Frau Schneider. Amir verstand den Sinn dieser sogenannten Brautentführung nicht recht, die Feier war ohne das Paar nur noch halb so lustig, und der Bräutigam hatte auch nicht gerade glücklich ausgesehen, als er sich auf die Suche nach seiner frisch angetrauten Frau machen musste.

Es gibt ein Gruppenfoto von dieser Hochzeit: Papa steht ganz am Rand, der Einzige mit dunkler Haut unter sehr vielen silbergrauen Herren und rotwangigen Damen mit Perlenkette und Topfhut.

Papa war damals oft der Einzige unter lauter Weißen, aber du kennst ihn – das hat ihn nicht sonderlich bekümmert. Er war in Deutschland, um seine Doktorarbeit zu schreiben, das war sein Ziel, alles andere war Nebensache. Und das Ankommen war für ihn vermutlich sogar leichter, als es das heute für einen jungen Ägypter ist, denn die Gesellschaften glichen sich in den 1950er-Jahren noch mehr. Die bürgerlichen Werte, die in Deutschland damals noch so wichtig waren – Familie und Glaube – teilte auch Amir.

Ein paar Erinnerungen aus diesen ersten Monaten in Deutschland, die ich zufällig in einer Schachtel mit alten Briefen fand, sind für mich willkommene Puzzleteile. Die Arztrezepte aus Rothenburg sind darunter, als Amir mit den Magenproblemen zu kämpfen hatte. Ein paar Adressen von Ägyptern, die ebenfalls in Deutschland lebten, sind unter den Papieren. Ein Fräulein Anni Wagner aus Bonn schrieb ihm ihre Adresse auf einen Zettel. Dann sind da noch monatliche Quittungen vom Goethe-Institut für »Zimmer und Essen« über je zweihundertfünfundzwanzig D-Mark. Und eine von Papas alten Visitenkarten der Uni Kairo, auf deren Rückseite er deutsche Speisen und eine arabische Übersetzung notiert hat: »Frikadelle mit Kartoffelsalat, Kalbskotelett mit Bratkart., Schmorbraten mit Maccaroni, Apfelcompot.«

Amir war aber nicht nur oft »der Einzige«, er tat auch ständig etwas »zum ersten Mal«. Skifahren zum Beispiel. Frau Schneider lieh von Freunden eine Ausrüstung für ihn und nahm ihn mit ins Mittelgebirge. An einem kleinen Hügel zeigte sie ihm, wie man mit den Skiern quer zum Hang nach oben stieg und dann im Schneepflug Bögen nach unten fuhr. Amir fühlte sich nicht wohl, so über den Boden zu rutschen, ganz ohne Halt. Von oben wirkte alles noch steiler als beim Aufstieg. Aber er wollte auch kein Spielverderber sein und lächelte gequält, während er in die Knie ging und versuchte, heil hinunterzukommen.

Auch später wurde aus Papa nie ein Abfahrtsskiläufer, aber immerhin ging er gerne Langlaufen. Er war der Meinung, wenn man schon in einem Land lebte, in dem Schnee lag, musste man das auch nutzen. Leider hatte er von Alpin-

Skifahren so wenig Ahnung, dass er mich als Fünfjährige bei einem Winterurlaub einmal ermunterte, doch den Berg mit meinen neuen Skiern hinunterzufahren, ohne mir vorher zu erklären, wie man bremst. Du erinnerst dich – ich brach mir dabei das Bein.

Nach vier Monaten in Rothenburg konnte Amir schon recht gut Deutsch sprechen. Nun begann er seine Promotion am Institut für Thermodynamik an der TU München. Er zog ins St.-Pauls-Kolleg am Hauptbahnhof, ein Studentenwohnheim der katholischen Kirche. Dort wohnten noch zwei weitere Ägypter, die ihn an seinem ersten Abend einluden, im Gemeinschaftsraum unter einem Bild von Präsident Nasser Chantré mit ihnen zu trinken. Bald freundete er sich auch mit Rodrigo an, der Veterinärmedizin studierte und von den Philippinen kam. Er nahm Amir mit zum Mai-Tanz, den der Internationale Arbeitskreis der Katholischen Jugend veranstaltete, ein Verein, der deutsche und ausländische Studentinnen und Studenten zusammenbrachte.

Die Clubräume lagen in einem Keller in Berg am Laim, der mit Luftschlangen und Lampions geschmückt war. Eine Musikgruppe spielte, und bald wurde getanzt. Amir musste an die Hochzeit in Rothenburg denken – wie eigenartig, dass die Deutschen so gern in Kellern feierten. Amir bestellte sich ein Bier und beobachtete vom Tresen aus das Geschehen, er hatte noch nie mit einer Frau getanzt und war etwas aufgeregt, aber es sah gar nicht so schwer aus: rechter Fuß gerade vor, links seitlich vor, rechts dazu. Linker Fuß gerade nach hinten, rechts seitlich nach hinten, links dazu. Die Schrittfolge bildete ein Quadrat. Und zwischendrin musste man ein bisschen wippen. Das sei ein Walzer, erklärte Rodrigo ihm.

Neben ihnen stand Rosi, eine von Rodrigos Kommilitoninnen. Amir gab sich einen Ruck und forderte sie zum Tanz auf. Am Anfang war es ihm peinlich, dass er nicht nur Rosis Hand hielt, sondern die andere Hand auf ihren Rücken legen sollte. Aber Rosi lächelte ihn aufmunternd an, er versuchte sich zu entspannen und konzentrierte sich darauf, Rosi nicht auf die Füße zu treten.

In der nächsten Woche meldete Amir sich in einer Tanzschule an und ging von nun an häufiger zu den Treffen des IAK, wie alle den Internationalen Arbeitskreis nannten.

Zusammen mit Rodrigo ging er zu »Bunten Abenden«, einen Ausdruck, den er bislang nicht kannte, und fuhr auch auf Ausflüge des IAK, ins Salzbergwerk nach Berchtesgaden oder zu Wanderungen in die Alpen. Bergtouren wurden zu Amirs neuem Hobby, er mochte den langsamen, stetigen Aufstieg, bei dem man sich in Gedanken verlieren konnte. Und dann die klare, frische Luft oben auf dem Gipfel. So etwas kannte er nicht, in Kairo war es immer feucht und stickig.

Eines Abends, als er vom Institut ins Wohnheim kam, lag ein Brief mit schwarzem Rand in seinem Fach. Frau Schneider schrieb ihm, dass ihr Mann gestorben sei. Er sei einfach umgefallen, sie habe ihn im Bad gefunden. Herzinfarkt mit fünfzig Jahren. Amir fuhr zur Beerdigung, er fand, das war er Frau Schneider schuldig. In seiner Rede sagte der Pfarrer, der Krieg sei für Ernst Schneider nie zu Ende gewesen.

Alle zwei Wochen schrieb Amir nach Hause. Am Anfang gefiel es ihm, seinen Eltern und Geschwistern davon zu erzählen, was er in Deutschland erlebte, und er freute sich über Neuigkeiten aus Kairo. Aber irgendwann wurde ihm das Schreiben zur Pflicht, die er erfüllte, weil er wusste, welche Sorgen seine Mutter sich machte, wenn sie keine Nachricht von ihm erhielt. Er hatte kein Heimweh, das er mit Briefen nach Hause stillen musste. München war für ihn der Ort, an den er im Moment gehörte. Am Lehrstuhl machte er seine Versuche, die er für die Promotion brauchte, und er verstand sich gut mit den anderen Doktoranden. Sie feierten im Institut zusammen ihre Geburtstage, gingen aufs Oktoberfest oder zum Faschingsball. Außerdem hatte er noch die Freunde aus dem St.-Pauls-Kolleg.

Dort fiel Amir auf, dass einige seiner Mitbewohner ihre Freundinnen mit aufs Zimmer nahmen, was eigentlich streng verboten war. Aber wenn der Empfang mal nicht besetzt war, konnten die Besucherinnen sich ungesehen hineinschmuggeln.

Amir hielt sich lange zurück mit Damenbekanntschaften – bis zu einer Floßfahrt auf der Isar, bei der ihm eine junge Frau in einem zitronengelben Kleid auffiel. Sie trug die Haare kurz und fransig und sah irgendwie frech aus mit ihren Grübchen auf den Wangen und der wie eine Rutschbahn geschwungenen Nase.

Ein Treffen auf der Isar

Nach fast vier Jahren in den USA war Maria 1959 nach München zurückgekehrt und zog wieder bei ihrer Mutter in der Stollbergstraße ein. Ich konnte lange nicht verstehen, warum Mama Amerika verlassen hat, trotz Green Card und der Aussicht, für immer dort bleiben zu dürfen. Vor allem New York hörte sich für mich so glamourös an, nach einem Ort, an dem einem die Welt zu Füßen liegt.

Es war wohl einiges zusammengekommen, vor allem hatte sie im Laufe der Zeit ein anderes Amerika kennengelernt, eines, das wenig mit dem der Befreier von einst zu tun hatte.

Auf einer Reise, die sie mit ihrer Freundin Reserl im dritten Jahr quer durch die USA unternahm, war ihr das besonders aufgefallen. Vier Wochen lang mit dem Greyhound-Bus von Stadt zu Stadt, nur einen kleinen Koffer als Gepäck. Tagelang hatten die beiden an der Route getüftelt: In Washington D.C. würden sie das Kapitol und das Weiße Haus besichtigen, in Arizona mit Pferden durch die Prärie reiten, sie würden den Grand Canyon hinabsteigen, im Märchenschloss von Disneyland Rapunzel spielen, und Maria würde endlich nach Hollywood kommen, wohin sie sich als Teenager so oft gesehnt hatte.

Nach der ersten Woche entlang der Ostküste freuten Maria und Reserl sich auf New Orleans, wo sie unbedingt in eine der berühmten Jazz-Bars gehen wollten. Am Busbahnhof schlug ihnen feuchtwarme Luft entgegen, und Maria brauchte dringend etwas zu trinken. Sie ging in den Diner am Terminal, um sich ein Wasser zu kaufen, und wunderte sich, warum die anderen Gäste sie anstarrten, als sie auf den Tresen zuging.

»Mam«, sagte der Kellner zu ihr, »das ist das Restaurant für Schwarze.«

Erst da bemerkte sie, dass sie hier die einzige Weiße war.

Draußen fielen ihr die Schilder auf: »White Waiting Room«, »For Colored only« stand neben einem Wasserspender. Schwarze Menschen stiegen hier nur hinten in den Bus. Das kannte sie nicht aus New York, aber Maria fühlte sich an den Country Club erinnert, in den Margo sie manchmal mitnahm. Dort hatten Juden keinen Zutritt.

Wo war nur das Land ihrer Träume?

Es war eigenartig, die Reise gehörte zu den Höhepunkten ihres Amerika-Aufenthalts, noch Jahrzehnte später zeigte sie mir das Fotoalbum, in das sie Präriegras aus Arizona eingeklebt hatte und die Eintrittskarte für die Universal Film Studios. Und doch muss sie schon geahnt haben, dass sich ihr Aufenthalt dem Ende zuneigte.

Damals entdeckte sie auch ihre Reiselust, die sie nie mehr loslassen sollte. Sie begann bunte Aufkleber von den Orten zu sammeln, die sie besucht hatte, und klebte sie wie Trophäen auf ihren Koffer, so wie sie das auf einem Foto von Marlene Dietrich gesehen hatte, auf deren Gepäck vor lauter Stickern das Leder kaum mehr zu erkennen war. Es gab Maria ein beruhigendes Gefühl, alles, was sie brauchte, bei sich im Koffer zu haben, heute hier zu sein und morgen da. Nirgendwo hinzugehören. Auch nicht nach New York.

Nach ihrer Rückkehr dorthin, merkte sie, dass etwas nicht mehr passte. Sie stand auf eigenen Beinen, hatte ein Zimmer bei einer alten Dame gemietet, mit der sie sich gut verstand, sie mochte ihre Arbeit in der Greenwich Library, wo sie mit den Kunden plauderte und ihnen die neuesten Bücher empfahl, und einmal in der Woche brachte sie den Schülern der Highschool bei, wie man in der Bibliothek recherchiert, darauf freute sie sich immer am meisten. Doch irgendetwas fehlte, auf irgendetwas wartete sie. Was sie früher so aufregend fand, kam ihr nun oberflächlich vor: Golf im Country Club, Lunch in Manhattan. *Meeting people*. Ihr wunderbares amerikanisches Leben war plötzlich so schal wie eine Magnumflasche Champagner ohne Kohlensäure. Sie hatte nie zu dieser Gesellschaft gehört, und allmählich wurde ihr klar, dass sie es auch nicht mehr wollte.

Elisabeth war froh, ihre Tochter wieder bei sich zu haben. Alle waren ausgezogen. Korbinian hatte geheiratet und sein erstes Kind bekommen, Therese ebenso, Heinrich stand kurz vor der Hochzeit. Theo war nach Bremen gezogen, Josefa war noch im Kloster, und Adelheid führte ihr Single-Leben und ließ sich selten zu Hause blicken. Leer war es in der Wohnung aber trotzdem nicht, denn Elisabeth vermietete noch immer unter, weshalb Maria sich das Zimmer mit ihrer Mutter teilen musste. Sie stellten einen Schrank in die Mitte, sodass jede ein wenig Privatsphäre hatte.

In den ersten Nächten zu Hause träumte Maria auf Englisch, und morgens beim Aufwachen wusste sie nicht, wo sie war, bis sie die harte Leinenbettwäsche auf der Haut spürte und den Lärm von der Baustelle gegenüber hörte, wo in einer der vielen Bombenlücken gerade ein neues Haus hochgezogen wurde.

Ganz wollte Maria Amerika allerdings nicht aufgeben, und so nahm sie eine Stelle als Bürokraft bei American Express an. Dann war da noch ein Traum, den sie seit ihrer Reise durch Amerika hatte: Sie wollte Stewardess werden. So könnte sie jede Woche andere Länder kennenlernen, immer etwas Neues entdecken und sogar in ihrer Freizeit so viel fliegen, wie sie wollte. Dass sie noch nie ein Flugzeug von innen gesehen hatte, war ihr egal.

Um die Ausbildung zur Stewardess beginnen zu können, musste Maria allerdings zwei Fremdsprachen fließend beherrschen. Ihr Schulfranzösisch war nicht gut genug, deshalb kündigte sie nach einigen Monaten bei American Express und ging ein halbes Jahr nach Toulouse. Sie kam in einem Mädchenwohnheim unter, das von Klosterschwestern geführt wurde, dort half sie mittags in der Küche aus und bekam dafür kostenlos Französischunterricht.

Vom freien Leben in New York mitten hinein in die Gesellschaft französischer Nonnen – der harte Wechsel gefiel Maria, weil sie etwas Neues erlebte. Sie mochte es, in den Weinhängen rund ums Kloster spazieren zu gehen, manchmal leistete sie den Schwestern im Blumengarten Gesellschaft, wo sie die Rüschenhauben nähten, die man in ihrem Orden unter dem schwarzen Schleier trug.

Mit einigen anderen Mitbewohnerinnen freundete Maria sich schnell an, sie unternahmen Ausflüge oder gingen ins Kino. Gerade war Alfred Hitchcocks Film *Psycho* angelaufen, den Maria unbedingt sehen wollte. Gebannt starrte sie auf die Leinwand, als die Hauptfigur unter der Motel-Dusche erstochen wurde, und ahnte, dass sie diese Szene lange nicht mehr vergessen würde. Über Wochen ging sie nur noch duschen, wenn eine der anderen Frauen draußen vor dem Badezimmer Wache stand.

Nach einem halben Jahr in Toulouse sprach Maria gut genug Französisch und bekam kurz nach ihrer Rückkehr in München eine Zusage für eine Ausbildung bei British Airways. Was laut Vertrag hieß: Sie durfte in den nächsten zwei Jahren nicht heiraten.

Eigentlich dachte ich immer, meine Sehnsucht nach fernen Ländern hätte ich von unserem ägyptischen Vater. Aber mittlerweile glaube ich, es ist eher Mamas Einfluss, dass ich mit dem Rucksack nach Südostasien reiste und durch Japan trampte. Papa ging in die Fremde, um zu lernen, Mama aus Neugier. Auf einem der schönsten Fotos aus Toulouse steht sie vor einem riesigen Air-France-Werbeplakat, das eine Weltkarte mit allen Destinationen der Fluggesellschaft zeigt. Mama lacht, als könnte sie es nicht erwarten, in jede einzelne dieser Städte zu fliegen.

Nach der Zusage von British Airways blieb ihr noch etwas Zeit bis zum Ausbildungsbeginn, und weil sie so lange im Ausland gewesen war, musste Maria in München erst wieder Anschluss finden. Ihr Bruder Heinrich, der sich sorgte, dass sie zu wenig unter Leute käme und niemanden kennenlernte, schlug ihr vor, ihn zu den Treffen des Internationalen Arbeitskreises zu begleiten, den sein Bekannter Erwin Bauer gegründet hatte. Das wäre doch sicher was für sie, da sie ja jetzt selbst eine halbe Ausländerin sei.

Maria kam gleich am nächsten Wochenende mit zu einer Floßfahrt auf der Isar. Sie trug ihr gelbes Sommerkleid mit dem Glockenrock, der im Wind flatterte und in dem sie laut Heinrich aussah wie ein Zitronenfalter. An der Anlegestelle in Wolfratshausen warteten schon ein paar Bekannte, denen er seine kleine Schwester etwas angeberisch mit den Worten »frisch aus Frankreich« vorstellte. Unter den anderen Gästen fiel Maria gleich ein junger Mann auf: tiefschwarze, seitlich gescheitelte Haare, warme Augen und lustige Wangengrübchen wie sie selbst. Sie fand, er sah aus wie der junge Cary Grant.

Auf dem Floß wäre Maria beinahe gestürzt. Es war schwierig, über die mächtigen Stämme zu laufen, und dann schaukelte es auch noch. Zum Glück waren ein paar Bänke aufgestellt. Eine Blaskapelle begann zu spielen, als das Boot ablegte, sogar ein Tanzboden war aufgebaut. Nun ging es bei Bier vom Fass die Isar hinunter, am Heck wehte die bayerische Fahne im Wind.

Nach der ersten Biegung setzte der hübsche Mann von der Anlegestelle sich neben sie. Sie schüttete ihm aus Versehen etwas Bier über die Hose, und nachdem sie sich wortreich entschuldigt und ihm ein Taschentuch gereicht hatte, kamen sie ins Gespräch. Er erzählte ihr, dass er aus Ägypten stamme, sie erzählte ihm, dass sie gerade lange in New York gewesen sei. Dann schwammen sie auf eine riesige Floßrutsche zu. Mit vierzig Stundenkilometern sausten sie am Mühltal-Kraftwerk vorbei, Wasser spritzte Maria ins Gesicht, sie hielt sich an Amir fest, um nicht den Halt zu verlieren.

Nachdem es wieder ruhiger geworden war, fragte Amir, ob sie mit ihm tanzen würde, er habe gerade einen Kurs besucht und wolle nicht aus der Übung kommen. Maria fühlte sich noch etwas wackelig, aber reichte Amir die Hand. Er legte seinen Arm um ihre Taille, und Maria war überrascht, wie gut sich das anfühlte, warm und fest. Die Blaskapelle mit ihrem Zwiefachen war vielleicht etwas rustikal für diesen Moment, aber Amir führte gut. Marias zitronengelber Rock flatterte bei jeder Drehung, und sie fühlte sich, als würden sie und Amir gleich abheben.

Es gibt sogar Fotos von dieser Floßfahrt, die einer von Papas Freunden gemacht hat. Anscheinend hatte er bemerkt, dass sich da etwas Denkwürdiges abspielte. Auf einem der Bilder sieht man sie zusammen tanzen, Mama mit gestrecktem Hals und schüchtern zur Seite blickend, Papa mit einem entrückten Lächeln im Gesicht. Die Aufnahme klebt heute in ihrem Hochzeitsalbum.

Die beiden tanzten den ganzen Nachmittag und wichen sich auch später nicht von der Seite, als es in München weiter in einen Biergarten ging. Am Ende des Abends war beiden klar, dass sie sich wiedersehen wollten.

Mama hat mir später erzählt, dass sie immer gern zu den Tanzveranstaltungen und Ausflügen des IAK gegangen sei, weil alle locker und ungezwungen miteinander umgingen. »Man kam unter dem Schirm der Kirche zusammen und wusste, dass es da eine Gemeinsamkeit gibt«, sagte sie.

Jahre später waren auch wir manchmal dabei, wenn sich ihr alter Freundeskreis vom IAK traf. Erinnerst du dich an Erwin Bauer mit den zotteligen grauen Haaren und dem Schnauzbart? Er hatte Theologie studiert und wäre gerne Priester geworden, wollte sich aber dem Zölibat nicht unterwerfen. Als wir ihn kennenlernten, hatte er gerade einen Verein für Straßenkinder in Lateinamerika gegründet, und wir gingen ein paarmal zu seinen Spendenveranstaltungen. Ich mochte Erwin sehr, weil er überhaupt nichts dagegen hatte, wenn wir Kinder wild zwischen den Gästen herumrannten und uns am Büfett so viel Kuchen nahmen, dass für die Erwachsenen kaum mehr was übrig war. Es trat immer ein lateinamerikanisches Musiktrio auf, das mindestens einmal am Abend den Gassenhauer »Guantanamera« spielte, und ich sang laut mit, obwohl ich den Text überhaupt nicht verstand.

Der Schirm der Kirche konnte nicht verhindern, dass unsere Mutter schon wenige Monate nach der Floßfahrt auf der Isar schwanger wurde. Aber davon wussten wir Kinder lange nichts. Wir dachten, dass Papa mit seinen strengen Wertvorstellungen natürlich schon mit Mama verheiratet gewesen war, als sie ihr erstes Kind zeugten. In ihrem Hochzeitsalbum standen keine Jahreszahlen, ein dicker Bauch oder gar ein Baby war auf den Bildern auch nicht zu sehen. Und dass Mama ein rosafarbenes Hochzeitskleid trug und kein weißes, war für uns Ausdruck ihrer Fortschrittlichkeit, nur spießige Frauen heirateten in Weiß. Dass alles ganz anders war, hast du mir mal erzählt, und du wiederum hattest es auch erst kurz zuvor von Anouk erfahren, die eher zufällig darauf gestoßen war: Ein paar Wochen vor Adams vierundzwanzigstem Geburtstag saßen Anouk und Mama zusammen am Küchentisch und berieten darüber, was man ihm schenken könnte, und Anouk fragte, ob sie und Papa denn zu ihrem Hochzeitstag im Herbst eine Feier planten, sie hätten ja dieses Jahr Silberne Hochzeit.

»Nein«, sagte Mama, »die ist erst nächstes Jahr.«

»Wie?«, sagte Anouk verwirrt, »da täuschst du dich.« Es müsse dieses Jahr sein, Adam werde schließlich vierundzwanzig.

Da grinste Mama etwas verschämt und offenbarte ihr, dass sie erst kurz vor Adams Geburt standesamtlich geheiratet hätten und kurz danach kirchlich. Anouk erzählte mir später, wie ihr der Mund offen gestanden und sie Mama einfach nur angesehen habe. Wie konnte das sein, nachdem Papa uns doch immer zu verstehen gegeben hatte, dass Sex vor der Ehe einer Sünde gleichkam?

Auch ich war natürlich sehr überrascht, aber gleichzeitig froh, dass unser Vater offenbar nicht ganz so weltfremd war, wie wir immer dachten. Dieses Geheimnis, das unsere Eltern vor uns gehütet hatten, machte sie irgendwie interessanter.

Jahre später traute ich mich, Papa zu fragen, wie es zu dieser Schwangerschaft gekommen war. Ich staunte über seinen ungewohnten Redefluss. Im Herbst 1961 sei Oma Elisabeth für ein paar Tage in die Schweiz gefahren. Mit ihrer Tochter hatte sie vereinbart, dass sie in der Wohnung keinen Männerbesuch empfangen dürfe.

»Ich wusste das«, sagte Papa. »Aber nachdem wir zusammen beim Tanzen waren und ich sie heimgebracht hatte, fragte ich trotzdem, ob ich kurz mit hochkommen darf.«

Maria war einverstanden. Sie wollte Amir sowieso die »Scheherazade«-Suite von Rimski-Korsakow vorspielen, die sie so mochte. Während sie der Aufnahme lauschten, verpasste Amir die letzte Trambahn zum St.-Pauls-Kolleg.

Was dann geschah, darüber sagte Papa zu mir: »Das war einfach menschlich. Adam war eine Frucht der Liebe.«

Als Maria ihm sagte, dass er Vater werden würde, bekam Amir es aber erst mal mit der Angst zu tun. Jetzt schon eine Familie, mitten in der Doktorarbeit? Würden die sechshundert Mark Stipendium reichen für drei?

Er schrieb seinen Eltern, dass er in Deutschland eine Frau kennengelernt habe, die er heiraten wolle und die übrigens auch schon ein Kind von ihm erwarte. Von seiner Mutter kam nur ein knapper Brief zurück: Er sei die Hoffnung der Familie gewesen, nun habe er seine Eltern so enttäuscht. Sie hoffe, er werde zumindest sein Studium mit dem notwendigen Ernst zu Ende bringen. Sie werde für ihn beten, damit Gott ihm verzeihe.

Amir nahm sich den Brief damals nicht besonders zu Herzen. Er wusste zwar, dass er als Erster in der Familie sämtliche Regeln gebrochen hatte, aber er ahnte auch, dass die Enttäuschung seiner Eltern sich schon legen würde, wenn sie Maria und das Kind erst einmal kennenlernten. Faktoria war vernarrt in ihre Enkelkinder, das hatte er bei den Söhnen und Töchtern seiner Schwester Lilli erlebt, Faktoria würde bei einem unehelich gezeugten Kind keine Ausnahme machen.

Und seine Doktorarbeit war ja nicht gefährdet. Er konnte weitermachen wie bisher.

Für Maria war die Umstellung eine ungleich größere. Sie freute sich sehr über das Kind, aber ihren Traumberuf Stewardess musste sie aufgeben und die Ausbildung bei British Airways absagen. Es wird ihr nicht so bewusst gewesen sein, und sie hat sich auch später uns gegenüber nie beklagt, aber von nun an war sie abhängig von Amir. Und in drei Jahren, wenn das Stipendium des ägyptischen Staates auslief, würde er in sein Heimatland zurückgehen müssen.

Was ihr damals am schwersten fiel, war das Gespräch mit ihrer Mutter. Wenn Oma Elisabeth etwas nicht gefiel, konnte sie auf einen Schlag sehr unangenehm werden. Als Kind testete ich manchmal, wie weit ich bei ihr gehen konnte. Ich weiß zwar nicht mehr genau, was ich zu ihr sagte, aber ich erinnere mich noch an ihre Reaktion, wenn ich den Bogen überspannt hatte: »Geh ab«, sagte sie dann und drehte sich weg, ich war Luft für sie. Es war nichts mehr zu machen.

Elisabeth wird sich Sorgen gemacht haben, dass dieser ägyptische Gaststudent ihre Tochter mit dem Kind sitzen lassen könnte. Aber noch mehr Sorgen wird sie sich gemacht haben, weil das Kind ohne den Segen Gottes gezeugt worden war – da dachte sie wie Faktoria. Für Elisabeth stand fest: Maria und Amir mussten so schnell wie möglich kirchlich heiraten. Gleichzeitig bot sie ihnen ihre Hilfe an, schlug vor, dass Amir und Maria mit dem Kind in der Stollbergstraße wohnen könnten, sobald sie verheiratet waren. Eine der Untermieterinnen war mittlerweile ausgezogen, und Maria hatte das große Zimmer am Eingang bekommen.

Mama hatte damals keine Ahnung, dass Oma selbst als uneheliches Kind geboren worden war. Sie hat es ihr ganzes

Leben für sich behalten. Mama erfuhr erst nach ihrem Tod davon, als sie in Elisabeths Nachlass die Eheringe ihrer Eltern Anna und Johann Würzinger fand. Die Ringe liegen heute in Mamas Schmuckschatulle, darin ist das Hochzeitsjahr eingraviert: 1902. Drei Jahre nach Omas Geburt.

So viel Zeit haben sich unsere Eltern nicht gelassen, sie verlobten sich sehr schnell. Zur Feier kam die ganze Familie zusammen, Marias Geschwister und Amirs jüngerer Bruder Moussa, der mittlerweile auch nach Deutschland gekommen war, um hier zu studieren. Es gibt ein paar wunderbare Fotos vom Verlobungspaar. Auf meinem Lieblingsbild hat Papa den Arm um Mama gelegt und schaut ihr so verliebt in die Augen, als wollte er sagen: Ich lass dich nie allein. Mama antwortet ihm mit einem frechen Blick, der für mich so viel heißt wie: Weißt du, worauf du dich da einlässt?

Heiraten konnten sie allerdings vorerst nicht. Das Standesamt in Deutschland verlangte von Ausländern ein »Ehefähigkeitszeugnis«, einen Nachweis, dass sie in ihrer Heimat mit niemand anderem verheiratet waren. So ein Dokument kannte man in Ägypten aber nicht. Amir versuchte, über seine koptische Heimatgemeinde in Kairo etwas zu erreichen.

In den Wochen des Wartens wurde Maria öfter gewarnt, sie solle sich doch gut überlegen, ob sie einen Ägypter heiraten wolle. Eine Nachbarin brachte ihr einen Zeitungsartikel über eine Münchnerin, die von ihrem arabischen Ehemann nach der Hochzeit zu Hause eingesperrt worden war. Und auch Adelheid sagte zu Maria, man wisse doch, dass in Ägypten die Frauen geschlagen würden. Maria ließ sich nicht davon abbringen. Sie würde Amir heiraten, egal, was kommen möge. Und sie wollte auch ihr Kind nicht ohne Vater großziehen.

Natürlich merkte sie trotz aller Verliebtheit, dass es Dinge gab, die nach den Jahren in Amerika selbstverständlich für sie geworden waren, die Amir aber nicht gefielen: Er wollte nicht, dass sie ihre Mittagspause mit männlichen Kollegen verbrachte; außerdem sollte sie sich die Fingernägel nicht mehr rot lackieren und das kurze Haar lang wachsen lassen.

»Ich fand Papas Ansichten damals eigentlich lächerlich«, sagte sie einmal zu mir.

»Warum hast du dann seither nie mehr eine Kurzhaarfrisur getragen und lackierst deine Nägel nur in Zartrosa?«, entgegnete ich.

»Rote Fingernägel und kurze Haare waren mir nicht so wichtig, als dass ich dafür einen Streit vom Zaun brechen wollte«, sagte sie. »Und für meine Kollegen in der Versicherung habe ich mich sowieso nicht interessiert.«

»Wie konntest du dich nur so widerstandslos fügen?«, sagte ich zu ihr. Später, als Papa die Männerfotos aus ihrem Album nahm, war es ja genauso.

»Es war eben damals normal, sich nach dem Mann zu richten. Das war selbst in New York nicht anders«, sagte sie.

Auch Monate nach der Verlobung konnten Maria und Amir nicht heiraten, das Ehefähigkeitszeugnis war in Ägypten einfach nicht zu bekommen. Ein Bekannter aus dem Katholischen Studentenwohnheim riet Amir, er solle sich doch an den erst kürzlich geweihten orthodoxen Erzbischof von München wenden, Boris Rothemund. Vielleicht könne der ihm helfen, schließlich gehöre Amir ja auch einer orthodoxen Kirche an.

Rothemund, der mit Vornamen eigentlich Herbert hieß und ursprünglich Katholik gewesen war, hatte seinen Sitz in Schloss Autenried, wo er auch ein Museum für religiöse Kunst unterhielt. Er stand einer kleinen Gemeinde Orthodoxer aus unterschiedlichen Ländern vor und wurde von den anderen orthodoxen Landeskirchen nicht anerkannt, aber das war Amir in seiner Verzweiflung egal. Inmitten Hunderter Ikonen, die im Audienzzimmer des Erzbischofs hingen, erklärte er ihm sein Problem. Offenbar war dieser junge Ägypter dem Bischof sympathisch. »Ich vertraue Ihnen jetzt einfach, dass Sie noch nicht verheiratet sind«, sagte er schließlich und stellte das Dokument aus. Der imposante kyrillische Stempel, der Amirs Ehefähigkeit bestätigte, reichte dem Münchner Standesamt.

Sechs Wochen vor der Geburt, Marias dicker Bauch unter einem weißen Trenchcoat verborgen, heirateten sie und Amir im Münchner Standesamt in der Mandlstraße. Nur die Trauzeugen waren dabei: Korbinian und Frau Schneider aus Rothenburg – Amir hielt noch immer Kontakt zu seiner ehemaligen Gastmutter.

Elisabeth kam nicht, weder zur Zeremonie noch zur kleinen Feier im Spaten-Bräu, wo Korbinian einen Tisch reserviert hatte. Sie hatte für den Tag schon einen Ausflug geplant, den sie nicht verschieben wollte, denn die standesamtliche Trauung hatte für sie keine Bedeutung. Maria und Amir waren in ihren Augen erst verheiratet, wenn ein Priester sie getraut hatte.

Am Abend nach der Hochzeit ging die schwangere Maria also wieder allein nach Hause und Amir in sein Zimmer in der Balanstraße.

Gleich danach begann Mamas Kampf mit den deutschen Behörden, der sich bis zu Papas Einbürgerung 1977 hinziehen sollte. Bei ihrem ersten Scharmützel ging es um ihren Namen. Weil Amir Ägypter war, wandte das Standesamt ägyptisches Recht an und gestattete Maria nicht, seinen Nachnamen anzunehmen, da Frauen in Ägypten ihre Namen behielten. Das wollte sie aber nicht, weil sie im konservativen Deutschland dann mit ihrem Mann nicht einmal gemeinsam in einem Hotelzimmer übernachten könnte. Der Beamte im Kreisverwaltungsreferat ließ sich schließlich dazu erweichen »Verheiratet mit dem Amir Wahba« in Marias Pass einzutragen. Maria empfand diese eigenartige Formulierung als Demütigung, man wollte sie spüren lassen, wie wenig man von einer Deutschen hielt, die einen Ausländer heiratete. Später, als Amir dann promoviert hatte, ließ Maria den Eintrag ändern in »Verheiratet mit Dr. Amir Wahba«. Der Doktortitel war ihr wichtig, als Seitenhieb gegen die deutschen Beamten, in deren Augen ein Ägypter auf der Stufe eines Kameltreibers stand.

Diese Diskriminierung sollte Mama noch öfter erleben – als sie in Kairo wohnte und mit der Deutschen Botschaft zu tun hatte, und dann wieder, als sie zurück in München waren und es Probleme mit Amirs Aufenthalt gab.

Sechs Wochen nach der Hochzeit spürte Maria eines Abends ein Ziehen im Bauch. Das Baby komme wohl bald, sagte sie zu ihrer Mutter. Nun durfte Amir auch endlich über Nacht bleiben. In ihrer verspäteten Hochzeitsnacht hielt Amir Marias Hand, während sie versuchte, in den Pausen zwischen den Wehen irgendwie zu schlafen. Im Morgengrauen fuhren sie ins Krankenhaus, und dort dauerte es nicht mehr lange, bis Adam zur Welt kam, gerade schwer genug, um nicht in den Brutkasten zu müssen.

Drei Monate nach Adams Geburt fand dann endlich die ersehnte kirchliche Hochzeit statt, und zwar mit einem großen Fest. Sie wurden von Erzbischof Rothemund in Schloss Autenried getraut, dessen Haushälterin die Feier ausrichtete: mit Grill-Göckele, schwäbischen Brathähnchen und dem besten Geschirr des Hauses. Mamas ganze Familie war da und auch ein paar Freunde. Diesmal waren Korbinians Frau Helga und Papas Bruder Moussa die Trauzeugen, Tante Anni, Heinrichs Ehefrau, passte währenddessen in München auf den kleinen Adam auf.

Es gibt ein Foto von der Hochzeitsfeier, auf dem Onkel Moussa mit Oma herumalbert und er lacht, dass die Adern auf seiner Stirn hervortreten. Auch Oma lacht mit weit aufgerissenem Mund, so herzhaft, wie ich sie selten erlebt habe. Sie war dem Charme der Familie Wahba offenbar schnell erlegen.

In der Stollbergstraße 14, wo Opa Rudolf vom Klavier herabblickte, wohnte nun also ein junger Ägypter. Papas Herkunft wird Oma aber nicht wichtig gewesen sein. Entscheidend für sie war immer der christliche Glaube – und da erfüllte Amir all ihre Erwartungen, wobei sie großmütig über den kleinen Fehler hinwegsah, dass er nicht katholisch war.

Im Nachhinein sei sie erstaunt, sagt Mama, dass das Zusammenleben in der Stollbergstraße überhaupt funktioniert hat. Es ging sicher auch deshalb gut, weil so ein Mehrgenerationenhaushalt für Papa nichts Ungewöhnliches war, schließlich waren seine Eltern nach ihrer Hochzeit auch in das Haus der Großeltern gezogen. Und weil Papa sich mit Elisabeth, die er nun »Mutti« nannte, gut verstand. Ich glaube, sie genoss die Unterhaltungen mit ihm, denn sie interessierte sich sehr für andere Länder und deren Menschen. Ihr Lieblingsbuch – abgesehen von der Bibel – war Heinrich Harrers *Sieben Jahre in Tibet*, in dem der Bergsteiger von seinen Abenteuern mit dem Dalai Lama erzählt.

Später, 1964, schrieb Papa unter Mamas ersten Brief nach dem Umzug nach Kairo auch ein paar Zeilen an seine Schwiegermutter: »Wir haben in der neuen Wohnung schon ein Zimmer für dich, wir hoffen, dass du bald zu uns kommen kannst.«

Leider hat Oma es nie nach Kairo geschafft. Am Morgen nach ihrem Tod, als sie in ihrer Wohnung noch für ein paar Stunden auf dem Sofa aufgebahrt lag, eine rote Nelke in den gefalteten Händen, saß Papa in einem Sessel neben ihr und las Psalmen aus der Bibel vor, die sie auf ihrem letzten Weg begleiten sollten. Von oben sah die Madonna mit dem Jesuskind auf sie herab. Papas leises, monotones Gemurmel beruhigte mich, es gab ihrem Tod etwas Würdevolles. Ich habe dieses friedliche Bild noch immer vor Augen, alles war so, wie Oma es sich gewünscht hätte.

Wenn ich jemandem, der mich nicht kennt, erzähle, dass mein Vater aus Ägypten stammt, werde ich oft gefragt, ob meine Eltern noch zusammen seien. Ja, warum sollen sie denn nicht mehr zusammen sein?, frage ich dann zurück. Liebesbeziehungen mit Nordafrikanern gelten eben offenbar als schwierig. Dabei wäre es für unsere Eltern nie infrage gekommen, getrennte Wege zu gehen. In guten wie in schlechten Tagen, dieses Versprechen hielten sie: Als der schier unendliche Kampf mit den deutschen Behörden losging; als mit der bestandenen Promotion Papas Visum auslief, er an die Uni in Kairo zurückbeordert wurde und Mama, hochschwanger mit dem dritten Kind, in sein Land aufbrach, ohne die leiseste Ahnung, was sie dort erwarten würde; und als Papa später in Deutschland auch noch von Abschiebung bedroht war. Diese Urkraft habe ich immer gespürt, und sie hilft uns auch jetzt wieder, seit du so krank bist. Wir geben einfach nicht auf.

Kairoer Jahre

Der Flug nach Kairo im Juli 1964 war Marias erster Flug, und anders als sie es geplant hatte, trat sie ihn nicht als Stewardess an, sondern als Mutter von bald drei Kindern. Als Adam drei Monate alt war, war sie wieder schwanger geworden, mit Anouk. Und ein Jahr später schon wieder. »Da hat's aber pressiert!«, hatte ein Passant damals zu ihr gesagt, als er sie auf der Straße sah mit einem Kind an der Hand, einem im Kinderwagen und dem dritten im Bauch.

Amir war schon nach Ägypten vorausgereist, um alles vorzubereiten. Weil er und Maria sich das Geld für die Flugtickets eigentlich nicht leisten konnten, bestand Marias Freundin Hildegard, deren Familie noch heute ein großes Bekleidungshaus in München führt, darauf, ihr die Reise zu bezahlen. Sie fand, man könne der schwangeren Maria, allein mit zwei Kleinkindern, doch keine viertägige Schiffsreise zumuten.

Elisabeth und Korbinian brachten Maria zum Flughafen und warteten so lange auf der Aussichtsterrasse, bis die Maschine der United Arab Airlines zur Startbahn rollte. Maria winkte ihnen vom Flugzeugfenster aus noch ein letztes Mal zu – wann sie ihre Familie wiedersehen würde, wusste sie nicht, ein Rückflugticket hatte sie nicht.

Sie kamen am späten Abend in Kairo an. In der Ankunftshalle war Amir nicht zu übersehen, er hatte einen großen Strauß roter Rosen in der Hand. Maria schmiegte sich erschöpft an ihn, und die Kinder, die vor Müdigkeit weinten, hörten beim Anblick ihres Vaters schlagartig auf und streckten die Arme nach ihm aus.

Draußen vor dem Terminal war es auch nachts noch so warm, wie Maria es nicht einmal in der heißesten Zeit in New York erlebt hatte. Sie konnte in der schwülen Luft kaum atmen. Mit dem Taxi fuhren sie erst mal nach Shobra zu Amirs Eltern, wo sie die erste Woche wohnen würden, weil die Maler in ihrer neuen Wohnung in Heliopolis nicht rechtzeitig fertig geworden waren.

Maria war überwältigt vom Treiben auf der Straße. Obwohl es fast Mitternacht war, spielten draußen noch Kinder, Eselskarren bahnten sich ihren Weg durch den Verkehr, Straßenverkäufer boten ihre letzte Ware in schrillen Tönen feil. Adam, der neben ihr saß, rief aufgeregt »Himmelmutter!«, als er eine Frau in langem Gewand und mit Schleier sah – sogar die Heilige Maria war hier nachts noch unterwegs.

In der Wohnung von Amirs Eltern wartete schon ein Empfangskomitee auf sie: Faktoria, Barsoum, Amirs kleine Schwester Dalia und seine große Schwester Lilli mit Mann und sechs Kindern, die eine Etage tiefer wohnten. Maria wurde von allen gedrückt, Faktoria weinte vor Rührung, dass sie endlich ihre Schwiegertochter und ihre Enkel aus Deutschland umarmen konnte.

Das musste gefeiert werden, und obwohl Maria todmüde war, gab es kein Entkommen. Faktoria hatte sechs verschiedene Fleisch- und Gemüsegerichte gekocht, dazu gab es Reis und Fladenbrot – es war so viel, dass Maria sich fragte, ob noch mehr Gäste kämen.

Faktoria lud erst Maria den Teller voll, dann Amir. Der protestierte freundlich und gab einen Hühnerschenkel an seinen Vater weiter. Dem wiederum hatte Faktoria nun auch einiges auf den Teller geladen, weshalb er das Fleisch seinem Schwiegersohn hinlegte. So ging es eine Weile reihum, jeder bot dem anderen etwas von seinem Teller an, bis der Hühnerschenkel schließlich wieder bei Amir landete. Alle redeten durcheinander, Maria schwirrte der Kopf.

Zum Nachtisch gab es Zuckerrohr, eine Delikatesse, wie Amir ihr erklärte. Man nahm die Stange in den Mund, kaute darauf herum, saugte ein wenig daran, um den süßen Saft herauszubekommen, und spuckte den faserigen Rest dann einfach auf den Boden. Am Ende kam das Mädchen, das Faktoria im Haushalt half, mit einem Besen und fegte alles zusammen.

Nachdem sich endlich alle in ihre Zimmer zurückgezogen hatten, konnte Maria lange nicht schlafen. Es war noch immer warm, die Kinder wälzten sich unruhig auf ihren Matratzen am Boden, und draußen hupten die Autos. Würde diese Nacht denn nie zu Ende gehen?

Am nächsten Morgen fuhr Amir früh zur Uni. Maria frühstückte mit den Schwiegereltern, die sie freundlich anlächelten und ihr auf Arabisch das Essen anpriesen: Bratlinge aus braunen Bohnen, soweit sie erkennen konnte. Zusammen mit dem warmen Fladenbrot schmeckten sie ihr überraschend gut, dazu gab es Tomaten und Oliven. Auch die Kinder, die sonst Marmeladenbrot mit Milch zum Frühstück bekamen, langten kräftig zu, was die Schwiegereltern besonders freute. Faktoria bejubelte jeden ihrer Bissen und kniff ihnen in die Wange. Maria erklärte sie in Zeichensprache, dass sie wegen des Kindes in ihrem Bauch viel essen müsse. Trotz aller Herzlichkeit war die Verständigung anstrengend, und Maria fühlte sich nach dem Essen schon wieder reif fürs Bett. Am liebsten hätte sie einfach in ihrem Zimmer gewartet, bis Amir am Abend wieder zurückkam.

Stattdessen sah sie Faktoria beim Bügeln zu, die ein Hemd auf dem Tisch ausbreitete, einen Schluck Wasser in den Mund nahm und es mit spitzen Lippen über die Wäsche prustete. Das war also die ägyptische Antwort auf die Sprühflasche.

Am Nachmittag kamen erst Amirs Bruder Karim und dessen schwangere Frau Mary zu Besuch, dann tauchten nach und nach immer mehr Familienmitglieder auf, Onkel, Tanten, Cousinen und Cousins, die Maria und die Kinder endlich kennenlernen wollten. Einige von ihnen konnten Englisch oder Französisch, mit den anderen verständigte Maria sich in Zeichensprache. Alle redeten durcheinander, jeder versuchte den anderen zu übertönen. In Marias Kopf brummte es und ihr war heiß. Durch die Wohnung mit den schweren Holzmöbeln und Teppichen wehte kein Lüftchen, und vor dem Fenster konnte Maria weit und breit keinen schattigen Park erspähen, in den sie mit den Kindern zum Spielen hätte gehen können. Überall Häuser, dicht an dicht. Also überließ sie die Kinder, die überdreht durch die Wohnung torkelten, der Verwandtenschar und schloss sich erschöpft in ihr Zimmer ein, den Deckenventilator auf höchste Stufe gestellt.

Als Amir abends heimkam und seine Frau so vorfand, sagte er: »Wir müssen nicht hierbleiben, wenn es dir nicht gefällt.« Das beruhigte sie.

Worauf Mama sich damals einließ, verstand ich erst, als sie mir ihre alten Briefe zu lesen gab. »Da steht alles drin«, hatte sie gesagt und mir die weiße Schachtel mit dem goldenen Innenfutter in die Hand gedrückt. Oma in ihrer zuverlässigen Art hatte darin alle Briefe aufbewahrt, die Mama ihr zwischen 1964 und 1968 aus Kairo geschickt hatte. Hellblaue Luftpostumschläge voll knisterndem Papier, vorne und hinten dicht beschrieben, um Porto zu sparen. Die Briefe verströmen einen besonderen Geruch, nach Sand und Staub, pur und ohne Schnörkel. So wie Ägypten roch, als ich mit siebzehn zum ersten Mal dort war. In der Ortszeile hat Mama Kairo noch mit C geschrieben. *Cairo.* Für mich sah das aus wie aus der Zeit gefallen.

Einige der Briefe waren geöffnet worden, bevor sie ihren Weg nach Deutschland antraten, man erkennt es an der weißen Banderole der ägyptischen Zensurbehörde, mit der die Umschläge wieder zugeklebt wurden. Das sozialistische Ägypten stand im Dauerkonflikt mit Israel, und die Staatssicherheit machte sich gar nicht erst die Mühe, zu verheimlichen, dass sie den Postverkehr kontrollierte.

Bald lernte Mama, dass es besser war, ihre Briefe Bekannten mitzugeben, die nach Deutschland reisten. Die zensierten Briefe handeln von kleinen Dingen, vom fremden Essen in Kairo, von Kinderkrankheiten und deinen ersten Schritten. Die unzensierten handeln von großen Dingen, von Geldsorgen und irgendwann auch von heimlichen Ausreiseplänen. Aber von alledem ahnte Maria noch nichts in ihren ersten Tagen in Kairo.

Die Kinder jedenfalls mochten es in Shobra. Nicht nur wegen der vielen freundlichen Menschen, die sie abküssten und liebevoll knufften, sondern auch wegen der Tiere, die Faktoria auf dem Balkon hielt: zwei Enten, ein großer Hahn, zwei Kaninchen, ein paar Tauben und ein Truthahn – der allerdings am zweiten Abend verschwunden war und gebraten auf dem Esstisch wieder auftauchte.

Maria gewöhnte sich langsam an die neue Stadt, aber dann bekam Adam am vierten Tag Durchfall und hohes Fieber. Der Junge habe einen Bazillus aufgeschnappt, sagte der Kinderarzt. Maria wunderte das nicht, ihr kam Shobra recht ungesund vor: »Kein grüner Baum, keine sauberen Straßen, unheimlich viele Menschen und diese Hitze. Man wundert sich, wie die Leute das aushalten«, schrieb sie an ihre Mutter. Aber die Medikamente wirkten, und Adam ging es schnell besser.

Nach einer Woche war es dann so weit, und sie zogen um in ihre eigene Wohnung in der Gesr-el-Suez-Straße. Maria gefiel, dass sie groß und luftig war, mit langen Balkonen rundherum und weiten Schiebetüren. Faktoria hatte ihnen noch Lebensmittel mitgegeben und eine ihrer Enten geschlachtet. Abends stand Maria mit Amir auf dem Balkon, er hatte den Arm um sie gelegt, es wehte ein warmer Wind, und in der Ferne entdeckten sie die Pyramiden. Der Anblick hatte etwas Erhabenes, und plötzlich war sie zuversichtlich, dass sie hier glücklich werden könnte.

Ruhig war es allerdings auch in der neuen Wohnung nicht: Das Haus war noch nicht ganz fertig, und in den ersten Wochen waren sie die einzigen Bewohner. Die Handwerker bohrten und rumorten den ganzen Tag. Auf der vierspurigen Gesr-el-Suez-Straße rauschte der Verkehr vorbei, und zudem lag das Haus in der Einflugschneise des Flughafens. Wenn die großen Düsenmaschinen über sie hinwegdonnerten, zitterten die Wände.

Immerhin gab es Strom und Wasser in der Wohnung, wenn auch nur kaltes. Boiler, Waschmaschine, Herd und das wichtigste Haushaltsgerät in der Kairoer Julihitze, der Kühlschrank, steckten noch im Zoll in Alexandria fest. Amir musste erst allerlei Papiere zusammensuchen, um die Sachen zu einem vertretbaren Preis auszulösen. Bis es so weit war, tranken sie nur morgens frische Milch, die der Milchmann brachte, mittags war sie sauer, und auch die Butter war schon ranzig, bis man sie aufs Brot bekam. Maria merkte schnell, dass sie ihre Essgewohnheiten hier umstellen musste. Auch sie frühstückte nun morgens Foul oder die Bohnenbratlinge, beides besorgte der Hausmeister und brachte es ihnen an die

Tür, so verdiente er sich ein paar Piaster dazu. Er wohnte mit seiner Familie in einem Verschlag unter der Treppe, und als Maria einmal durch die Holztür in den kleinen Raum blicken konnte, war sie entsetzt, weil es nicht mal ein Fenster gab.

In Kairo drehte sich alles um die Familie. Am Anfang fragte Maria sich noch, warum die ganze Wohnung voll war, obwohl sie doch eigentlich nur Amirs Schwester Lilli und deren Kinder eingeladen hatten. Aber wenn sie kamen, wollte auch Opa Barsoum mit. Er war seit einem Schlaganfall halbseitig gelähmt und froh, wenn jemand ihn irgendwohin mitnahm. Und wenn Gedo kam, kamen natürlich auch Teta und die fünfzehnjährige Dalia.

Einmal waren Maria und Amir zum Familienfischessen bei Teta eingeladen, Maria zählte zweiundzwanzig Personen in der Dreizimmerwohnung. Sie war froh, als die Kinder um elf Uhr abends müde waren und sie eine Ausrede hatten, um nach Hause zu fahren.

Unter Einsamkeit litt Mama in Kairo jedenfalls nicht. Sie war so mit der Bewältigung ihres Alltags beschäftigt, dass ihr wenig Zeit zum Nachdenken blieb. In ihren Briefen schreibt sie manchmal von Ausflügen, die sie zusammen mit Amir und den Kindern machte, zu den Pyramiden, ins Mokattam-Gebirge, einem Kalksteinplateau außerhalb der Stadt. Von deutschen Bekannten, die sie über die Uni kennengelernt hatten und mit denen sie sich manchmal trafen. Meist handeln sie aber vom Essen und von Haushaltsangelegenheiten: Sie berichtete ihrer Mutter, dass das Kilo Tomaten in Kairo nur zwanzig Pfennig kostete, ein andermal erzählt sie, dass sie in drei Geschäften gewesen war, um ein Putzmittel wie Ata zu finden, und dass sie gelernt hatte, Reis so zu kochen, dass er körnig blieb. Mamas berühmter ägyptischer Reis, den vor allem du so magst. Obwohl du selbst längst weißt, wie man ihn zubereitet, hast du oft in der Küche neben ihr gestanden und zugesehen, wie sie die Körner mit viel Butter und ein paar kurzen Suppennudeln anröstete und dann erst das Wasser zum Garen aufgoss.

Heimweh hatte Maria kaum. Sie fand, dass die Menschen, mit denen sie in Kairo zu tun hatte, sich in ihren Gewohnheiten nicht so sehr von den Menschen in Deutschland unterschieden. Nur einmal schrieb sie: »Zuweilen vermisse ich die böse Zunge meiner Brüder und die Neckereien und das Gelächter beim Sonntagnachmittagskaffee in der Stollbergstraße.« Herumalbern könne sie ja noch nicht mit den Besuchern, wegen der Sprache. »Höchstens lachen sie über mein Arabisch.«

Von Amir lernte sie ein paar Tricks, wie man mit der Dauerhitze besser zurechtkam. Sie hängten in der Wohnung feuchte Laken auf, und wenn es ganz schlimm war, kippten sie etwas Wasser auf die Fliesen, durch die Verdunstung wurde es gleich ein wenig kühler. Erst nach Sonnenuntergang gingen sie mit den Kindern spazieren. Die Gärten am Nil waren weit weg, Parks gab es hier auch nicht, aber auf der Gesr-el-Suez-Straße zwischen den Fahrbahnen immerhin einen Grünstreifen. Dort trafen sich abends die Familien. Amir kaufte für jeden einen gerösteten Maiskolben und zwei kleine Flaschen Cola, die sie sich teilten. Für mehr reichte das Geld nicht.

Seine ehemaligen Professoren hatten Amir eigentlich eine große Zukunft prophezeit, sobald er mit dem Doktortitel zurückkäme. Er würde dann bald nicht mehr wissen, wohin mit seinem Geld. Aber vorerst verdiente Amir als Dozent am Lehrstuhl für Physik vierzig Pfund im Monat, umgerechnet gerade mal dreihundert Mark. Oft war sein Gehalt schon Mitte des Monats aufgebraucht, und wenn eines der Kinder krank wurde, waren die dreieinhalb Pfund für Hustensaft und

Vitaminsirup ein echtes Problem. Aber Faktoria half aus. Sie kaufte oft Reis, Kartoffeln und Gemüse für Maria und Amir und gab ihnen das Geld für Benzin, damit sie am Sonntag zu ihr zum Essen kommen konnten. Auch die Münchner Oma half, so gut sie konnte, und schickte immer wieder Kleinigkeiten, auf die kaum Zoll zu zahlen war, vom Stoff zum Kleidernähen über Druckknöpfe bis hin zu Spülmittel und Fieberzäpfchen für die Kinder. Trotz der Geldsorgen sagt Mama über diese Zeit: »Es hat uns eigentlich nichts gefehlt.«

Schwierig wurde es erst, als Maria im September 1964 krank wurde. Sie spürte ein starkes Ziehen in den Bauchmuskeln, so schlimm, dass sie kaum mehr laufen konnte. Amir war gerade wieder ein paar Tage in Alexandria, um endlich ihren VW-Käfer und die Haushaltsgeräte aus dem Zoll zu bekommen. Marias Ärztin verstand zwar kaum, was sie ihr auf Englisch zu erklären versuchte, fand aber dennoch heraus, dass sie unter akutem Kalziummangel litt.

Sie verordnete einen Liter Milch täglich und Kalziumspritzen. Zum Glück brachte Amir schon am nächsten Tag den Kühlschrank mit, die Milch war also kein Problem mehr. Und für die Kalziumspritzen empfahlen Verwandte ihr Taha, einen Krankenpfleger, der im Dorf auf der anderen Straßenseite wohnte. Das ärmliche Matariya kannte Maria bislang nur als Wallfahrtsort der Christen, dort hatte angeblich unter einem Maulbeerfeigenbaum die Heilige Familie gerastet, als sie vor König Herodes nach Ägypten floh. Dass in Matariya medizinisches Fachpersonal wohnte, konnte Maria sich nicht vorstellen, war aber einverstanden, dass Taha verständigt wurde. Taha erschien am nächsten Tag in Galabeya und Turban, in der Hand eine verbeulte Blechschachtel. Maria erschrak, als er sie öffnete und alte Spritzen zum Vorschein kamen, die Nadeln mit gräulicher Watte umwickelt. Maria wehrte ab, sie lasse sich so eine Spritze nicht geben. Doch Taha redete auf sie ein, das sei überhaupt kein Problem, sie müsse die Spritze nur auf dem Herd auskochen. Maria gab sich einen Ruck, sie war immer noch neu in Kairo, und hier war eben alles etwas anders als in Deutschland. Also kochte sie die Spritze aus und ließ sich das Kalzium in die Vene injizieren.

Taha kam noch drei Mal, dann war der Kalziummangel behoben und Maria wieder auf den Beinen.

Und dann kamst du auf die Welt. Ich habe mir deine ägyptische Geburtsurkunde samt notariell beglaubigter Übersetzung herausgeholt, ein dünnes, vergilbtes Papier mit arabischen Stempeln und Gebührenmarken voll orientalischer Ornamente, unterschrieben vom Ausstellungsbeamten Mohammad Al-Kasabi und vom Standesbeamten Abdul Monim Kamil Nasser. Papa bewahrt sie in seinem blauen »Wichtige Dokumente«-Ordner im Arbeitszimmer auf. Auf der Urkunde ist notiert, dass du im italienischen Krankenhaus im Stadtteil Abbasiya geboren wurdest. Du warst nie mehr dort, aber ich habe mir neulich Fotos davon angesehen, ein alter Bau aus der Jahrhundertwende mit einem Eingangsportal, das ein wenig aussieht wie das Siegestor in der Münchner Ludwigstraße. Bekannte hatten unseren Eltern die Klinik empfohlen, sie wurde von katholischen Nonnen geführt.

Papa war die ersten Tage allerdings gar nicht da, erzählte mir Mama. Teta hatte ihn verwöhnen wollen und ihm Krabben aus Russland serviert. Auf diese Delikatesse reagierte Papa mit roten Pusteln im Gesicht, genau an dem Tag, an dem bei Mama die Wehen einsetzten. Obwohl er nichts dafürkonnte, war sie ziemlich sauer, dass er sie im Krankenhaus allein ließ.

Vielleicht weil Mama mit den Ärzten nicht reden konnte, geschah im Krankenhaus etwas, worüber Papa sich noch heute aufregt. Neulich erzählte er davon, als wir alle zusammen beim Abendessen saßen. »So eine Unverschämtheit! Der Arzt im Krankenhaus hat André einfach beschnitten. Ohne uns zu fragen.« Ich kannte dieses Detail nicht und musste sehr grinsen. Du sagtest nur trocken: »Da kann man jetzt auch nichts mehr machen.«

Während Maria im Krankenhaus war, kümmerten sich Karim und seine Frau Mary um Adam und Anouk. Maria machte sich Sorgen, ob die beiden mit Adam zurechtkämen, der gerade ein neues Spiel entdeckt hatte: In unbeobachteten Momenten rannte er auf den Balkon und schmiss Sachen auf die Straße, mal ein Paar Schuhe, mal Holzlatten, die Amir dort gestapelt hatte. Mary schien ihn und Anouk allerdings gut im Griff zu haben, sie fütterte sie einfach den ganzen Tag mit Leckereien, sodass sie keine Zeit hatten, auf dumme Gedanken zu kommen. In nur einer Woche nahmen die beiden so zu, dass Maria es gleich bei der ersten Umarmung merkte.

Wieder zu Hause entdeckte sie eines Morgens im Spiegel, dass ihre Augen gelb unterlaufen waren. Der Kinderarzt, zu dem sie an dem Tag mit dem Baby musste, diagnostizierte Hepatitis. Ob sie irgendwann eine unsaubere Spritze bekommen habe? Taha!, schoss es ihr durch den Kopf.

Ganze zwei Wochen musste sie krank im Bett verbringen, Amir und seine Familie versorgten die Kinder. Doch auch nach ihrer Genesung war Maria schnell erschöpft. Nachts weckte ein Kind das andere auf, bis dann oft alle gleichzeitig schrien. »Manchmal würde ich am liebsten das Baby nehmen und in die Stille der Wüste ziehen«, schrieb sie einmal an ihre Mutter. Sie kam auf die irrsten Ideen, um sich wenigstens ein bisschen ausruhen zu können: Manchmal sperrte sie sich mit den spielenden Kindern im Zimmer ein, sodass sie nicht weglaufen konnten, und nickte auf dem nackten Boden neben der Babywiege ein.

Um sie zu unterstützen, schickte Faktoria einige Wochen lang das Mädchen, das sonst bei ihr wohnte und im Haushalt half. Souad war nicht älter als zwölf Jahre, ein dünnes Kind vom Land, das in den ersten Nächten aus dem Bett fiel, weil sie es nicht gewohnt war, darin zu schlafen. Maria, schockiert darüber, dass Kinder überhaupt von ihren Eltern für ein paar Pfund zum Arbeiten in die Stadt geschickt wurden, hatte es ihr hergerichtet, weil sie sagte, bei ihr müsse niemand auf dem Boden schlafen. Nach ein paar Nächten gab Maria allerdings auf. Anfangs ließ sie Souad nur mit euch spielen. Aber dann gewöhnte Maria sich doch an die ägyptischen Gepflogenheiten und freute sich, wenn Souad die Küche aufräumte und den Boden wischte.

Als Jüngster musstest du dich sicher anstrengen, um mit den beiden Älteren mithalten zu können. Vielleicht warst du deshalb ein so zartes, sensibles Kind – da war dir Mamas Aufmerksamkeit sicher. Wenn du zu viel Bananen oder Eier gegessen hattest, bekamst du Ausschlag und Fieber. Wenn du dich irgendwo verletzt hattest, wurdest du manchmal einfach ohnmächtig. Mama sagt, sie durfte nicht mal allein aufs Klo gehen, dann hättest du schon geweint. Auch Papa schien sich Sorgen um dich zu machen. Im Sommer 1967 war Mama einmal allein mit euch in München, weil Papa vom Innenministerium keine Reiseerlaubnis bekommen hatte, da schrieb er ihr, sie solle bitte besonders gut auf dich aufpassen.

Als du mir knapp fünfzig Jahre später am Telefon erzähltest, dass die Ärzte einen Tumor in deiner Bauchspeicheldrüse gefunden haben, dachte ich mir: Warum ausgerechnet du, der sensibelste von uns vieren? Nicht dass ich mir selbst den Krebs gewünscht hätte oder gar unseren anderen Geschwistern – aber ich fand es gemein, dass es dich getroffen hat, der sich von uns am meisten vor so etwas gefürchtet hat. Wie oft bist du in den letzten zwanzig Jahren zum Arzt, weil du Magenprobleme hattest. Und dann die vielen anderen, manchmal kuriosen Sicherheitsvorkehrungen: Als Teenager hast du abends immer unters Bett geschaut, ob da auch wirklich niemand liegt. Später hast du ein Dutzend Versicherungen abgeschlossen.

Auch dieser Gedanke kam mir: Hast du diese Krankheit bekommen, weil du am meisten Angst hattest, du dich nach hundertprozentiger Sicherheit gesehnt hast? Und was haben deine ersten vier Lebensjahre in Kairo damit zu tun, der Krieg, die geheimen Fluchtpläne?

Die Geldprobleme von Amir und Maria wurden mit den Jahren nicht besser. Amir hoffte, dass er zumindest an die Ingenieursfakultät wechseln konnte, wo er um einiges mehr verdienen würde. Bis es so weit war, verdiente er sich ein Zubrot, indem er seine Vorlesungsmanuskripte an die Studenten verkaufte. Außerdem vermieteten Maria und Amir ihren VW-Käfer für ein paar Monate an einen Arbeitskollegen. Hin und wieder machten sie auch kleine Deals: Wenn Besuch aus Deutschland kam, baten sie darum, ihnen Whiskey aus dem Duty-free-Shop zu besorgen, den sie dann fürs Zehnfache in Kairo verkaufen konnten.

Außerdem begann Amir, sich im Ausland nach Arbeit umzusehen. Einmal bewarb er sich auf eine Forschungsstelle in New York. Weil das die Behörden in Ägypten nicht erfahren durften, gab er Elisabeths Adresse in München an. Maria vereinbarte mit ihr einen Code, um die Zensoren zu hintergehen: Wenn eine Einladung zum Vorstellungsgespräch ankomme, solle Elisabeth ihnen schreiben: »Onkel Hans möchte euch gerne im Sommer treffen.«

Aus der Stelle wurde am Ende nichts. Euch Kinder wird das kaum berührt haben. Du wurdest in eine lachende, quirlige Kinderschar hineingeboren, ihr hattet acht kleine Cousinen und Cousins, die auf den vielen Familientreffen immer dabei waren. Auf einem Bild sieht man unsere Cousine Dina, wie sie auf dem Rücken unseres Onkels Moussa hängt und ihm beim Toben fast ein Auge auskratzt, aber Moussa und die anderen Erwachsenen scheinen das wahnsinnig komisch zu finden. Du sitzt mit weit aufgerissenen Augen auf dem Boden daneben, schier überwältigt vom prallen Leben um dich herum.

Weniger lustig ging es im französischen Sacré-Cœur-Kindergarten zu, der in der Nähe eurer Wohnung lag und in den Adam 1966 und Anouk 1967 kam. Es gab dort keine Spielsachen, und die Kinder saßen an Pulten und sollten auf Französisch rechnen und schreiben lernen. Sie mussten sogar Tests schreiben, und unsere Eltern bekamen eine Rangliste, wie ihre Kinder im Vergleich zu den anderen abgeschnitten hatten. Auf den Bildern von damals sieht man rund fünfzig Kinder, alle in schwarzer Uniform und in Reih und Glied. Keines lacht. Dir blieb das glücklicherweise erspart, weil ihr nach Deutschland umzogt, kurz bevor du vier wurdest.

Du wirst dich an all das nicht mehr erinnern, aber Anouk hat mir erzählt, dass sie aus der Zeit in Kairo vor allem ein Ereignis noch vor Augen hat, und das hatte mit Gedo zu tun, der kaum mehr laufen konnte. Ihr wart gerade zu Besuch, als er in der kleinen Toilette stürzte, und weil er mit den Füßen an der Tür lag, konnte man sie nicht öffnen. Die Aufregung war groß, alle Männer der Familie standen in einer Traube davor und berieten lautstark, wie sie zu ihm hereinkommen könnten. Schließlich wurde einer unserer Cousins auf den Balkon geschickt, von dort aus stieg er durchs Klofenster ein und befreite Barsoum.

Durch den Schlaganfall hatte sich auch sein Charakter verändert. Anouk sagt, sie habe ihn als oft missmutigen Mann in Erinnerung. Er wollte zum Beispiel nicht, dass ihr mit den Kaninchen spielt, die Teta auf dem Balkon hielt. Sie holte sie euch trotzdem heimlich in die Wohnung, legte Zeitungen aus, damit nichts schmutzig wurde, und warnte euch: »Nur ganz kurz, damit Gedo es nicht sieht!«

Bei einem Familienessen wurde er einmal so wütend, dass er das Kotelett von seinem Teller nahm und gegen die Wand warf. Das Fleisch war ihm zu zäh. Anouk und Adam haben mir diese Geschichte oft erzählt, sogar sein Sohn Valentin kennt sie. Ich malte mir als Kind immer aus, wie ihr am Tisch gesessen und über diesen zornigen Mann und den braunen Fettfleck an der weißen Wand gestaunt habt. Ich fand die Vorstellung lustig. Für mich ist Gedo bis heute der alte Mann mit dem Kotelett.

Kurz darauf starb er an einem weiteren Schlaganfall. Bis zur Beerdigung am nächsten Tag blieb Barsoums Leichnam in der Wohnung. Ihr Kinder wart mit Mama und den Frauen der Familie ein Stockwerk tiefer bei Tante Lilli, alle weinten, manche schrien ihren Schmerz heraus. Du warst damals drei – alt genug, um zu spüren, dass etwas überhaupt nicht stimmte, aber vermutlich zu jung, um es bewusst im Gedächtnis zu behalten.

Papa und die anderen Männer blieben oben beim Leichnam, und weil ihr laut Anouk geglaubt habt, sie würden Papa gleich mit Gedo zusammen begraben, fingt ihr bitterlich zu weinen an, und du fragtest immer wieder, wann Papa denn endlich wiederkommen würde. Mama konnte euch kaum beruhigen.

Durch die Glasscheibe in der Wohnungstür konntet ihr schließlich sehen, wie einige Männer den Sarg hinuntertrugen. Das Treppenhaus war so eng und steil, dass sie den Sarg fast senkrecht halten mussten. Einmal knallte er dabei auf die Treppen, und die Frauen heulten auf. Erst als ihr Papa in der Kirche saht, vorne mit den anderen Männern, wurdet ihr wieder ruhig. Und du sollst empört zu Mama gesagt haben: »Immer diese Sterberei!«

Bei dir dreht sich auch heute noch alles um die Familie. Solange es ging, hast du unsere Eltern alle paar Tage besucht. Wenn jemand von uns Geschwistern da war, klingelte schon morgens um neun das Telefon, und du fragtest, ob wir zusammen frühstücken wollen. Abends hast du irgendwo einen Tisch für uns reserviert, hast gekocht oder Anweisung gegeben, was gekocht werden soll. Wenn es dir dann nicht schmeckte, hast du gerne herumgemäkelt. Aber das hat uns nie gestört, wir kannten das ja. Spätestens um neun lagst du dann müde auf dem Sofa unter der Madonna und gingst bald danach heim, froh dich wieder zurückziehen zu können, denn deine Ruhe ist dir mindestens genauso wichtig wie die Gesellschaft deiner Familie.

Vielleicht ist das auch ein Ergebnis der Jahre in Kairo. Ruhe wirst du dort kaum gehabt haben. Immer war etwas los, nie warst du allein. Und manchmal herrschte auch Ausnahmezustand.

Kurz vor dem Sechstagekrieg 1967 habt ihr Kinder vom Balkon aus zugeguckt, wie unten die Soldaten in Richtung Sinai vorbeizogen. Tagelang ging das so, Präsident Nasser schickte ganze Divisionen an die israelische Grenze. Anouk hat die Panzer noch vor Augen, deren Ketten Muster in den heißen Asphalt drückten. Ihr wart kaum mehr in die Wohnung zu bekommen, so sehr faszinierte euch der Aufmarsch. Adam baute mit seinem Baukasten nur noch Gewehre nach.

Schon Monate zuvor waren die Spannungen zu spüren gewesen. Nasser peitschte das Volk ein, man werde Israel zerstören und die Juden ins Meer treiben. Die meisten Ägypter glaubten tatsächlich an seine Mär, ihre Armee wäre unbesiegbar. Maria und Amir hatten einfach nur Angst: Das Innenministerium hatte für Universitätsangehörige plötzlich sämtliche Urlaube gestrichen, weil sie im Kriegsfall gebraucht würden. Eigentlich wollten sie ja zu einem Besuch nach Deutschland reisen, aber nun durfte Amir nicht mehr raus.

Am Morgen des 5. Juni kam der Überraschungsangriff der Israelis. Die Familie saß gerade beim Frühstück in der Küche, da waren die ersten Einschläge zu hören, ein Pfeifen, dann dumpfes Krachen, mehrmals hintereinander. Adam sprang auf und lief in Richtung Balkon, Amir ihm hinterher. Der Militärflughafen lag nur wenige Kilometer entfernt, und Amir versuchte zu erkennen, was los war, konnte aber nichts sehen.

Im Radio wurden patriotische Lieder gespielt, Nachrichten gab es keine. Eine Angst kroch in Maria hoch, die sie lange vergessen wähnte. Plötzlich waren die Stunden im Keller in der Stollbergstraße wieder da. Die Nacht in Steinkirchen, in der sie bei klirrender Kälte über Scherben gelaufen war. Hier in Kairo gab es nicht mal Luftschutzkeller.

Nach einer Viertelstunde war der Lärm wieder vorbei. Amir, den all das weniger beunruhigte, wollte zum Bus, um zur Arbeit zu fahren. Da schrie Maria ihn an, ob er noch zu retten sei. »Du bleibst jetzt hier«, bestimmte sie.

Von draußen hörten sie die Sirenen der Krankenwagen, die

vom Militärkrankenhaus gegenüber zum Flughafen aufbrachen. Die Ungewissheit war schließlich auch Amir unheimlich, er und Maria beschlossen, für ein paar Tage zu Teta nach Shobra zu ziehen, weit weg von allen Armeeeinrichtungen.

Am Abend saß dort die Familie vor dem Radio zusammen, und der Sprecher sagte einen baldigen, großen Sieg gegen Israel voraus. Dass israelische Kampfjets am Morgen ganz in der Nähe der Gesr-el-Suez-Straße die ägyptische Luftwaffe in Grund und Boden gebombt hatten, bevor auch nur ein Flugzeug aufsteigen konnte, sagte niemand. Westliche Nachrichten konnte man nicht empfangen. Und Post aus Deutschland kam auch nicht mehr an, denn Flugzeuge aus Westdeutschland bekamen in Kairo keine Landeerlaubnis mehr.

Die deutsche Botschaft evakuierte ihre Staatsbürger mit einem Frachtschiff nach Kreta und flog sie von dort nach Deutschland aus. Viele deutsche Bekannte von Maria und Amir verließen das Land, aber bei Maria meldete sich niemand. Vielleicht hatte man sie übersehen? Sie ging daraufhin selbst zur Botschaft und bat um Ausreise für sich und die Kinder. Da sagte der Mitarbeiter zu ihr, dafür sei die Botschaft nicht zuständig, sie sei ja mit einem Ägypter verheiratet.

In Kairo traute sie sich inzwischen nicht mehr allein auf die Straße. Der Zorn auf die westlichen Länder war groß, weil sie Israel unterstützten. Wer so eindeutig als Ausländerin zu erkennen war wie sie, riskierte, auf der Straße bespuckt oder sogar geschlagen zu werden.

Alle hatten Angst vor neuen Luftangriffen, abends wurden die Fenster mit Tüchern verdunkelt, und Amir übermalte die Scheinwerfer des Autos mit blauer Farbe. Vom Balkon aus sah man nun, wie die Soldaten aus dem Sinai zurückkehrten. Einige in Galabeya und barfuß. Die Militärführung hatte eilig Fellachen rekrutiert und sie ohne Training und Uniform in die Wüste geschickt. Dass es gar keinen Sieg gegeben hatte, sondern die israelische Armee nun sogar am Ostufer des Suezkanals stand, konnte Nasser nicht mehr länger verheimlichen. Das änderte aber nichts an seiner Beliebtheit – die Massen jubelten ihm weiter zu und gaben stattdessen der Armeeführung die Schuld an der Niederlage.

In Kairo selbst herrschte zwar Ruhe, aber am Suezkanal ging der Krieg ab 1968 weiter. Israelis und Ägypter beschossen sich über den Kanal hinweg, die Sowjetunion hatte die ägyptische Armee nach ihrer verheerenden Niederlage eilig wieder aufgerüstet. Präsident Nasser ließ die Welt wissen, man werde sich den Sinai mit Gewalt zurückholen. Einmal zerstörten israelische Hubschrauber bei einem Angriff die ägyptische Stromversorgung, sodass auch in Kairo das Licht ausging.

Amir und Maria fühlten sich nicht mehr wohl. Nasser kam ihnen wie ein Größenwahnsinniger vor. Was, wenn man beim nächsten Mal nicht mehr so glimpflich davonkäme wie im Sechstagekrieg und die Israelis die Stadt bombardierten? Jeden Abend saßen Amir und Maria gebannt vor dem Radio und lauschten den Nachrichten. Gleichzeitig wussten sie, dass sie die Wahrheit über die Lage im Land darin nicht erfahren würden. Maria bat ihre Mutter, so oft wie möglich eine deutsche Zeitung zu schicken, dadurch erfuhren sie immerhin mit ein- bis zweiwöchiger Verspätung, was in der Region wirklich passierte. Sie lasen über die sowjetischen Militärberater, die zu Hunderten nach Ägypten strömten, das ließ nichts Gutes erahnen.

Vielleicht brach auch deshalb bei Maria zum zweiten Mal eine Hepatitis aus. Wieder lag sie tagelang mit hohem Fieber im Bett, Faktoria, Dalia und Souad nahmen die Kinder zu sich, damit sie sich auskurieren konnte. Amir kratzte die letzten Ersparnisse zusammen, um den Arzt und die Medikamente bezahlen zu können. Er betete, dass nun nicht zusätzlich eines der Kinder krank würde.

Auch in der Uni ging nichts voran. Amir war noch immer nicht an die Ingenieursfakultät versetzt worden, jedes Mal kam ihm ein anderer Kollege zuvor. Lag es vielleicht daran, dass er Christ war und kein Muslim, wie der Professor der Fakultät? Es gab keine Regeln, auf die Verlass war. Nur die Zensurbehörde tat gewissenhaft ihren Dienst und las alle Briefe, die Maria und Amir aus dem Ausland bekamen. Amir fühlte sich gefangen im eigenen Land.

Später sagte Papa einmal zu mir: »Wenn man länger an einem Ort wie Deutschland gelebt hat, findet man sich in Ägypten nicht mehr zurecht.«

Sie wollten weg, aber wie sollten sie das anstellen? Amir durfte sich offiziell ja nicht auf Stellen im Ausland bewerben. Und überhaupt brauchte er einen triftigen Grund für die Reise, sonst würde ihm das Innenministerium gar keine Erlaubnis geben.

Am Abend, die Kinder schliefen schon, setzte er sich mit Maria auf den Balkon und sie berieten, wie sie vorgehen sollten. Die Kleinen durften auf keinen Fall von den Auswanderungsplänen erfahren, das Risiko, dass sie ihren Freunden im Kindergarten davon erzählten, war zu groß.

Amir kam die Idee, sich erst mal für die Semesterferien um ein Forschungsprojekt an der TU zu bemühen. So einen Austausch würde auch seine Uni in Kairo begrüßen. Und wenn er dann in München wäre, könnte er sich von dort aus um alles Weitere kümmern.

Gleich am nächsten Morgen schrieb er an Professor Högl, seinen Doktorvater. Seit dem Umzug nach Kairo hatte Amir immer Kontakt zu ihm gehalten, sie gratulierten sich zum

Geburtstag, tauschten sich über wissenschaftliche Themen aus und erkundigten sich nach dem Befinden ihrer Gemahlinnen. Högl schätzte Amir und bot ihm nach einem kurzen Briefwechsel tatsächlich ein Projekt für den Sommer an. Außerdem schrieb er Amirs Chef, Professor Badawie von der Ain-Shams-Universität, und bat um Amirs Beurlaubung. Badawie war einverstanden. Nun musste aber noch das Innenministerium zustimmen – was allein von der politischen Lage abhing. Und die war unvorhersehbar.

Amir und Maria weihten weder Faktoria noch Elisabeth in ihre Pläne ein, alles musste streng geheim bleiben. An einem Sonntag am Esstisch in Shobra erzählte Amir seiner Mutter nur von dem Forschungsprojekt in den Sommerferien, außerdem habe er seine Schwiegermutter ja seit vier Jahren nicht mehr gesehen. »Gut, dass du mal wieder hinfährst«, fand Faktoria. Amir kam sich wie ein Verräter vor.

Elisabeth, die beim Notar eine Bürgschaft für Amir unterzeichnete, damit er überhaupt ein Visum für Deutschland bekam, und sich verpflichtete, für Unterkunft und Verpflegung der Familie aufzukommen, hatte ebenfalls keine Ahnung, dass sie nicht nur für drei Monate aus Ägypten anreiste, sondern die Stollbergstraße so schnell nicht wieder verlassen würde. Sie schöpfte auch dann keinen Verdacht, als Maria sie bat, doch bitte die VW-Aktien zu verkaufen, die Maria vor ein paar Jahren als Geldanlage gekauft hatte.

Maria und Amir brauchten dringend deutsches Geld bei ihrer Ankunft in München. Also gaben sie außerdem zwei Bekannten, die sie in Kairo besuchten, ägyptische Pfund für ihren Aufenthalt und baten sie, es in Mark an Elisabeth in München zurückzuzahlen.

Maria wurde immer nervöser, je näher der Sommer kam.

Was, wenn Amir nicht ausreisen durfte, so wie letztes Jahr? Sie rannte aufgeregt in der Wohnung umher und überlegte, was noch erledigt werden musste, packte das Gebirgsrosenporzellan, ihr Hochzeitsgeschirr, in Kisten und strich wehmütig über die zarten Knospen und grünen Blätter, die sich um die Tassen rankten – sie würde es nicht mitnehmen können. Genauso wenig ihre Schallplatten aus New York, die räumte sie ganz hinten in den Wohnzimmerschrank.

Amirs älterer Bruder Karim würde mit seiner Familie einziehen, offiziell nur für die drei Monate, aber Maria wusste, dass es womöglich für immer wäre. Und was würde mit all den anderen Sachen passieren, die sie für viel Geld nach Kairo gebracht hatten, das Tafelsilber und der alte Lüster, den sie von ihrer Großmutter Josefa geerbt hatte? Ob sie irgendwann zurückkehren könnten, um sie abzuholen, war völlig ungewiss.

Am 1. Juni 1968 mussten sie die Schiffstickets für die *Syra* bezahlen, das Schiff, das sie nach Venedig bringen sollte. Ihren VW-Käfer hatten sie bereits verkauft. Doch die Zusage vom Ministerium war noch immer nicht da. Maria und Amir diskutierten, was sie tun sollten. Riskieren, dass sie zweitausend Mark verloren, falls Amir nicht wegdurfte? Oder abwarten und womöglich keinen Platz mehr auf dem Schiff bekommen?

Wenn sie abends auf dem Balkon saßen und die Flugzeuge über ihr Haus hinwegdonnerten, legte Maria jetzt oft den Kopf in den Nacken und sah entrückt nach oben. »Frag nicht, was ich mir gerade wünsche«, sagte sie einmal zu Amir. Am nächsten Tag kaufte er die Tickets.

Anouk sagt heute, sie könne sich an all das nicht erinnern. Aber irgendwas von der angespannten Stimmung werdet ihr mitbekommen haben. Das leise Gemurmel abends im Schlafzimmer, das plötzliche Verstummen, wenn einer von euch hereinkam. Adam hörte einmal, wie sein Name fiel und Mama etwas von der Grundschule an der Herrnstraße in München sagte. »Gehe ich da hin?«, fragte er neugierig. »Nein, nein, da hast du dich verhört«, sagte Mama zu ihm.

Und dann kam endlich die Zusage vom Ministerium. Maria war voller Euphorie. Wie anfangs in Greenwich strich sie im Kalender die Tage bis zu eurer Abfahrt ab. Dann wieder traute sie dem Glück nicht, holte besorgt die Schiffstickets hervor und sah konzentriert auf das Abreisedatum, als könnte sie damit alle guten Geister beschwören.

Was ihr und Amir vor allem Sorgen bereitete, war das Gepäck. Es gab wichtige Unterlagen, die sie mitnehmen mussten, die aber nicht zu einer Urlaubsreise passten: Amirs Studienbuch, seine Zeugnisse und natürlich alle Geburtsurkunden. Wenn die Zöllner die erwischten, warnte Amir, dann gäbe es ein ernsthaftes Problem. Daraufhin steckte Maria die Papiere zwischen die Seiten der Bilderbücher und legte sie ganz unten in den Koffer.

Am Tag der Abreise versuchte Amir, sich die Rührung nicht anmerken zu lassen, als er sich von seiner Mutter verabschiedete. Nun fuhr er also nach München und hatte keine Ahnung, wann er sie wiedersehen würde. Er räusperte sich, dann umarmte er sie. Offenbar etwas zu fest, vielleicht bemerkte Faktoria auch seinen glasigen Blick – als er sich losmachte, hielt sie seine Hände noch ein paar Sekunden lang und sah ihn direkt an. Es kam ihm vor wie eine Ewigkeit.

Dann brachte Karim die Familie zum Hafen nach Alexandria, von wo Amir vor zehn Jahren zum ersten Mal nach Deutschland aufgebrochen war.

An der Passkontrolle zeigte Maria den ägyptischen Familienpass vor, den sie und Amir extra für diese Reise beantragt hatten. Im Pass war noch Platz für drei weitere Ehefrauen und insgesamt zwölf Kinder. Der Polizist ließ sich viel Zeit, er sah sich auch die Erlaubnis des Ministeriums genau an, fuhr mit dem Finger über den Stempel, als wollte er prüfen, ob er echt war. Maria gab sich alle Mühe, ruhig zu bleiben, aber sie hielt Adams Hand während der Prozedur so fest, dass er zu wimmern begann.

Schließlich durfte die Familie weiter zur Zollkontrolle. Direkt vor ihnen zogen zwei Beamte einen Reisenden heraus und baten ihn, seinen Koffer zu öffnen. Maria griff wieder nach Adams Hand. Ein weiterer Kontrolleur kam auf sie zu und fragte Amir, ob sie Teppiche oder Gold dabeihätten. Dann ließ er sie passieren, und Maria blies so laut Luft durch die Lippen, dass Amir ihr einen bösen Blick zuwarf.

Erst auf dem Schiff, nachdem die Koffer verstaut waren, fiel alle Anspannung von Maria und Amir ab. Sie umarmten sich lange. Leider ließen sie Adam dabei aus den Augen, der wie ein Wiesel die Treppen zum oberen Deck hinaufflitzte, wo er die Schiffsglocke entdeckt hatte. Er zog an der Schnur, dreimal, viermal, so fest er konnte. Er lachte und freute sich über den tiefen Klang, während die Passagiere verwirrt um sich blickten und Besucher von Bord eilten, weil sie glaubten, das Schiff lege gleich ab. Ein wütender Steward rannte auf Adam zu und zog ihn weg.

Was Adam damals nicht ahnte: Mit diesen Glockenschlägen läutete er ein neues Kapitel in unserer Familiengeschichte ein.

Erding. Februar 2019

All das passierte nur vier Jahre vor meiner Geburt. Aber wenn ich mir heute die Unterlagen von damals ansehe, die unsere Eltern im blauen Ordner aufgehoben haben, kommt es mir vor, als forschte ich in historischen Quellen, die nichts mit mir zu tun haben. Omas Bürgschaft mit dem bayerischen Notarstempel darauf, die mit Schreibmaschine getippten Briefe, die Professor Högl an Professor Badawie nach Kairo geschickt hat. Ich staune, in welcher Unsicherheit ihr gelebt habt.

Vielleicht ist diese Flucht daran schuld, dass du dich zu Hause immer am wohlsten gefühlt hast. Anders als der Rest unserer Familie hast du dein Fernweh vor allem am Münchner Flughafen ausgelebt. Abends bist du oft zum Essen in eines der Restaurants dort gegangen. Im *Il Mondo*, mit Blick auf die Start- und Landebahn, hast du auch deinen fünfzigsten Geburtstag gefeiert. Den Maschinen beim An- und Abflug zuzusehen, das hat deine Sehnsucht nach fernen Ländern schon gestillt. Danach bist du zufrieden wieder nach Hause gefahren. Lange Flüge, große Koffer, fremde Betten – darauf hattest du eigentlich keine Lust.

Trotzdem frage ich mich, warum du so lange nicht nach Kairo wolltest. Erst als du schwer krank wurdest, hast du gemerkt, dass dir etwas fehlt. Ich hätte unser Erbe so gerne mit dir zusammen erkundet. Vielleicht hätten wir herausgefunden, was das Ägyptische in uns ist. Diese Frage, um die ich kreise, seitdem ich mit siebzehn zum ersten Mal in Kairo war, die mich später umtrieb, als ich in Tel Aviv wohnte, nur ein paar Autostunden von Ägypten entfernt. Ich glaube, letztlich reiste ich immer den Bildern hinterher, die ich aus eurer Kindheit kannte. Wäre ich mit dir dorthin gefahren, hätten wir die Suche vielleicht gemeinsam zu Ende bringen können. Wir wären zur Sphinx gefahren, wo ihr als Kinder mit Eimern im Sand gespielt habt. Zu den Pyramiden, wo ihr auf Eseln geritten seid. Zu eurer alten Wohnung, auf deren Balkon eines der schönsten Kinderfotos von dir entstand: du, schüchtern lächelnd im marineblauen Jackett mit Goldknöpfchen, eine pfirsichfarbene Rose in der Hand. Ein Bild von einem Jungen.

Adam ist mit seiner Frau und seinem Sohn zumindest mal im Urlaub in Ägypten gewesen. Valentin war damals erst drei, unsere Herkunft hat ihn später so interessiert, dass er als Teenager eine Zeit lang einen Online-Arabischkurs belegt hat.

Aber auch Anouk ist nie zurückgekehrt. Als ich sie neulich fragte, warum, sagte sie: »Es hat mich nicht interessiert.« Im ersten Moment glaubte ich ihr nicht und vermutete, dass sie da irgendeine Sehnsucht nicht zuließe, so wie du lange Zeit. Oder sie wollte nicht zurück, weil sie mehr noch als du unbewusst den Krieg mit Kairo verbindet, den Kindergarten ohne Spielsachen.

»Nein«, sagte sie, »es zieht mich einfach nichts dorthin.«

Und wenn es tatsächlich so banal ist? Warum sollte man in ein Land reisen wollen, bloß weil der Vater dort zufällig geboren wurde, bloß weil man selbst ein paar Jahre dort verbracht hat? Dieses Beschäftigen mit der Identität, sollte das am Ende völlig überbewertet sein? Mache ich mich damit zur Gefangenen meiner Herkunft, und Anouk ist wahrhaft frei?

Es ist später Nachmittag, draußen schwindet das Licht. Du bist plötzlich wieder unruhiger, fährst dir mit den Händen durchs Haar, bewegst die Beine unter der Bettdecke. Ruth hat uns auch auf diese Phase vorbereitet, wir sollen aufpassen, dass du nicht aus dem Bett fällst.

Plötzlich öffnest du die Augen, schaust Anouk an, die neben dir sitzt, und schlägst die Decke zurück.

»Ich stehe jetzt auf«, sagst du.

»Das geht nicht«, antwortet sie.

»Warum nicht?«

»Du bist zu schwach.«

»Ach so«, sagst du, mehr nicht. Dann schließt du wieder die Augen, und wir decken dich zu.

Der Geruch von geschmolzenem Käse zieht durchs Haus, von Fett und Salz. Anouk hat gekocht, Kartoffelauflauf. Trauer macht hungrig. Wir setzen uns alle an den Tisch, ich komme mir vor wie beim letzten Abendmahl, nur dass du schon fehlst. Die Küchentür ist geschlossen, weil Ruth sagte, dass du jetzt im Sterben ein besonders feines Gehör hast, ein übersinnliches. Während wir kauen, trotz der Trauer das gute Essen loben, uns am Leben festhalten, stelle ich mir vor, wie du den Sog schon spürst, dich bereit machst für deine Reise durch Raum und Zeit.

Nach dem Essen lege ich mich neben dich, schiebe meine Hand unter deine. Ich sehe mir deine Zehen an, die unter der Bettdecke hervorschauen. Dass ich mich einmal so für deine Zehen begeistern würde, hätte ich nicht gedacht. Alles an dir ist jetzt kostbar. Mir fällt auf, wie ähnlich meine Füße den deinen sind, wir haben diesen gleichen seitlichen Knubbel am großen Zeh. Es beruhigt mich, dass ich das entdeckt habe, denn so werde ich etwas von dir immer bei mir tragen.

Ich habe nie mit dir über den Tod geredet. Nur einmal,

eher zufällig, vor vier Wochen, als ich dich zum ersten Mal im Krankenhaus besuchte. Ich trat ans Fenster im vierten Stock und sah über die Felder am Stadtrand, dahinter ragte die Glaskuppel der Erdinger Therme in den Himmel. »Schöner Blick von hier oben«, sagte ich zu dir.

»Ja, ganz schön«, sagtest du mit einem eigenartig verrutschten Lächeln. »Auf den Friedhof.«

Tatsächlich, er lag direkt vor der Therme, ich hatte ihn nicht bemerkt.

Ich horche auf deinen Atem. Immer öfter setzt er jetzt aus. »Er wird die Nacht vielleicht nicht überleben«, hat Anouk vorhin gesagt.

Aber noch ist erst Abend.

Ankommen

Schwarze Zöpfe

Vor mir liegt ein alter dunkelgrüner Pass mit einem goldenen Adler und arabischen Schriftzeichen darauf. Innen klebt ein Foto von mir, auf dem ich etwa ein Jahr alt bin, daneben steht mein Name auf Arabisch. Ich fand diesen Pass vor einigen Jahren zufällig in einer Schublade im Haus unserer Eltern. Es war ein eigenartiges Gefühl, ihn in den Händen zu halten. Ich hatte nicht gewusst, dass auch ich bis zu meinem dritten Lebensjahr Ägypterin war.

Der alte Pass gehört zu mir, aber er kommt mir bis heute seltsam fremd vor, wie ein unentdeckter Teil meiner eigenen Person. Wir haben in der Familie nie darüber geredet, offenbar fand diesen Pass niemand wichtig. Erstaunlicherweise war ich nach dem Fund aber nicht mehr dieselbe, sondern fühlte mich Deutschland ein wenig entrückt: Ich sah nicht nur anders aus als die meisten hier – ich war zu Beginn meines Lebens noch nicht einmal Deutsche gewesen.

Kurz nach dem Fund ging ich zum Einwohnermeldeamt in der Münchner Rupprechtstraße, um herauszufinden, ob ich noch eine ägyptische Staatsbürgerschaft habe. Die Mitarbeiterin tippte eine Weile in ihrem Computer herum, dann sagte sie: »Ja, Sie sind deutsch und ägyptisch.«

Vielleicht war der Eintrag nur versehentlich nicht gelöscht worden, denn Papa hatte seine ägyptische Staatsbürgerschaft abgeben müssen, als er Deutscher wurde. Ich hingegen könnte einen ägyptischen Pass beantragen. Allein die Vorstellung, noch einen zweiten Pass zu haben, nicht nur auf ein Land angewiesen zu sein, finde ich beruhigend. Das hat nicht nur mit der deutschen Geschichte zu tun, sondern auch mit dem dicken Abschiebe-Ordner, der bis heute bei unseren Eltern im Regal steht. Hunderte amtliche Schreibmaschinenseiten sind darin abgeheftet, Bescheide, Widersprüche, Aufforderungen, das Land zu verlassen. Mit Ausnahme von Mama war die ganze Familie bis kurz vor meiner Geburt von der Abschiebung bedroht. Sobald ich diesen Schicksalsordner der Jahre 1968 bis 1971 hervorziehe, die Staubschicht wegpuste und zu blättern beginne, bin ich mittendrin in der Zeit, als ihr auf gepackten Koffern saßt.

Bei der Ankunft in München hatte Amir die Einladung seines ehemaligen Doktorvaters in der Tasche und ein dreimonatiges Touristenvisum im Pass. Die Familie ging durch die große Ankunftshalle des Hauptbahnhofs, die Tauben flatterten durch die Glaskuppel, die Kinder waren aufgekratzt von der Zugfahrt über die Alpen und dem Schnee, den sie hoch oben auf den Gipfeln gesehen hatten. Amir konnte den Gepäckwagen mit den vielen Koffern kaum schieben, aber das störte ihn nicht, er und Maria waren einfach nur glücklich, dass sie ohne Probleme aus Kairo herausgekommen waren.

In der Stollbergstraße schloss Elisabeth alle fest in die Arme. Sie hatte die Zimmer vorbereitet, die Kinderbetten aufgestellt und ein paar Bilderbücher und Spielsachen gekauft. Während die Kinder ihre neuen Matchbox-Autos durch die Wohnung schoben, nahm Maria ihre Mutter zur Seite.

»Wir werden versuchen, in München zu bleiben«, sagte sie zu Elisabeth.

Die sah sie erst überrascht an, dann lächelte sie: »Da fällt mir ja ein Stein vom Herzen!«

Der Sommer verging mit Verwandtschaftsbesuchen, Ausflügen in die Berge und in den Englischen Garten. Dann kam Adam in die erste Klasse, Elisabeth hatte ihm für den Tag eine rote Schultüte mit einem Sandmännchen darauf gekauft, Onkel Korbinian mit seiner Familie war dabei, auch Marias Freundin Hildegard, die ihr Flugticket nach Kairo bezahlt hatte, feierte mit.

Niemand vermisste Ägypten. Doch Mitte Oktober lief Amirs Touristenvisum aus. Zusammen mit Maria ging er zum Amt für öffentliche Ordnung in der Ettstraße, dieses trutzige grüne Gebäude mit den zwei steinernen Löwen davor. Die beiden glaubten, die Verlängerung des Visums wäre nur eine Formalie, da der Forschungsauftrag an der TU auf mindestens ein Jahr verlängert worden war.

Im Dienstzimmer blätterte ein Polizist durch Amirs Pass, das Wappen mit dem Münchner Kindl auf dem Ärmel seiner Uniform. »Des is ja a Touristenvisum, des kemma ned verlängern.« Papa müsse zurück nach Ägypten, sagte der Polizist.

Auf Marias Frage, wie er sich das vorstelle, ihr Mann müsse doch an der TU sein Forschungsprojekt beenden, und sowieso sei sie doch Deutsche, zwei der Kinder seien hier geboren, sagte der Polizist: »Sie kennan ja mit Ihrem Mann nach Ägypten ziehen.«

Maria redete auf den Beamten ein. Am Ende gab er Papa drei weitere Monate, danach müsse er aber wirklich ausreisen. Und mit ihm die Kinder, die ja ebenfalls Ägypter seien. Die deutsche Staatsbürgerschaft der Mutter nützte damals nichts. Nur wenn der Vater Deutscher war, waren es auch die Kinder.

Nun begann die Papierschlacht mit den Behörden. Nach drei Monaten stellte Amir einen Antrag auf Verlängerung der Aufenthaltserlaubnis, der wurde abgelehnt und Amir aufgefordert, das Land zu verlassen. Er legte Widerspruch ein, die TU schrieb einen Brief, dass sie ihn am Institut brauchten, dann bekam er wieder eine Verlängerung. So ging das alle drei Monate. Er wusste nie, ob die Polizei ihn nicht doch irgendwann abschieben würde.

Maria lag jetzt fast jede Nacht wach im Bett und überlegte, was sie tun konnten. Nach Kairo zurück, wo der nächste Krieg bevorstand und Papa so wenig verdiente, wollten sie beide auf keinen Fall.

Amir bewarb sich auf Stellen in den USA und Kanada, für die er nach ein paar Wochen tatsächlich Zusagen erhielt, auch Green Cards bekam er für beide Länder. Eine der angebotenen Stellen war in Saskatchewan, einer ländlichen Gegend Kanadas, in der noch Büffel in den Weiten der Prärie grasten, eine andere im Mittleren Westen der USA. Aber wie sollten sie diese Auswanderung finanzieren? Der Umzug würde viele Tausend Mark kosten, Geld, das sie gar nicht hatten, Amir verdiente ja nur neunhundert Mark im Monat.

Sie versuchten ihre Sorgen vor den Kindern nicht zu zeigen. Aber zumindest Adam muss die Gespräche der Eltern mitbekommen haben. Eines Nachmittags rief seine Lehrerin aus der Herrnschule in der Stollbergstraße an und erkundigte sich, was mit dem Jungen los sei. Er mache kaum mehr mit im Unterricht und habe allen erzählt, er käme sowieso bald nicht mehr, weil er als Trapper nach Kanada ginge.

Im Sommer 1971, ich war damals schon in Mamas Bauch, lag wieder ein Schreiben vom Amt für öffentliche Ordnung im Briefkasten. Es ist das letzte im Abschiebe-Ordner. Im Betreff steht: Versagung der Aufenthaltserlaubnis. »Ihr Antrag auf Verlängerung Ihrer Aufenthaltserlaubnis wird abgelehnt. Sie sind somit verpflichtet, das Bundesgebiet in den nächsten zwei Wochen zu verlassen.«

Auf der Polizeistation in der Ettstraße drohte ein Beamter Amir, dass man ihn zu Hause abholen und endgültig ins Flugzeug nach Kairo setzen werde, falls er bis dahin nicht freiwillig ausreise.

In der folgenden Nacht träumte Maria von einem riesigen Bären, der sie mit weit aufgerissenem Maul jagte, und als sie schließlich Schutz in einer Hütte fand, krachte das Dach über ihr zusammen.

Am nächsten Morgen hatte sie einen Termin bei ihrer langjährigen Hausärztin Dr. Gabor, die sofort sah, wie schlecht es Maria ging. Dr. Gabor hatte ihre Praxis am Odeonsplatz, gleich neben dem Bayerischen Innenministerium, einige ihrer Patienten arbeiteten dort. Einen von ihnen, den Ministerialrat Sebastian Oberhofer, rief sie noch am selben Tag an und bat ihn, nach Dienstschluss kurz in der Praxis vorbeizukommen. Sie drückte ihm eine Flasche Cognac in die Hand und erzählte ihm von Amirs Abschiebung. Es sei doch unmöglich, was da geschehe. Ob der Ministerialrat nicht eine Idee habe, was man unternehmen könne?

Die hatte er.

Frau Dr. Gabor überwies Maria an einen Kollegen, der ihre Tropentauglichkeit testen sollte.

Tatsächlich fand der Arzt eine Herzanomalie infolge der Hepatitis. Nichts Gefährliches, aber ausreichend, um zu attestieren, dass ihr ein Leben in Ägypten nicht zuzumuten war.

Nun rief Sebastian Oberhofer, der für Aufenthaltsangelegenheiten eigentlich gar nicht zuständig war, bei der Polizei an. Das mit dem Herrn Dr. Wahba gehe in Ordnung, soll er gesagt haben, man möge ihm den Aufenthalt verlängern.

Ein paar Tage später ging Amir wieder in die Ettstraße, wo gerade eine junge Polizistin Dienst hatte. Sie gab ihm einen neuen Aufenthaltstitel, völlig unerwartet sogar für zwei Jahre.

So kam ich durch die Hilfe des Ministerialrats Oberhofer

in München zur Welt – und nicht in Kairo oder Saskatchewan.

Erinnerst du dich noch daran, dass Mama mich für die Olympischen Spiele 1972 in einen Strampelanzug mit den fünf Ringen darauf steckte, wenn sie mich im Münchner Olympiapark spazieren fuhr? Ich war gerade drei Monate alt, und das ganze Land hatte darauf gewartet, der Welt endlich mal seine Schokoladenseite zu zeigen. Das neue, das tolerante Deutschland sollte präsentiert werden, das nichts mehr mit dem Nazi-Reich zu tun hatte, in dem die Spiele 1936 ausgerichtet worden waren und das sich im Propagandafilm *Triumph des Willens* gefeiert hatte.

Nun also ein Triumph des *guten* Willens. Neben dem Strampelanzug hatte es Mama sogar geschafft, Karten für ein Volleyballspiel zu ergattern, das ich allerdings komplett verschlief.

Und dann kam der 5. September, den du wahrscheinlich mit den Eltern am Fernseher verfolgt hast, auch wenn du mit deinen acht Jahren noch nicht genau verstehen konntest, was da eigentlich passierte: Ein palästinensisches Terrorkommando, von deutschen Neonazis unterstützt, hatte das Wohnquartier des israelischen Teams im Olympiadorf überfallen und elf Geiseln genommen. Der Befreiungsversuch der Polizei ging derart schief, dass alle Geiseln starben.

Auch ich kenne die Bilder von damals mittlerweile gut: der Terrorist mit der Sturmmaske auf dem Balkon im Olympiadorf. Innenminister Genscher, wie er mit einem der Terroristen verhandelt, und sich vergeblich als Geisel anbietet. Die deutschen Polizisten, als Sportler in Adidas-Anzügen getarnt, beim Versuch, zu den gefangenen Israelis vorzudringen. Die Porträtbilder der elf toten Sportler. Ich habe mir Dokus und

Spielfilme darüber angesehen, sogar in Israel die Tochter des damaligen Mossad-Chefs interviewt. Was sich nicht weit von der Stollbergstraße entfernt abspielte, während ich im Olympia-Strampelanzug in der Wiege lag, hat mich später lange beschäftigt.

Im März 1973 verließen wir die Stollbergstraße und zogen nach Erding, mit vier Kindern war es dann doch zu eng geworden in der Wohnung. Für unsere Eltern muss der Umzug ins Eigenheim ein großer Moment gewesen sein, nach Länderwechseln und Auswanderungsplänen waren sie endlich angekommen. Und das an dem Ort, an dem Oma Elisabeth ins Internat gegangen war. Zur Erinnerung daran ließ Mama die Stickarbeit einrahmen, die Oma 1909 im Handarbeitsunterricht angefertigt hatte, und hängte sie ins neue Wohnzimmer. Ihr Älteren würdet nun jeden Tag durch den Stadtpark zur Schule laufen, in dem sechs Jahrzehnte zuvor die kleine Elisabeth spaziert war.

Und wir wohnten nicht weit von Steinkirchen, dem Dorf, mit dem Mama ihre schönsten Kindheitserinnerungen verband. Bald nach dem Einzug nahm sie uns zum Antrittsbesuch bei der inzwischen weißhaarigen Tante Lisi mit, die uns mit Schuxen bewirtete und uns fürs neue Haus ihre Vitrine aus Kirschholz und die Biedermeierstühle schenkte.

Von den ersten Tagen in Erding gibt es ein Bild, auf dem unsere Eltern lächelnd mit uns im Garten des Reihenhauses stehen. Mama trägt eine schneeweiße Pelzhaube, die in ihrer Auffälligkeit allerdings noch von der Kopfbedeckung unseres Vaters übertroffen wird: einer schwarzen, spitz zulaufenden Lammfellkappe, wie sie der Diktator Ceaușescu manchmal trug. Hollywood meets Bukarest.

Mittlerweile war klar, dass wir alle bleiben durften. Unter Willy Brandt bekamen ausländische Ehepartner von deutschen Staatsbürgern ein dauerhaftes Aufenthaltsrecht, und die Kinder deutscher Mütter konnten ebenfalls Deutsche werden.

Einen Tag vor meinem dritten Geburtstag, am 16. Mai 1975, erwarb ich »die deutsche Staatsangehörigkeit durch Erklärung«. Mein Deutschtum dokumentiert seither eine hellgrüne Urkunde mit dem Bundesadler darauf, auch sie ist im blauen Ordner einsortiert, gleich hinter deiner Geburtsurkunde.

Anfangs muss unsere Familie in der Reihenhaussiedlung eine kleine Attraktion gewesen sein. Abgesehen von drei Amerikanern, die mit deutschen Frauen verheiratet waren, wohnten dort ausnahmslos Deutsche. Unser Vater mit seiner dunklen Haut fiel auf, und dann erst wir Kinder: Wir hatten pechschwarzes Haar, wir waren viele, und wir waren laut. So laut, dass schon nach wenigen Tagen Frau Puck, unsere Nachbarin von rechts, zum ersten Mal klingelte. Die blonde Frau, Zornesfalte auf der Stirn, beschwerte sich, wir würden beim Treppensteigen zu sehr trampeln. Und die Kleine – also ich – schreie immer so viel herum. Ihr Mann arbeite im Schichtdienst am Flughafen, er müsse tagsüber schlafen.

Tatsächlich wird er es damit schwer gehabt haben, die Wände waren dünn, mein Kinderzimmer lag neben dem Schlafzimmer der Pucks.

Für unsere Mutter begann ein Albtraum. Aus Angst, Frau Puck könnte wieder bei uns klingeln, ermahnte sie uns ständig. Aber es half alles nichts. Frau Puck kam nahezu täglich und schimpfte, irgendwann ging sie dazu über, gegen die Wand zu hämmern. Für sie waren wir Asoziale, eine Horde Wilder, nicht ganz normal und gänzlich anders als ihre Tochter Sabine, die manchmal im Garten mit ihrer Puppe spielte, allein und stumm. Niemand hier hatte mehr als ein oder zwei, allerhöchstens drei Kinder.

Zum Glück zogen die Pucks nach wenigen Jahren aus. Und es gab noch einen späten Triumph für unsere Mutter, von dem sie dir bestimmt auch erzählt hat: Kurz nachdem die Familie ausgezogen war, wurde Frau Puck beim Stehlen im Kaufhaus Kainz erwischt – was sich in der Kleinstadt schnell herumsprach. So normal, wie sie immer tat, war sie also nicht.

Überhaupt kommt mir im Rückblick vieles, was damals als normal galt, ziemlich irre vor. Allein die Architektur unserer Reihenhaussiedlung, diese Riegel aus einförmigen Häusern, überall die gleichen Türen aus metalldurchwirktem Glas, um jeden Vorgarten die gleiche stachelige Hecke aus Blutberberitze, von der ich früher glaubte, sie hieße so, weil ich an verschiedenen Stellen hineingefallen war und mir jedes Mal die Haut böse aufgekratzt hatte. Zur besseren Orientierung waren die Häuserriegel in unterschiedlichen Pastellfarben gestrichen: Unser Block war rot, die anderen grün, gelb und blau. Aber auch so täuschte ich mich manchmal in der Reihe. Es war ein Labyrinth der Gleichartigkeit.

Bei meinem ersten Streifzug allein durch die Siedlung war ich eurer Erzählung nach erst zwei Jahre alt. Nachdem Mama mich gegen halb acht Uhr ins Bett gebracht und Papa mir Gute Nacht gesagt hatte, gingen sie meist wieder hinunter ins Wohnzimmer, wo der Rest der Familie zusammensaß. Ich kann mich an diesen Abend nicht erinnern, aber an die Langeweile erinnere ich mich, als Einzige schon oben im Bett zu liegen, während alle anderen *Der große Preis* oder *Dalli, Dalli* guckten. Von unten drangen eure Stimmen nach oben, draußen wird es noch hell gewesen sein, die Vögel zwitscherten, also griff ich mir mein kleines Kissen, ging die Treppen hinunter und zur Haustür hinaus.

Mama muss einen unfassbaren Schreck bekommen haben, als sie später nach oben kam und feststellte, dass das Bett leer war. Ihr habt dann schnell die geöffnete Haustür bemerkt und seid ausgeschwärmt, die Eltern zu Fuß, ihr Geschwister auf euren Rädern, und habt nach mir gesucht. Ihr fandet mich am Ende der Siedlung, vor dem Haus von Dr. Fröhlich, kurz bevor es auf die große Straße geht.

Meine früheste bildhafte Erinnerung ist ein wiederkehrender Traum, den ich mit drei oder vier Jahren hatte. Darin saß ich allein auf der Rückbank unseres damaligen Autos, eines grasgrünen VW Variant. Der Fahrersitz war leer, dafür dirigierte ich den Wagen von hinten, und er rollte, wohin ich es ihm befahl. Meist wollte ich nach Amerika. Angekommen bin ich allerdings nie, weil ich vorher wach wurde.

Unsere Siedlung war ein großer Spielplatz für mich. Am Nachmittag ging ich zur Gartentür hinaus und traf die anderen Kinder. Ich erinnere mich an das Gefühl von warmem Asphalt unter nackten Füßen, an die Süße der Mirabellen, die wir uns von den Bäumen pflückten, und an das Brennen auf der Haut, wenn mich beim Völkerball im Garagenhof jemand abwarf.

Weil uns in der Siedlung alle kannten, hatte ich nicht so sehr das Gefühl, anders zu sein, sondern eher besonders. »Mei, so scheene schwarze Haar«, sagte unsere Nachbarin von links, Frau Schmidt, wenn sie mich sah, und strich mir über den Kopf. Aber es gab auch Frau Woschek, die unsere Mutter fragte, warum sie mir so oft lange Blumenkleider anziehe, ich sähe darin ja aus wie eine »Zigeunerin«. Meine Mutter erklärte ihr daraufhin, dass ich mir die Kleidchen selbst aussuchte. Tatsächlich hätte ich mich am liebsten jeden Tag so angezogen, vor allem ein Kleid mochte ich, es ging bis zu meinen Fußspitzen, war mit großen weißroten Blumen bedruckt und hatte Rüschen an Saum und Ärmeln.

Der Spruch von Frau Woschek wird sicher nicht spurlos an unserer Mutter vorübergegangen sein. Auch wenn sie das nie direkt sagte, war es ihr wichtig, dass wir Kinder einigermaßen ordentlich aussahen, weil wir ohnehin schon auffielen. Ungekämmte Haare fand sie an mir gar nicht gut, was in allmorgendliche Kämpfe ausartete, bei denen ich in mein Zimmer lief und sie mir mit der Bürste hinterherrannte. »Du siehst aus, als wärst du vom Zirkuswagen heruntergefallen!«, rief sie dann. In der dritten Klasse ließ sie mir die Haare abschneiden, weil sie des Kämmens überdrüssig war. Mich hat das nicht gestört. Aber ihr muss es im Nachhinein doch leidgetan haben: Sie flocht den abgeschnittenen Zopf, band oben und unten eine rote Schleife darum und hob ihn in einer durchsichtigen Schachtel auf wie eine Reliquie. Immer wenn ich ihn sehe, denke ich an Schneewittchen im gläsernen Sarg.

Ich weiß nicht, wie du es empfunden hast, aber Mama tat andererseits sehr viel dafür, dass wir uns besonders fühlen konnten. Sie verkaufte uns unser Aussehen als Errungenschaft. »Ich hätte was darum gegeben, so feste, dunkle Haare zu haben!«, sagte sie oft zu mir. Ich habe Locken wie du, aber Anouk sah als Kind wirklich sehr ungewöhnlich aus mit ihrem exakt geschnittenen Pagenkopf, auf dem sich das Licht spiegelte wie auf einem frisch polierten Helm.

In unserer Siedlung gab es nur ein einziges Kind, das uns ähnelte: Bernhard. Er war so alt wie ich, und weil wir zwei dunkle Kinder inmitten von lauter hellen waren, schlossen wir uns zusammen und wurden beste Freunde. Bernhards Vater war Amerikaner, seine Mutter Deutsche, er war aber nicht aus dem Bauch seiner Mutter herausgekommen, wie er mir einmal eröffnet hatte, sondern von Mexikanern adoptiert worden.

Wir verbrachten unsere Nachmittage damit, »Indianer« zu spielen, wie wir damals sagten. Er war Winnetou und ich Ribanna. Wenn es warm genug war, lief Bernhard mit nichts als seinem braunen Lendenschurz im Garten herum. Dass man seinen nackten Po sah, war ihm egal. Mir auch, schließlich waren wir Apachen. Seine Eltern hatten ihm ein Tipi gekauft, darin saßen wir im Schneidersitz, steckten uns einen Ast in den Mund und taten so, als rauchten wir Friedenspfeife.

Wir wären nie auf die Idee gekommen, Cowboy zu spielen. Die Bleichgesichter waren unsere Feinde. Deshalb blieben wir bei diesen Spielen auch unter uns, die Nachbarskinder wären höchstens am Marterpfahl gelandet.

Einmal schlug Bernhard vor, wir sollten Blutsbrüder werden. Dass ich ein Mädchen war, spielte für ihn glücklicherweise keine Rolle. Bernhard klaute eine Nadel aus dem Nähzeug seiner Mutter und brachte sie mit ins Tipi. »Ein Indianer kennt keinen Schmerz«, sagte er, presste die Lippen aufeinander und pikste erst in seinen Zeigefinger und dann in meinen. Auch ich riss mich zusammen. Bei jedem von uns war ein kleiner Blutstropfen zu sehen. Wir pressten die Finger aneinander und waren stolz auf unsere Tapferkeit.

Wir fühlten uns wie Gesetzlose und benahmen uns auch so. Einmal klauten wir uns den Lippenstift von Bernhards Mutter und machten rote Kussmünder auf die Wand des Treppenhauses, die seine Mutter gerade neu gestrichen hatte. Beim Bohnenessen entdeckten wir, dass man die Samen aus den Schoten mit der Zunge herausholen kann und spuckten sie auf den Boden, bis die Küche damit übersät war.

Leider zog Bernhard noch während der Grundschule mit seinen Eltern nach Amerika. Wir waren beide traurig, aber fanden es auch aufregend, dass er nun wirklich ins Land der Apachen ging, zu seiner großen Freude hatten seine Eltern sogar ein Haus in Indianapolis gemietet. Wir schrieben uns noch ein paarmal. Bernhards Deutsch wurde nach kurzer Zeit allerdings immer schlechter, sodass ich kaum mehr verstand, was er mir mitteilen wollte. Irgendwann schlief der Kontakt ein.

Dank Bernhard hatte ich einen Gefährten, mit dem ich ein zufriedenes schwarzhaariges Mädchen sein konnte, anstatt wie andere darum zu trauern, dass aus ihnen niemals etwas Besonderes werden würde, weil ja alle Prinzessinnen, Feen und Märchenfiguren in den Büchern damals goldenes Haar hatten – mit Ausnahme von Schneewittchen.

Mit neunzehn, ich hatte gerade die Ausbildung an der Journalistenschule begonnen, musste ich wieder an die immer blonden Prinzessinnen denken. Ich hatte einem Kommilitonen erzählt, dass ich später gerne bei den Fernsehnachrichten arbeiten würde. »Ich will Miss Tagesthemen werden«, sagte ich halb im Spaß. Da entgegnete er nur trocken: »Dazu müsstest du aber blond sein.« Ich hatte nie darauf geachtet, aber es stimmte tatsächlich: Die Moderatorinnen waren alle blond.

Ich fand es als Kind manchmal eigenartig, dass ich so anders aussah als meine Mutter mit ihren graublauen Augen und ihrer Haut, die am Bauch so unnatürlich weiß war, dass sie mir wie ein ätherisches Wesen vorkam. Es ist auch heute noch so: Wenn ich in den Spiegel schaue, entdeckte ich nichts von ihr an mir. Papas Gene waren einfach dominanter. Aber es gibt ja auch euch drei Geschwister, und ihr seht so aus wie ich, das hat vieles einfacher gemacht.

In unserem Quartett nahm jeder seinen Platz ein. Adam,

der Älteste, hatte am meisten Geduld mit mir. Wenn Anouk mich nicht in ihr Zimmer ließ, oder du meine Puppe in eine Ecke gepfeffert hattest, bin ich zu ihm gelaufen und habe gepetzt. Bei Mama setzte er sich dafür ein, dass ich länger wach bleiben durfte, wenn ich abends nicht ins Bett wollte. Nur einmal, ich muss fünf oder sechs gewesen sein, wurde er richtig wütend. Ich war an seinen Schreibtisch gegangen und hatte mit schwarzem Filzstift Kreise auf seinen Bibliotheksausweis gemalt. Genau da kam er ins Zimmer, schrie herum, wie ich ihn noch nie erlebt hatte, und warf mich hinaus. Ich war tief getroffen.

Für Anouk war ich oft einfach die nervige kleine Schwester, die immer dann an die Tür klopfte, wenn sie gerade Besuch hatte. Einmal ließ sie sich dazu herab, mich zum Eislaufen mit ihren Freunden mitzunehmen, ich konnte mein Glück kaum fassen, als sie mich an der Hand nahm und mit mir über die Eisfläche flog.

Du und ich, wir haben uns oft gegenseitig geärgert, wir wohnten ja auch am längsten zusammen, weil du erst Jahre nach den anderen ausgezogen bist, mit siebenundzwanzig, glaube ich.

»Du warst gar nicht geplant«, sagtest du einmal zu mir. »Mama ist nur aus Versehen schwanger geworden.« Ich rächte mich, indem ich Papa petzte, dass du eine Fünf in der Physikarbeit hattest.

Aber ich erlebte auch wunderschöne Großer-Bruder-Momente. Den Geschwindigkeitsrausch, wenn du mich auf deinem Mofa mitnahmst: Ich stellte mich vor dich aufs Trittbrett wie eine Galionsfigur, du gabst Gas, und der Wind blies mir mit fünfzig km/h ins Gesicht. Die Aufregung wie an Weihnachten, wenn wir in deinem Fotolabor im Hobbykeller bei Rotlicht zusammenstanden und zusahen, wie sich im

Entwicklerbad langsam ein Bild auf dem Papier abzeichnete. Das Gruseln, wenn ich bei dir im Zimmer schlafen durfte, es stockdunkel war und du Frank Zanders Single »Ich bin der Ururenkel von Frankenstein« aufgelegt hast.

Ein Jahr lang gingen wir auch noch auf dieselbe Schule, du in die dreizehnte Klasse, ich in die fünfte. Morgens fuhren wir zusammen mit dem Rad durch den Stadtpark, und in der Pause hast du mir manchmal Geld gegeben, damit ich mir am Kiosk eine Quarktasche kaufen konnte. Dank dir fühlte ich mich gleich aufgehoben in dieser neuen Schule. Wenn mich einer der Jungs ärgerte, mir auf dem Pausenhof die Mütze vom Kopf zog und damit wegrannte, schrie ich ihm den Zaubersatz hinterher: »Ich hole meinen großen Bruder.« Schon gab er sie mir zurück und verdrückte sich. Noch mehr konnte ich allerdings im Freibad mit dir angeben, wo du einige Sommer als Bademeister gejobbt hast und sogar die Macht hattest, Hausverbote zu erteilen. Niemand traute sich, mich gegen meinen Willen ins Wasser zu werfen.

Unsere äußerliche Andersartigkeit machten wir wett, indem wir uns innerlich mehr mit Deutschland identifizierten als mit Ägypten. Papa konnte nach der Flucht aus seiner Heimat ja vorerst nicht mal zu Besuch zurück, und Verwandte aus Kairo waren auch nicht allzu oft da. Was mich aber faszinierte, waren die Papyrusbilder im Flur unseres Hauses, weil die Pharaonen darauf so verdreht dastanden: Kopf und Beine nach vorne, der Oberkörper seitlich verschraubt. So konnte doch niemand laufen. Und es gab Nili, ein Nilpferd aus graugrünem Samt, das mich mit Ägypten verband. Ohne Nili schlief ich nicht ein.

In unserem Haus gibt es noch ein anderes, viel kleineres Nilpferd, das Mama im Ägyptischen Museum in München gekauft hat: Es ist aus braunem Ton und steht in der Vitrine neben der Riegelhaube unserer Ur-Ur-Großmutter Amalie, auf seinem Rücken trägt das Nilpferd eine Decke in den bayerischen Farben. Es hat sich genauso hervorragend integriert wie wir.

Intensiver wurde meine Beziehung zu Ägypten, als unsere Eltern mich 1981 in die Tutanchamun-Ausstellung mitnahmen, die im *Haus der Kunst* gezeigt wurde. Wir mussten in einer langen Schlange vor dem Eingang warten, bis wir hineingelassen wurden und die goldene Totenmaske bewundern durften. In Berlin und Köln, wo die Sammlung zuvor gastiert hatte, war es nicht anders gewesen, sie wurde zur meistbesuchten Kunstausstellung der deutschen Geschichte. Ich war damals acht und entwickelte daraufhin einen romantischen Nationalstolz. Wochenlang holte ich mir, wenn ich von der Schule heimkam, als Erstes den Katalog aus dem Regal und sah mir die goldene Maske des Pharaos an. Ich war fasziniert von seinen blau umrandeten Augen und den vielen mystischen Gestalten, die sein Grab bewachten, von Anubis, der auf seinem Sarkophagdeckel lag, von den Hyänen- und Katzenfiguren, die man in der Gruft gefunden hatte. Begeistert von all diesen Kunstschätzen wollte ich unbedingt Archäologin werden.

Ägyptische Gegenwart erlebte ich nur ab und zu bei Papas koptischen Bekannten. Weil die Kopten in München damals noch keine eigene Kirche hatten, fanden die Gottesdienste in einem Gemeinschaftsraum des St.-Pauls-Kollegs statt, wo Papa als Student gewohnt hatte. Er ging jeden zweiten Sonntag dorthin, unter uns Kindern waren die koptischen Messen allerdings gefürchtet, weil sie drei Stunden dauerten. Ihr Älteren konntet euch erfolgreich drücken, aber ich als Jüngste musste Mama begleiten, wenn sie ab und zu mitging. Die Ministranten nebelten den Raum so mit Weihrauch ein, dass ich meine Hand kaum vor Augen sah, und während der langen Predigten und monotonen koptischen Gesänge einfach wegdämmerte. Wurde ich dann irgendwann wieder wach, hielt mich nichts mehr auf dem Stuhl, und ich rannte im Überschwang durch die Flure des Kollegs. Einmal knallte ich dabei eine Glastür so heftig zu, dass sie einen Sprung bekam.

Das Einzige, was mir gut gefiel am koptischen Gottesdienst, war die Kommunion. Denn in der koptischen Kirche trinkt nicht nur der Priester Wein, sondern alle Anwesenden, sogar die Babys. Obwohl mir der Priester ein wenig Angst machte, weil man hinter dem dichten schwarzen Bart sein Gesicht kaum sah und er auch sonst ganz in Schwarz gekleidet war, freute ich mich jedes Mal auf den süßen Messwein, den er den Kindern mit einem silbernen Löffel verabreichte. Nach der Messe aß man gemeinsam Foul, was alle hier zu lieben schienen, nur mir gefiel der Anblick des braunen Breis überhaupt nicht.

Tief tauchte ich in die ägyptische Welt während eines Osterwochenendes im koptischen Kloster Kröffelbach ein, das umgeben von Bäumen im Taunus liegt. Zum Kloster gehörten damals ein gutes Dutzend Hühner, die gackernd über den Hof liefen, und ein Gästehaus, in dem wir wohnten.

Vor dem Eingang fiel mir eine Ägypterin in Seidenbluse und mit dicken goldenen Armreifen auf. Sie hatte zwei kleine Mädchen in Rüschenkleidchen und mit Schleifen im Haar bei sich, und hinter ihnen ging ein Mädchen mit struppigen Haaren und langer, traditioneller Galabeya. Sie war vielleicht zwölf oder dreizehn Jahre alt.

»Wer ist das denn?«, fragte ich Mama.

»Das muss das Mädchen sein, das im Haushalt hilft«, sagte sie. So wie Souad, die bei Teta gewohnt hatte.

Später sah ich, wie sie die Mädchen beaufsichtigte, die auf dem Hof zwischen den Hühnern Fangen spielten. Ich ging zu ihr und wollte mit ihr reden, aber sie verstand natürlich kein Deutsch.

Am Nachmittag wurde Papa von ein paar Männern gefragt, ob er mit ihnen Hühner fürs Abendessen schlachten würde. Mit zwei anderen nahm er sich eines vor und trieb es in eine Scheune. Irgendwann hatten sie das wild mit den Flügeln schlagende Tier eingekreist, und Papa griff blitzschnell nach ihm, offenbar hatte er Erfahrung darin. Dann übergab er es an einen Mann mit einem großen Messer. Ich verließ schnell die Scheune und hielt mich beim Abendessen an Reis und Gemüse.

In unserem Erdinger Alltag bekamen wir von dieser ägyptischen Seite unseres Vaters kaum etwas mit. Im Gegenteil, er bemühte sich dazuzugehören. Papa wurde ja sogar zum Ersten Vorsitzenden des Siedlungsvereins gewählt und war viele Jahre lang Herr über die Grünanlagen und Garagenhöfe. Ich liebte das alljährliche Siedlungsfest, das er zusammen mit den anderen Vorsitzenden organisierte, weil wir Kinder da noch bei Dunkelheit herumstreifen durften, während die Erwachsenen auf Bierbänken zusammensaßen.

Die Autos wurden umgeparkt, und in den leeren Garagen wurden Buden eingerichtet. Beim Duft von Motoröl wurde Kaffee ausgeschenkt und Kuchen verkauft, wir Kinder spielten Dosenwerfen, und abends musizierte unser Nachbar Herr Obermeier mit seiner Zither. Der Höhepunkt war der Luftballonwettbewerb. Einmal gewann ich ihn, weil mein Ballon bis in die Tschechoslowakei flog und von Urlaubern aus der DDR gefunden wurde. Mein Gewinn war ein Dreißig-Mark-Gutschein von *Kainz*, dem Kaufhaus, in dem Frau Puck beim Klauen erwischt worden war.

Ein anderes Mal fuhren wir mit Nachbarn aus der Siedlung in die Berge zu einem Wanderwochenende, das Herr Obermeier organisiert hatte. Wir waren vielleicht zehn Familien, die zu einem Gästehaus am Spitzingsee aufbrachen. Papa hatte seine Wanderkleidung eingepackt – hellbraune Kniebundhose und weiß-rot kariertes Hemd, auch da passte er sich an. Dass dieses Wochenende in meiner Erinnerung eine gewisse Ähnlichkeit mit dem Wochenende in Kröffelbach hatte, lag am »Bunten Abend«, der mir recht exotisch vorkam, obwohl ich mich eigentlich in meinem eigenen Kulturkreis bewegte.

Herr Obermeier führte durchs Programm. Zunächst spielte er Zither und sang dazu. Zu seinem Repertoire gehörten Volkslieder wie »So ein Tag, so wunderschön wie heute« oder »Wer soll das bezahlen«. Der Höhepunkt war das »Kufsteinlied«. Dazu jodelte Herr Obermeier. Die meisten konnten den Text mitsingen, ich glaube, sogar unser Vater beherrschte ihn. Das Lied handelt von einem Urlaub in Kufstein, von einem »Madl« und einem »Weinderl aus Südtirol«. Dazu hakten sich alle bei ihrem Nachbarn ein und schunkelten. Ich war hin- und hergerissen zwischen Schauder und Faszination für diese Volkstümelei. Unsere Eltern ertrugen den Abend tapfer und machten ein freundliches Gesicht. Bis es an der Zeit für ein Partnerspiel war, bei dem alle Ehepaare mitmachen sollten.

Die Frauen wurden nach draußen in den Flur geschickt. Drinnen wurden Stühle in einer Reihe aufgestellt, auf die sich die Männer setzten und ihre Hosenbeine hochkrempelten. Die Frauen wurden nun der Reihe nach hereingeführt, mit verbundenen Augen. Sie sollten die nackten Waden der Männer befühlen und erraten, welche zu ihrem Ehemann gehörten.

Als unsere Mutter dran war, fasste sie die haarigen Beine der Männer nur vorsichtig an, als könnte sie sich daran verbrennen.

»Ned so zaghaft«, sagte Herr Obermeier, der alles überwachte. »Da muasst scho zuaglanga«, riet er.

Unser Vater saß starr da, den Mund zu einem Lachen gefroren. Ich litt mit meiner Mutter, die keinem unserer Nachbarn je so nah gekommen war. Am Ende erkannte sie die Waden unseres Vaters sogar, vermutlich weil sie etwas kürzer waren als die der meisten anwesenden Männer.

Recht bald nach dem Spiel verabschiedeten sich unsere Eltern, und wir gingen zusammen aufs Zimmer.

»Das ist ja so was von geschmacklos!«, rief Mama immer wieder, als wir unter uns waren.

Papa versuchte sie zu beruhigen. Für ihn hatten die Bayern eine Art Eingeborenenstatus, deshalb stand er dieser fremden Kultur etwas toleranter gegenüber.

In der Siedlung schätzte man ihn. Aber überall sonst in Erding, wo man ihn nicht kannte, war er der Ausländer. Ich erinnere mich, wie ich einmal mit Papa im Supermarkt war und er die Verkäuferin in seinem besten Deutsch nach einer Glühbirne fragte. Die Frau antwortete sehr langsam, jede Silbe betonend:

»Sie wollen Glühbirne mit sechzig Watt?«

»Genau«, antwortete unser Vater.

»Dann gehen da hinter, an Ende des Regals.«

In dem Moment kam unsere Mutter um die Ecke und fauchte die Verkäuferin an: »Sie können schon normal reden mit meinem Mann!«

Ich weiß nicht, ob es noch weitere solche Szenen gab, und wenn, dann wird unser Vater sie vermutlich verdrängt haben. Aber es hat mit diesem Vorfall im Supermarkt zu tun, dass seine Hautfarbe mir bis heute immer bewusst ist, wenn ich mit ihm unterwegs bin. Ich beobachte die Leute genau, denen wir begegnen, immer bereit, notfalls einzuschreiten.

Um mich selbst habe ich mir nie große Sorgen gemacht. Ich sehe ja nicht so eindeutig anders aus, gehe auch als Italienerin oder Spanierin durch. Für dich als Mann wird es manchmal schwieriger gewesen sein. Weil die Stereotype, die man mit Männern aus diesen Ländern verbindet, auch nicht gerade schmeichelhaft sind: Machos, Mafiosi, Kokain-Dealer. Erinnerst du dich an unsere Fahrt zu Anouk in die Schweiz vor ein paar Jahren? Du hattest damals dein quietschgelbes Mercedes-Cabriolet, trugst Dreitagebart und Sonnenbrille, und so fuhren wir auf die Grenze zu. Alle Autos vor uns wurden durchgewinkt, nur wir natürlich nicht. Der Polizist kontrollierte unsere Pässe, sah sich Rückbank und Kofferraum genau an. Er war sehr wortkarg, du hingegen warst überaus freundlich, hast dich wahrscheinlich insgeheim gefreut, dass du dem Grenzer dein teures Auto vorführen konntest.

Der Beamte hatte sein Misstrauen nicht ausgesprochen. Aber einmal zeigte mir ein Junge ganz direkt, dass ich anders war. Mit zwölf verbrachte ich die Winternachmittage meist mit meinen Schulfreunden im Eisstadion. Hin und wieder stieß jemand Neues zu uns, so wie Jens, der auf eine andere Schule ging. Er war etwas älter und rauer, wir hatten alle Respekt vor ihm, weil es hieß, er sei manchmal in Schlägereien mit anderen Jungs verwickelt.

»Woher kommst du eigentlich?«, fragte er mich.

»Was meinst du damit?«, fragte ich ihn. Ich wusste natürlich, worauf er hinauswollte, stellte mich aber naiv, weil ich die Frage so dumm fand. Er wusste ja, dass ich aus Erding kam.

»Du bist doch nicht aus Deutschland, oder?«

»Mein Vater kommt aus Ägypten«, sagte ich.

»Ah, da wo die Pyramiden stehen«, sagte er und gab sich interessiert. Er dachte kurz nach, dann sagte er: »Ich habe einen tollen Spitznamen für dich. Pyramidenfresserin.« So nannte er mich dann den ganzen Nachmittag.

Mit meinen Mitschülern hatte ich glücklicherweise keine Probleme. Nur einen gab es, der meinen Nachnamen lustig fand und mich »Wamba« nannte. Ohnehin ist mir unser Name etwas peinlich, weil er nach dem Wort »wabern« klingt. Herumwabern. Am allerschlimmsten finde ich es aber, wenn jemand, der es nicht kann, versucht, den Namen arabisch auszusprechen: »Wie sagt man das? Wach-ba?«

Mit den Lehrern war es schon etwas schwieriger als mit den Mitschülern. Einer nannte mich, nachdem er mich ein paarmal beim Schwätzen erwischt hatte, auf Bayerisch »schwarzer Deifi«. Und erinnerst du dich an Herrn Huber, diesen glatzköpfigen kleinen Mann, der auch im Schulhaus immer seinen beigen Anorak trug? Ich hatte ihn in der siebten Klasse in Deutsch, wobei er selten Unterricht nach Lehrplan machte, sondern über Ufo-Theorien sprach und die sexuelle Frühreife der Schülerinnen und Schüler anprangerte. Später zeigten die Eltern einer Klassenkameradin ihn an, weil er mit ihrer zwölfjährigen Tochter gewettet hatte, dass sie spätestens mit sechzehn keine Jungfrau mehr sein würde.

In meinem Fall ging es aber um etwas anderes, um das Dritte Reich und die Rassenideologie der Nazis. Herr Huber erklärte uns, dass nicht nur Juden von den Nazis verfolgt worden waren, sondern auch andere Menschen.

»Du mit deinen schwarzen Haaren wärst auch ins KZ gekommen«, sagte er zu mir.

Als ihm klar wurde, wie sehr er mich beleidigt hatte, schob er schnell hinterher: »Meine Frau hat auch schwarze Haare.«

Ich habe mich selten so als Außenseiterin gefühlt wie in diesem Moment.

Der GAU

Wir beide haben darüber nie geredet, aber nach deiner Diagnose dachte ich gleich zurück an die Tage im Frühjahr 1986, als in Tschernobyl der Reaktor explodierte und bei uns die Angst umging. Krebs hatte bisher niemand in unserer direkten Familie gehabt, und auch wenn es jetzt keine Rolle mehr spielt, frage ich mich doch, ob deine Erkrankung irgendetwas mit jenen Tagen zu tun haben könnte.

Am 28. April 1986, einem Montag, saßen wir abends alle zusammen vor dem Fernseher, wie immer um 20 Uhr lief bei uns die Tagesschau. Erinnerst du dich, wie Papa immer sein scharfes »Horch!« zischte, wenn einer von uns dazwischenquatschte? Aber an diesem Abend waren wir alle still.

»In der Sowjetunion hat sich offenbar ein ernst zu nehmender Atomunfall ereignet«, sagte der Sprecher, dessen Brillengestell aussah, als trüge er zwei Monitore auf der Nase. Was genau geschehen war, wusste niemand, nur dass in Schweden und Finnland erhöhte Radioaktivität gemessen worden war. Eine unsichtbare Gefahr war offenbar auf dem Weg zu uns.

Papa, der seit vielen Jahren in der Gesellschaft für Reaktorsicherheit arbeitete, war gerade von einer Konferenz in Japan zurückgekommen, wo er einen Vortrag über den Unfall im amerikanischen Harrisburg gehalten hatte. Dort war 1979 der Reaktor ein paar Tage lang außer Kontrolle geraten, und Papa hatte den Unfall danach mit einer Gruppe westlicher Wissenschaftler in Idaho simuliert, um die Sicherheitssysteme zu verbessern. Mit Osteuropa gab es allerdings keine Zusammenarbeit.

Auch am nächsten Abend saßen wir gebannt vor dem Fernseher, nun wusste man mehr: Dass in Tschernobyl drei Tage zuvor ein Reaktor explodiert war, Menschen gestorben waren, die Ortschaften rund um das Kernkraftwerk gerade evakuiert wurden. Es war die Rede von einem GAU, dem größten anzunehmenden Unfall.

»Auf dem Rückweg von Japan haben wir unten am Boden einen riesigen Brand gesehen«, sagte Papa. »Das könnte Tschernobyl gewesen sein.«

»Das habt ihr vom Flugzeug gesehen?«, fragte Mama ungläubig.

Papa holte den Atlas aus dem Buchregal und rief seinen Kollegen an, der neben ihm im Flugzeug gesessen hatte. Sie unterhielten sich über die Route und rekonstruierten, dass der Brand tatsächlich der Reaktor von Tschernobyl gewesen sein musste. Ihre Arbeit der letzten Jahre war dort unten in Flammen aufgegangen. Später am Abend sahen wir noch Papas Chef im Fernsehen, der sagte, dass die Reaktoren in Deutschland sicher seien.

Mittlerweile hatte der Wind gedreht, und nun wehte es die radioaktiven Partikel aus Tschernobyl nicht mehr nach Skandinavien, sondern in unsere Richtung. In der Schule jagte Frau Zaglauer, die gefürchtete Französischlehrerin, alle vom Pausenhof, weil es geregnet hatte und keiner wusste, ob nun der Boden verstrahlt war. Auch der Sportunterricht fand in den nächsten Tagen nur noch in der Halle statt.

Kurz nach dem Unglück brachte Papa einen Geigerzähler mit nach Hause. Er hatte so ein Gerät bisher kaum benutzt und überlegte, wie er es am besten hielt. Egal, wohin er im Garten mit ihm ging – zum Blumenbeet, unter die Tanne –, überall knatterte es. An manchen Stellen kamen die Ausschläge in so dichter Reihenfolge, dass es klang, als explodierte der Geigerzähler gleich. Auch wenn Papa das Gerät an uns heranhielt, knatterte es.

»Amir, das kann doch nicht sein!«, rief Mama.

Wir reichten den Geigerzähler herum, jeder von uns wollte ihn mal ausprobieren. Immer knatterte er. Papa war ratlos, meinte, der Geigerzähler sei vielleicht nicht geeicht.

Im Keller sah ich, dass Mama Unmengen an Lebensmitteln gekauft hatte. Ich hielt den Vorrat an H-Milch-Packungen, Marmeladen, Tomatenbüchsen, Nudeln und eingemachtem Gemüse für übertrieben, da kam wohl das Kriegskind in ihr durch. Andererseits hatte sie recht. Was in diesem Frühjahr auf den Feldern wuchs, aß man besser nicht. Bayerische Wildpilze, hieß es, würden sogar über Jahrzehnte hinaus radioaktiv verseucht sein. Wir machten uns fortan über die riesigen Zucchini lustig, die im Garten unserer Nachbarin Frau Dünnebier wuchsen. Für uns waren das »Mutanten«.

Es gab damals einige, die aus Angst vor der Strahlung Mitteleuropa verließen und nach Portugal oder auf die Kanaren auswanderten. Wir blieben in Erding. Aber der GAU war – unabhängig davon, was er mit deinem Krebs zu tun hat – auch für uns eine Zäsur.

Für unseren Vater, weil er sein Selbstverständnis als Wissenschaftler über den Haufen warf.

»Da verbringe ich mein halbes Berufsleben mit der Sicherheit von Kernreaktoren«, sagte er einmal zu mir, »dann explodiert ein Kraftwerk in der Sowjetunion, und wir können nichts machen.« Nur dabei zusehen, wie die radioaktive Wolke über den Eisernen Vorhang zieht.

Papa war zwar immer noch überzeugt von der Sicherheit deutscher Kernkraftwerke, aber in seiner Freizeit begann er nun, sich mit Sonnenenergie zu beschäftigen und ersann viele

Ideen, wie man sie nutzen könnte. Immerhin hat nun ein koptisches Kloster in Ägypten eine Solaranlage, die er mitgeplant hat.

Auch für mich war Tschernobyl ein Einschnitt. Ich war vierzehn, und der GAU fiel in die Hochphase meiner Pubertät. Ich trug damals die Haare hennarot und schmiss zerrissene Jeans nicht weg, sondern flickte sie. Sie waren genau richtig, wenn sie nur noch von ein paar Fäden zusammengehalten wurden. Dazu besorgte ich mir eine Wildleder-Jacke aus dem Second-Hand-Laden in München und heftete mir einen Button mit einer Friedenstaube ans Revers. Es war die Zeit des atomaren Wettrüstens und der Ostermärsche. An den Laternenpfählen in unserer Siedlung sah ich die Protestplakate gegen die Pershing-Raketen, die in Baden-Württemberg stationiert waren, nicht allzu weit entfernt von uns. Immer, wenn ich an den Plakaten vorbeiging, erinnerten sie mich daran, dass unser Leben jeden Moment vorbei sein konnte, Reagan oder Breschnew mussten nur auf den roten Knopf drücken. Einmal fragte ich Papa, was wir machen sollten, wenn der Dritte Weltkrieg ausbräche.

»Wir wandern nach Australien aus«, sagte er. Ich bräuchte keine Angst zu haben.

Beruhigt hat mich das nicht. Denn ich war mir nicht sicher, ob wir rechtzeitig wegkämen. Danach schrieb ich auf meine Schulhefte mit gelbem Neon-Stift »No Future«.

Was für ein Gegensatz zu dir. Du hattest deine Freunde von der Wasserwacht, warst Bademeister im Schwimmbad und fühltest dich wohl im bayerischen Kleinstadtleben. »Müsli« nanntest du mich damals manchmal, und zu Weihnachten hast du mir einen Schuhkarton voller Packungen mit Getreideflocken und getrockneten Früchte aus dem »Kräuterladen« im Heilig-Geist-Hof geschenkt. Beim Auspacken kamen mir die Tränen – vor Lachen und ein bisschen auch aus Kränkung, weil die ganze Familie sich darüber amüsierte.

Der GAU befeuerte meine Abneigung gegen Autoritäten und gegen alles, das irgendwie mit »Atom« zu tun hatte. Ich kam mir sehr rebellisch vor, als ich den Aufkleber »Atomkraft – nein danke« an meine Zimmertür pappte. Was Papa dazu sagte, weiß ich nicht mehr. Jedenfalls ließ ich mir weiterhin von der Gesellschaft für Reaktorsicherheit meine Kleider und mein Essen finanzieren.

Bald darauf hängte ich mir außerdem ein riesiges neongelbes »WAA NIE!«-Plakat ins Zimmer. Damals war Franz Josef Strauß noch bayerischer Ministerpräsident, und die Wiederaufarbeitungsanlage für Kernbrennstäbe in Wackersdorf war sein Prestigeobjekt. Ich glaube, dich hat das alles nicht interessiert, aber mich zogen diese WAA-Proteste an, vor allem nach Tschernobyl.

Meine Freundin Rebecca, die mit ihrer Familie in die Oberpfalz gezogen war, demonstrierte jedes Wochenende am Bauzaun in Wackersdorf, sie hatte mir mit leuchtenden Augen erzählt, wie sie mit anderen Demonstranten eine Kette gebildet und sich den Polizisten entgegengestellt hatte. Da wollte ich auch hin.

Mama und Papa lehnten strikt ab, viel zu gefährlich für eine Vierzehnjährige, sagten sie. Alles Betteln half nichts und alles Schimpfen auch nicht. Zum ersten Mal stieg die ohnmächtige Wut in mir auf, die mich die nächsten Jahre begleiten sollte.

Dass zeitgleich mit dem GAU von Tschernobyl meine Probleme zu Hause begannen, lag daran, dass ich nun in einem Alter war, in dem plötzlich Papas Wertvorstellungen eine Rolle spielten, und die waren sehr anders als die der meisten Eltern unserer Freunde. Das hat dich natürlich auch gestört, aber es betraf euch Söhne viel weniger als Anouk und später mich.

Ich erinnere mich, wie sie mit sechzehn abends auf die Geburtstagsparty eines Schulfreunds gehen wollte, dessen Eltern einen Bauernhof in der Nähe von Erding hatten. Fast alle aus der Klasse waren eingeladen.

»Was macht ihr da?«, fragte Papa misstrauisch.

»Wir treffen uns einfach. Ein Geburtstag halt«, antwortete Anouk.

»Was sind da für Kerle?«

Anouk zählte die Namen ihrer Schulkameraden auf.

»Warum muss das abends sein?«, fragte Papa dann.

Es ging eine Weile hin und her, bis Anouk in Tränen ausbrach und Türen knallend in ihr Zimmer verschwand.

An diesem Abend rang sich Papa durch, sie gehen zu lassen. Aber um zehn musste sie wieder zu Hause sein.

Bei allen Partys und auch bei Treffen vom Schwimmverein witterte Papa Gefahr. Jungs waren für ihn ausschließlich »Kerle«, die darauf warteten, seine Töchter zu verführen. Wir waren potenzielle Opfer, die vor Männern geschützt werden mussten. Vermutlich mochte ich deshalb auch die Väter meiner Freundinnen nie besonders. Es gab keinen Grund dafür, nichts war vorgefallen, aber sie waren mir fast alle suspekt.

Adam, der im Gegensatz zu dir gerne ausging, musste nie Diskussionen mit Papa führen. Bald merkte Anouk, dass auch sie problemlos ausgehen durfte, wenn Adam dabei war. Für Papa war er der Aufpasser. Wenn Anouk also abends irgendwohin wollte, fragte sie nun als Erstes Adam, ob er mitkäme, und er sagte meistens Ja.

Ein anderes schwieriges Thema war Kleidung. Papa mochte es nicht, wenn wir Mädchen nicht »anständig« angezogen waren. Anständig hieß: keine engen Hosen, keine engen Oberteile, Röcke bis übers Knie.

Einmal kam Anouk morgens direkt aus dem Bad an den Frühstückstisch, in ihren langen pink-braunen Nicki-Bademantel gekleidet und mit einem Handtuch-Turban auf dem Kopf. Sie sah aus wie eine orientalische Prinzessin.

Papa raunzte sie an: »Geh bitte hoch und zieh dir was Anständiges an!«

Unsere Cousine Susanne, die gerade zu Besuch war und ihren heißen Toast zum Auskühlen durch die Luft wedelte, hielt plötzlich inne. So etwas kannte sie von zu Hause nicht.

»Was passt dir denn nicht?«, fragte Anouk.

»Du siehst schrecklich aus!«, entgegnete Papa.

Trotzig stapfte sie schließlich zurück nach oben.

Mama hielt sich an dem Morgen raus. Ich glaube, auch sie war diese Diskussionen leid. Oft musste sie vermitteln. Mal half sie, seine Entscheidungen durchzusetzen, mal hielt sie zu uns. Dass es nicht leicht war für sie, hörte ich am aufgeregten Gemurmel, das abends aus dem Elternschlafzimmer drang. Mein Zimmer lag ja direkt daneben.

Deshalb war der wichtigste Rat, den mir Anouk gab: »Mach, was du willst, aber behalte es für dich!« Genauso hatte es vermutlich schon Mama als Teenager gemacht, und dennoch konnten wir uns auf ihre Schlafzimmer-Diplomatie nicht verlassen.

Mit einundzwanzig hatte Anouk keine Lust mehr auf die Heimlichtuerei. Sie war mit Reiner zusammen, einem ehemaligen Schulkameraden. Erinnerst du dich an den Witz, den du immer gemacht hast, wenn von ihm die Rede war? »Keiner wäscht reiner!«, sagtest du wie in der Waschmittel-Werbung, »Reiner wäscht sich selbst!«

Wir beide lachten uns jedes Mal kaputt.

Reiner studierte in Würzburg. Einmal wollte Anouk ihn dort übers Wochenende besuchen und kündigte das ein paar Tage vorher abends in der Küche an.
»Nein, da fährst du nicht hin«, sagte Papa.
»Warum nicht?«, fragte Anouk. Sie wollte es jetzt wissen.
»Wir wollen das nicht. Aus!«, entgegnete Papa bestimmt.
Er wurde nicht laut, sondern stemmte die Arme in die Hüften und verließ sich auf seine Autorität als Familienoberhaupt. An seinen herabgezogenen Mundwinkeln erkannten wir, dass er wirklich verärgert war.
»Doch, ich fahre da hin!«, sagte unsere Schwester.
So ging es eine Zeit lang hin und her, bis es Mama zu viel wurde und sie herausrief, was die Hauptsorge war: »Aber davon kann man schwanger werden!«
Anouk, die gerade mit einem Medizinstudium begonnen hatte, sah unsere Eltern nur mit großen Augen an, fassungslos, für wie naiv sie ihre Tochter hielten.
Am Freitag fuhr sie nach Würzburg.

Anouk hatte gute Vorarbeit geleistet für mich. Trotzdem ging es bei uns zu Hause immer noch ganz anders zu als zum Beispiel bei meiner Freundin Gloria. Sie besprach alles mit ihrem Vater, er gratulierte ihr sogar, als sie ihre erste Periode bekam. Undenkbar, dass ich mit Papa über meine Regel gesprochen hätte. Gloria brachte mit fünfzehn ganz selbstverständlich ihren Freund mit nach Hause, er durfte bei ihr übernachten. Ihre Eltern sagten auch nichts, wenn sie im Minirock in die Schule ging. Ich hingegen trug Jersey-Schlauchröcke, die ich morgens beim Verlassen des Hauses übers Knie zog und vor Betreten der Schule nach oben schob.
Bei uns hat weder eine deiner Freundinnen noch einer meiner Freunde je übernachtet. Ich lud auch sonst keine männli-

chen Bekannten zu mir nach Hause ein, weil ich wusste, dass Papa und damit auch Mama das nicht gern sahen.

Manchmal kam der Ärger aber auch, ohne dass ich es erwartet hätte. Wie damals bei unserer Theateraufführung in der Schule. Ich war seit zwei Jahren in der Theatergruppe, Mama war eine begeisterte Zuschauerin und kam zu allen Aufführungen. Wir probten Stücke von William Shakespeare, Lope de Vega und Ludwig Tieck. Einmal führten wir ein Stück auf, an dessen Titel ich mich nicht mehr erinnere. Ich spielte eine Zauberin, die in einer Szene auf der Bühne ein Bad nahm. Dafür lag ich in einer Styropor-Badewanne. Man sah nichts außer meinem Kopf, meinen Schultern und einem Bein, das ich in die Höhe reckte. Ich trug dabei, unsichtbar für das Publikum, einen Bikini.

Unsere Eltern waren auf der Premiere, und als ich später nach Hause kam, sah ich schon an Papas tief herabgezogenen Mundwinkeln, dass ihm etwas gar nicht passte.

»Du sahst schrecklich aus!«, rief er.

»Was ist denn los?«, fragte ich.

»Ich finde es unmöglich, dass du halb nackt auf der Bühne deiner Schule zu sehen bist!«, schimpfte er.

Meinen Einwand, dass ich ja in einer Badewanne lag und einen Bikini trug, ließ er nicht gelten.

»Das ist eine Unverschämtheit! Was denkt sich dein Lehrer eigentlich? Morgen gehe ich zu ihm. Ich werde verhindern, dass du noch einmal so auf die Bühne kommst!«

Da war sie wieder, diese ohnmächtige Wut, die in mir aufstieg. Wir hatten noch drei Aufführungen, die ich auf keinen Fall verpassen wollte, ich hatte das ganze Jahr darauf hingefiebert. Nun würde Papa zu meinem Lehrer gehen, ihn beschimpfen, das Theaterstück würde eingestellt und ich zum Schulgespräch werden.

Weinend rannte ich in mein Zimmer.

Ich nehme an, Mama redete auf Papa ein. Sie wird sich erinnert haben, wie es für sie war, als ihre Mutter die Autogrammkarten verfeuerte, die ihr als Teenager so wichtig waren. Jedenfalls ging unser Vater am Ende nicht zu meinem Lehrer.

Die Kämpfe mit Anouk waren offenbar nicht spurlos an ihm vorübergegangen, die zugeknallten Türen, die Stille am Esstisch. Er war zwar das Oberhaupt der Familie, vor dem wir kuschten, wenn es nicht anders ging, aber er machte sich damit auch zum Außenseiter, der riskierte, dass er irgendwann nicht mehr teilhatte an unserem Leben.

Mit Jan kamen allerdings neue Probleme auf. Wir kannten uns aus der Schule, ich war in der neunten Klasse, er in der zehnten. Ein gemeinsamer Freund steckte mir eines Tages in der großen Pause auf dem Schulhof einen Zettel zu: »Du wirst vielleicht schon gemerkt haben, dass ich dich mag. Jan.« Mehr stand da nicht.

Jan saß ein paar Meter weiter mit Freunden zusammen. Er war mir schon früher aufgefallen, seine wuscheligen langen Haare gefielen mir und seine grünen Augen. Er blickte zu mir rüber, und es kam mir vor, als würde mir jemand kaltes Wasser ins Gesicht spritzen.

Wir waren beide zu schüchtern, um uns anzusprechen. Deshalb grinsten wir uns ein paar Tage lang in der Schule nur an. Bis es Gloria zu dumm wurde, sie mich an der Hand nahm und wie einen störrischen Esel zu Jan zog. Er lief rot an.

»Mann, seid ihr albern!«, sagte Gloria und ging.

»Hallo«, sagte Jan.

»Selber Hallo«, sagte ich.

»Du lispelst ja wirklich!«

»Was?«, rief ich entsetzt.
»Meine Schwester hatte also doch recht!«, sagte er.
Sie war eine Klasse unter mir.
»So ein Quatsch, ich lispele doch nicht!«
»Na ja, ein bisschen schon. Klingt aber süß«, meinte Jan.

Am nächsten Abend holte er mich vom Volleyballtraining ab. Die Halle hatte hohe Glasfenster, und Jan gestand, dass er schon ein paarmal davorgestanden und mir beim Training zugesehen hatte. Wir schoben unsere Fahrräder zu mir nach Hause. Obwohl es zu regnen begann, machten wir einen Umweg.

Schließlich standen wir vor unserer Haustür in der Dunkelheit, die Haare nass, die Gesichter ebenso.

»Also dann Tschüss«, sagte ich.

Jan stand unentschlossen neben mir, dann rang er sich durch und gab mir einen Kuss auf die Wange.

Ich spürte ihn noch, als ich eine Stunde später ins Bett ging.

Von nun an trafen wir uns fast jeden Nachmittag oder telefonierten lange. Einmal fuhren wir mit den Rädern zum Bagger-Weiher, und Jan nahm eine Flasche Sangria mit. Ich hatte zuvor noch nie Alkohol probiert. Nach ein paar Schluck war mir schwindelig, und ich musste lachen. Jan amüsierte sich über mich. Alles kam mir plötzlich ganz leicht vor, wir saßen im Kies, ich lehnte mich an Jan, und seine Wärme fühlte sich gut an.

Oft fuhr ich auch zu ihm, Jans Eltern waren tagsüber meist in ihrer Apotheke. Er spielte mir seine neuesten Platten vor, zeigte mir ein paar Griffe auf seiner E-Gitarre und drehte mir meinen ersten Joint, schwarzer Afghane. Nach dem Rauchen kicherten wir über einen Monty-Python-Film, dessen Dialoge Jan auswendig konnte. Wenn ich die Augen schloss, sah ich gelbe Lichtblitze vor schwarzem Hintergrund.

Ich kann mich nicht erinnern, ob ich unseren Eltern selbst von Jan erzählte oder ob sie es irgendwann mitbekamen. Jedenfalls stellte sich Mama ein paar Wochen, nachdem Jan und ich zusammengekommen waren, vor mich in den Flur. Ich zog mir gerade die Schuhe an, um zu ihm zu fahren.

»Wir wollen nicht, dass du weiter zu Jan gehst.«

Ich starrte sie an.

»Wie bitte?«, fragte ich ungläubig.

»Jan kann zu uns kommen, aber du gehst nicht mehr zu ihm.«

Mir wurde heiß, ich bemerkte, dass meine Hände zitterten.

»Das kannst du nicht machen!«, schrie ich.

»Du bist noch nicht mal fünfzehn!«

»Na und? Dann redet doch mal mit mir!«

»Wir wollen das einfach nicht mehr«, wiederholte sie sich.

Meine Wangen fühlten sich feucht an.

»Du bist so was von gemein!«, rief ich. »Du hast doch nur darauf gewartet, dass ich zu ihm will, um es mir dann zu verbieten.«

Papa musste sie wieder vorgeschickt haben. Anstatt ihm Paroli zu bieten oder zumindest zu sagen, wovor sie Angst hatten, hatte sie sich zu seiner Komplizin gemacht. Ich kam mir verraten vor.

»Das kannst du mir nicht antun!«, rief ich.

Ich war nicht nur wütend, sondern schämte mich auch. Was sollte ich denn Jan sagen, er wartete ja schon auf mich. Meine Eltern waren mir peinlich.

Ich schloss mich in meinem Zimmer ein. Und musste wieder an Anouks Satz denken: »Mach, was du willst, aber behalte es für dich.«

Schafskäse auf Gebirgsrosenporzellan

Ich weiß noch genau, wie es sich angefühlt hat. Nach vier Stunden Flug kam ich mir in der Ankunftshalle von Kairo vor wie im Dschungel. Mittendrin ragten ein paar Palmen aus dem Boden, die fast bis zur Decke reichten. Die Wände waren in einem düsteren Grün gefliest, und es war so warm und feucht wie nach einem tropischen Regenguss. Menschen aus der ganzen Welt trafen hier aufeinander, Inderinnen in pinkfarbenen Saris, Pakistani in weißen Tuniken und Indonesier mit bestickten Kappen auf dem Kopf. Und ein paar Deutsche mit Socken in den Sandalen.

Leider war von euch Geschwistern niemand mit dabei, als Papa nach zweiundzwanzig Jahren zum ersten Mal wieder in sein Heimatland zurückkehrte und ich mit fast achtzehn Jahren überhaupt zum ersten Mal nach Ägypten reiste, das Land, das auch ich zur Hälfte in mir trug. Du hast damals gerade deine Werbeagentur aufgebaut, Anouk und Adam mussten ebenfalls arbeiten. Eigentlich war ich auch nicht mehr im Alter, in dem man mit den Eltern verreist. Der Zusammenstoß mit Mama lag fast drei Jahre zurück, ich hatte mich seither an Anouks Rat gehalten und mir angewöhnt, zu tun, was ich für richtig befand, ohne viel darüber zu reden. Wollte ich zu Jan, sagte ich, ich sei mit einer Freundin verabredet. Das klappte hervorragend. Ich glaube, Mama und Papa wollten gar nicht so genau wissen, was ich in Wahrheit tat. Obwohl ich nun fast volljährig und schon länger nicht mehr mit Jan zusammen war, behielt ich die freundliche Distanz zu unseren Eltern bei. Nur diese gemeinsame Reise konnte ich mir nicht entgehen lassen, ich wollte endlich nach Ägypten und selbst die Orte sehen, die ich nur von euren Fotos kannte, endlich aufholen, was ihr mir an Ägyptischem voraushattet.

Mitten im Flughafengewühl zog mich Papa zum Visaschalter, Mama hinterher. Dort stellten wir uns in eine lange Schlange, auch er brauchte nun eine Erlaubnis, um in sein Heimatland einzureisen. Nach einer halben Stunde ging es weiter zur Passkontrolle, und plötzlich wurde ich nervös. Was, wenn sie ihn aufhalten und festnehmen würden, weil er damals einfach abgehauen war?

Du weißt ja, wie Onkel Karim in Kairo jahrelang versuchte, für Papa herauszufinden, wohin er das Stipendium zurückzahlen musste, um nicht länger in der Schuld des ägyptischen Staates zu stehen. Immerhin ging es um rund dreißigtausend Mark. Den richtigen Empfänger zu finden, ist in Ägypten mit seinem riesigen Beamtenapparat ausgesprochen schwierig. Wenn man glaubt, den Zuständigen gefunden zu haben, konnte es passieren, dass der Beamte das Geld zwar annahm, es aber nicht in die Staatskasse floss, sondern er kurz darauf wie durch ein Wunder eine neue Couchgarnitur besaß oder seiner Tochter endlich die erhoffte Traumhochzeit im Ballsaal eines Hotels finanzieren konnte.

Im vergangenen Jahr schien es Onkel Karim jedoch wirklich gelungen zu sein, an einen vertrauenswürdigen Beamten zu kommen. Gleich würden wir wissen, ob das stimmte.

Der junge Polizist an der Passkontrolle blätterte in Papas deutschem Ausweis und stellte ihm Fragen, die ich nicht verstand. Dann sah er in den Papieren auf seinem Schreibtisch nach, ganz gemächlich, ohne sich aus der Ruhe bringen zu lassen. Genau wie Papa, wenn er morgens noch seinen Tee fertig trank, obwohl er längst zum Bus musste. Das war offenbar eine ägyptische Eigenheit. Die Minuten vergingen, die

Schlange hinter uns wurde immer länger. Stand unser Vater auf einer schwarzen Liste?

Irgendwann wurde es ihm zu dumm, und er redete den Polizisten recht scharf an. Der bellte irgendwas zurück. Papa war gerade mal eine Stunde in seiner alten Heimat, schon gab es Streit. Offensichtlich half das aber. Der Polizist pfefferte unsere Pässe auf den Tresen und winkte uns schwungvoll weiter, als wollte er sagen: Haut doch ab!

Vielleicht, sagte Papa, habe der Beamte sich ein wenig Bakschisch erhofft, versteckt zwischen den Seiten der Pässe. Aber für so was war Papa nicht zu haben. Dafür war er zu deutsch geworden.

Von der Passkontrolle hetzten wir zum Flugsteig nach Assuan. Mama und Papa hatten sich etwas Besonderes überlegt: Bevor wir die zweite Woche bei der Familie verbringen würden, machten wir eine einwöchige Studienreise durch Ägypten, zu den berühmten Tempeln in Assuan, Abu Simbel und Luxor. Die hatten sie selbst noch nie gesehen, denn die Reise dorthin hätten sie sich gar nicht leisten können, als sie noch mit euch in Kairo lebten. Papa kehrte also erst mal als deutscher Tourist in sein Heimatland zurück. Vielleicht war das genau die Distanz, die er nach der langen Abwesenheit brauchte.

Bei unserer Ankunft in Assuan war es tiefe Nacht. Eine angenehme Kühle lag über der Wüstenstadt am Nil. Unser Hotel, das etwas außerhalb lag, war einem nubischen Dorf nachempfunden. Man wohnte in strohbedeckten Hütten – allerdings mit Strom und Warmwasser und allem übrigen Vier-Sterne-Luxus. Am Morgen entdeckte ich einen hellblau schimmernden Swimmingpool, der so groß war, dass das Wasser darin ein echtes Dorf vermutlich tagelang hätte versorgen können. Und am meterlangen Frühstücksbüfett wäre eine Kleinstadt satt geworden.

Leider hatten wir morgens so wenig Zeit, dass ich mir nur ein paar Melonenstücke vom Büfett fischte und in den Bus hetzte, der uns zum ersten Tempel des Tages bringen würde. Es war sechs Uhr dreißig.

Im Bus schlief ich sofort ein, bis mich eine laute Stimme aus dem Lautsprecher weckte. Magdi, unser ägyptischer Reiseleiter, begrüßte uns übers Bordmikro mit einem fast akzentfreien »Guten Morgen allerseits«. Er war um die vierzig und trug seine hellbraunen, lockigen Haare wie eine Löwenmähne, er genoss es sichtlich, dass alle Blicke auf ihn gerichtet waren.

Magdi erzählte uns vom Isis-Tempel, den wir heute besichtigen würden. Der Tempel hatte nach dem Bau des Assuan-Staudamms unter Wasser gestanden, deshalb war er in tonnenschwere Blöcke zersägt, abgetragen und an anderer Stelle wieder aufgebaut worden. Alle hörten gebannt zu, nur ich war müde und schweifte in Gedanken ab.

Du hättest so eine Studienreise niemals mitgemacht: früh morgens in einen Bus steigen, auf engem Raum mit Leuten, die du dir nicht aussuchen kannst, um von einem Tempel zum nächsten zu fahren. Wären wir zusammen unterwegs gewesen, hättest du uns in Kairo ein schönes Hotel mit Pool ausgesucht. Vormittags hättest du uns einen Fahrer gebucht, der uns zu den Pyramiden und ein paar Tempeln in der Nähe fährt. Nachmittags wären wir an den Pool gegangen, und vor dem Abendessen mit unseren Verwandten hättest du dich in deinem Zimmer ausgeruht, die Klimaanlage auf höchster Stufe.

Mein Blick glitt über meine Mitreisenden. Die meisten schienen zwischen fünfzig und siebzig zu sein, ich senkte das Durchschnittsalter im Bus beträchtlich. Die Frauen trugen weite Sommerkleider, die Männer hatten schon um diese Uhrzeit ihre weißen Stoff-Sonnenhüte auf dem Kopf und die

Kameras griffbereit um den Hals gehängt. Einige packten ihr Frühstück aus, sie waren offenbar rechtzeitig aufgestanden, um sich noch Brötchen vom Büfett zu schmieren.

Ich war noch nie mit einer deutschen Reisegruppe unterwegs gewesen und ahnte, dass ich in dieser ersten Woche in Ägypten mehr über die Mentalität deutscher Studienreisender erfahren würde als über die der Ägypter. Mir fiel auf, wie Papa mit seinem Sonnenhut und der Kamera um den Hals in der Menge aufzugehen schien, als wäre er einer von ihnen.

Am Nachmittag machten wir am Nassersee halt, diesem Tausende Quadratkilometer großen See mitten in der Wüste. Ich setzte mich auf die Kaimauer und sah übers Wasser, Papa stand still hinter mir.

Einer unserer Mitreisenden kam auf uns zu.

»Guten Tag. Gunnar Schmidt mein Name«, sagte er und streckte Papa seine Hand hin. »Sie sind Ägypter, richtig?«

Das hatte sich schnell herumgesprochen. In der Gruppe gab es außer Magdi ja keine anderen Ägypter – Papa und damit auch ich waren selbst hier, wo Millionen Ägypter lebten, etwas Besonderes. Herr Schmidt fragte Papa, wo er denn herkomme und was ihn nach Deutschland verschlagen habe.

»Das ist ja hochinteressant!«, sagte er immer wieder. Noch ein paar andere aus der Reisegruppe kamen dazu, die meisten waren pensionierte Lehrer, wie sich herausstellte. Sie lobten Papas Deutschkenntnisse und was für eine »schöne Mischung« ich doch sei.

Ein gewisser Herr Matzbach fand besonders spannend, dass Papa Kopte war.

»Dann sind Sie ja ein ursprünglicher Ägypter, sozusagen ein direkter Nachfahre der Pharaonen!«, rief er begeistert.

Ein Raunen ging durch die kleine Gruppe, die sich mittlerweile um uns versammelt hatte. »Kopte ist ja das griechische Wort für Ägypter«, sagte Herr Matzbach und schob hinterher, dass er »Altgrieche« sei.

Gunnar Schmidt schaltete sich wieder ein und erzählte, dass er und seine Frau sich die Reise zu seiner Pensionierung geleistet hätten.

»Seit Jahren war es ein Traum von uns, Ägypten zu besuchen«, sagte er mit vibrierender Stimme. Papa legte seinen Arm stolz um meine Schultern.

Am nächsten Tag fuhren wir nach Abu Simbel, das im Süden lag, fast an der Grenze zum Sudan. Diesmal waren wir sogar um fünf Uhr aufgestanden, und ich schlief bei Magdis Erläuterungen wieder ein. Der dreitausend Jahre alte Felsentempel zu Ehren von Ramses II., der ebenfalls wegen des Assuan-Staudamms verlegt worden war, beeindruckte dann aber auch mich: Vier riesige sitzende Statuen des Pharaos waren in den Felsen gehauen, drinnen in den düsteren Hallen mit der prachtvollen Wandbemalung war es trotz der vielen Menschen ganz still, alle waren überwältigt.

Die Zähigkeit, mit der die Schmidts und Matzbachs die Tempelanlage trotz der Hitze bis in den letzten Winkel erkundeten, überraschte mich dann doch. Draußen knallte die Sonne herunter, es hatte über dreißig Grad, und doch schämte ich mich fast, dass ich mich in eine schattige Ecke kauerte. »Diese Steine haben Jahrtausende überdauert!«, ermahnte ich mich zum Durchhalten. Aber vor meinem geistigen Auge tauchte nur das Bild des blau schimmernden Hotelpools auf.

Auf der Rückfahrt hielt der Bus in der Wüste. Die unendliche Weite zog mich an. Ich streifte meine Sandalen ab und lief barfuß durch den Sand, endlich war ich mal allein. Nach ein paar Hundert Metern sah ich mich um und entdeckte, dass Magdi wild gestikulierte. Er bedeutete mir, sofort zurückzukommen, und zeigte immer wieder auf seine Füße.

Zurück am Bus hielt Magdi mir einen Vortrag, wie gefährlich es sei, barfuß durch den Wüstensand zu laufen. »Unter der Oberfläche lauern Würmer, die sich in deine Haut bohren und dort ihre Larven ablegen«, sagte er. Oder noch schlimmer: Im Sand lebten giftige Skorpione, deren Stich tödlich sein konnte.

Es war das letzte Mal, dass ich in diesem Urlaub barfuß lief.

Im Bus spürte ich dann auch noch, dass etwas mit meinem Magen nicht in Ordnung war. Darin gurgelte und drückte es, bald kam ein stechender Schmerz hinzu, der mir das Wasser in die Augen trieb. Zurück im Hotel klagten auch Mama und Papa über Bauchweh. Anstatt im Speisesaal zu sitzen, gaben wir uns am Badezimmer die Klinke in die Hand. Den nächsten Tag mussten wir im Hotel verbringen, der Rest der Reisegruppe war gesund.

Einen Tag später ging es uns wieder besser, und wir fuhren über Kom Ombo und Edfu weiter nach Luxor und besuchten dort das Tal der Könige mit seinen vierundsechzig Gräbern – der Höhepunkt jeder Ägyptenreise. Hier hatten Grabräuber jahrtausendelang nach Schätzen gesucht, und trotzdem hatte Howard Carter 1922 noch das fast unversehrte Grab des Tutanchamun gefunden, dessen Maske mich als Kind so fasziniert hatte. Wir gingen in die Grabkammer, ich besichtigte den Sarkophag, in dem der Pharao gelegen hatte, und die bunten Wandmalereien, aber ich war noch müde von der Erkrankung und nicht mehr in der Lage, all die Eindrücke in mich aufzunehmen.

Am Ende der siebentägigen Rundfahrt fühlte ich mich in Ägypten noch immer seltsam fremd und fragte mich, ob mich mit diesem Land womöglich weniger verband als beispielsweise das Ehepaar Schmidt. Sie vertrugen immerhin die ägyptischen Bakterien.

Erinnerst du dich an das Foto, das Mama auf der Reise von mir machte und das riesig groß und gerahmt in Papas Arbeitszimmer hängt? Ich sitze im Hof einer alten Moschee, auf orientalischen Fliesen, deren Ornamente sich um mich herumspinnen wie ein Netz. Mein Gesicht sieht man nicht, es ist seitlich abgewandt. Mama liebt dieses Bild. Ich hingegen spüre die Unsicherheit von damals, wenn ich es ansehe, all die Fragen, die mir durch den Kopf gingen: Was machte ich eigentlich hier, was hatte dieses Land mit mir zu tun?

Nach der Studienreise landeten wir ein zweites Mal am Flughafen von Kairo, nun aus Luxor kommend. Dies war für mich die eigentliche Ankunft, denn in der Halle warteten Tante Lilli und Onkel Shukri auf uns. Als Lilli Papa erblickte, bekam sie sofort feuchte Augen und umklammerte und küsste ihn. Sie wollte ihren kleinen Bruder gar nicht mehr loslassen und tat es nur, um dann Mama und mich zu umarmen. Ich bin nie wieder so fest von jemandem gedrückt worden wie von Tante Lilli. Während ich anschließend nach Luft schnappte, strahlte sie uns unter Tränen an, als hätte uns der Himmel geschickt.

Obwohl ich sie noch nie getroffen hatte, kam sie mir altbekannt vor. Ich entdeckte unsere Gesichtszüge in ihr: das leicht nach vorne geschobene Kinn, die Grübchen, die Papa und Anouk haben, deine vollen Lippen.

Lilli war klein und etwas rundlich, aber noch immer so schön wie auf den alten Fotos, die ich von ihr kannte. Sie hatte tiefschwarzes, gewelltes Haar und ungewöhnlich große Augen. »I love you« war das Erste, was sie in gebrochenem Englisch zu mir sagte. Und als wir im Auto saßen, hielt sie auf dem Weg in die Stadt die ganze Zeit meine Hand und gab mir ägyptische Kosenamen, von denen ich nur *habibti* verstand, »meine Süße«, und *hayeti*, »mein Leben«.

Lilli mit ihrer bedingungslosen Zuneigung war erst der Anfang. In Kairo wartete eine unübersichtliche Zahl von Verwandten auf uns. Allein Lilli und Shukri hatten ja sechs Kinder. Du kennst sie alle von früher. Sie waren die quirligen Cousinen und Cousins, zu denen du mit weit aufgerissenen Augen aufblicktest. Nun hatten sie selbst Kinder, und ich ahnte, dass uns alle umarmen und feuchte Küsse auf die Wange drücken wollten.

Aber zunächst mussten wir überhaupt in die Stadt hineinkommen. Der Himmel über Kairo schimmerte gelblich, ob vom Wüstensand oder von den Abgasen war mir nicht ganz klar, jedenfalls waren Straßen und Häuser mit einer feinen Sandschicht bedeckt. Je weiter wir auf der vierspurigen Straße hineinfuhren, umso dichter wurde der Verkehr. Zwischen den Autos schlängelten sich noch immer Männer auf Eselskarren hindurch, wie damals bei Mamas Ankunft. Viele der Autos, die hier unterwegs waren, wären in Deutschland nie durch den TÜV gekommen – kaputte Lichter, verrostete Karosserie. Was aber bei allen Fahrzeugen gut funktionierte, war die Hupe. Sie war der eigentliche Blinker: Wollte Onkel Shukri die Spur wechseln oder abbiegen, hupte er dreimal kräftig und zog dann rüber.

Irgendwann war es mit dem Fahren allerdings vorbei, weil wir in einem Stau steckten. Es ging keinen Zentimeter mehr voran, gehupt wurde trotzdem. Nach einer Stunde Stillstand, die Sonne war inzwischen untergegangen, war ich mir sicher, dass wir hier übernachten müssten – falls wir nicht vorher an einer Kohlenmonoxid-Vergiftung sterben würden. Ein Gefühl der Ohnmacht stieg in mir auf, als ich die schier endlose Schlange von Autos vor mir sah. In meinen Beinen begann es zu kribbeln, und hätte Tante Lilli nicht meine Hand so fest gehalten, wäre ich aufgesprungen und davongelaufen. Ich fragte mich, wie ich es eine Woche lang in dieser Stadt aushalten sollte.

Irgendwann löste sich der Stau aus unerklärlichen Gründen auf, und Lilli und Shukri brachten uns zu Tante Dalia nach Heliopolis. Sie wohnte mittlerweile mit ihrem Mann Mina und ihren beiden Jungs in eurer früheren Wohnung in der Gesr-el-Suez-Straße. Dort würden wir diese Woche übernachten.

Du warst ja bei eurem fluchtartigen Auszug erst vier und hast sicher kaum Bilder von damals im Kopf. Aber erinnerst du dich an den Grünstreifen, der die vierspurige Straße vor eurem Haus teilte und auf dem ihr abends Cola getrunken habt? Daraus war ein Dörrstreifen geworden, sandig und vermüllt, auf dem ein Picknick undenkbar wäre, man könnte im Hupkonzert der Autos kein Wort verstehen und wäre nach kurzer Zeit von oben bis unten in Staub gehüllt.

Euer altes Wohnhaus hatte früher am Rande der Stadt gelegen, dahinter begannen die Dörfer Zeitoun und Matariya, wo Taha herkam, der Mama mit seinen dreckigen Spritzen die Hepatitis beschert hatte. Dörflich kam mir im Umkreis der Gesr-el-Suez-Straße allerdings nichts mehr vor. Die Stadt hatte sich ihr Umland einverleibt, und nun lag die Straße mitten im Moloch Kairo. Ein mehrstöckiges Haus reihte sich ans nächste, an den Fassaden glomm grüne, rote und blaue Leuchtreklame, die sich auf dem Asphalt spiegelte. Ich kam mir vor wie in einem überdimensionalen Kaleidoskop.

Der Erste, der mir bei unserer Ankunft begegnete, war der Hausmeister Khaled, gekleidet in eine Galabeya. Er wohnte mit seiner Frau und den drei Kindern gleich rechts neben der Eingangstür in einem Raum im Souterrain. Immerhin kein Verschlag mehr unter der Treppe wie bei eurem Hausmeister damals. Khaled begrüßte uns mit dem typischen *Achlan wa sachlan*. Die Tür zum Souterrain stand offen, und ich sah verstohlen in den kleinen, düsteren Raum, aus dem mir seine Frau lächelnd zuwinkte, ein Kind auf dem Arm, eines an ihrem Rockzipfel. Auf dem Boden lagen bunte Plastikmatten, Matratzen oder gar ein Bett konnte ich nicht entdecken. Gekocht wurde auf zwei Herdplatten, die ebenfalls auf dem Boden standen. Ich versuchte ein Lächeln und winkte zurück.

Oben stand schon Dalia in der Tür und drückte uns ähnlich fest wie Lilli.

»How are you, my love?«, begrüßte sie mich.

Dalia hatte ich vor Jahren kennengelernt, als sie uns mit Mina und ihren zwei Söhnen besuchte. Sie sprach gut Englisch, weil sie einige Jahre im Ausland gearbeitet hatte.

Ich hätte so gerne erlebt, wie du in diese Wohnung kommst und durch die Zimmer schreitest, erwartungsvoll, welche Erinnerungen in dir auftauchen. Mama war ganz still und blickte vorsichtig in die Räume. Papa plauderte derweil mit Mina, die Rückkehr in die alte Wohnung schien bei ihm nicht viel auszulösen. Die meisten eurer alten Möbel hatten Dalia und ihr Mann behalten, den Esstisch, die Stühle, die Küchenschränke, die Großcousin Makram in seiner Möbelwerkstatt eigens nach Maß angefertigt hatte. An der Decke des Wohnzimmers hing noch der Kronleuchter von Uroma Josefa.

»Und da ist ja noch unser Schrank!«, rief Mama.

»Im unteren Fach sind auch deine Schallplatten drin«, antwortete Dalia. »Wir haben alles aufgehoben.«

Mama kniete sich vor den Schrank, öffnete ihn wie einen Schrein und holte mit einem entrückten Lächeln Platten heraus, die sie sich in den Fünfzigerjahren in New York gekauft hatte. Ein Album von Frank Sinatra war darunter, eine Aufnahme der Oper »Madama Butterfly«.

»Die habe ich besonders geliebt«, sagte sie zu Nat King Coles »Love is the thing« und holte die Scheibe aus der Hülle. Sie hatte nicht einen Kratzer – die letzten Jahre hatte sie auch niemand gehört, Dalia besaß keinen Plattenspieler.

Als unsere Mutter die Scheibe hochhielt, sahen wir aber, dass sie leicht gewölbt war.

»Die Hitze«, sagte Dalia entschuldigend. Im Kairoer Sommer wurde sogar das Vinyl weich.

Damit ich ein eigenes Zimmer hatte, schliefen Dalias Söhne, die etwas jünger waren als ich, bei ihren Eltern. Abends lag ich bei offenem Fenster im Bett und hörte das Hupen und Rauschen der Autos unten auf der Gesr-el-Suez-Straße, der Verkehr riss auch nachts nicht ab, genau wie Mama es in ihrem Brief an Oma Elisabeth beschrieben hatte. Für mich war es die Geräuschkulisse einer unbekannten Stadt, die ich nun entdecken würde. Der warme Wind trug einen süßlich-würzigen Geruch ins Zimmer, eine Mischung aus Jasmin und gerösteten Nüssen, die unten auf der Straße um diese Uhrzeit noch verkauft wurden.

Am nächsten Morgen weckte mich der Ruf eines Muezzins mit seinem lang gezogenen »Allahu Akbar«, es war kurz nach sechs. Ich stand auf, um den Ausblick auf die erwachende Stadt zu genießen. Ich öffnete die Vorhänge – und sah auf eine Müllhalde. Neben dem Haus klaffte eine Lücke, die einige Bewohner nutzten, um dort ihre Abfälle zu entsorgen.

Ein paar dünne Katzen streunten über den Berg mit Abfalltüten und rissen am Plastik.

Später frühstückten wir zusammen, Dalia hatte das alte Gebirgsrosen-Service herausgeholt, das unsere Eltern zur Hochzeit bekommen hatten und das bei der überstürzten Abreise in Kairo geblieben war. Auf den zarten Knospen wurden nun Fladenbrot, Oliven und Schafskäse serviert. Dalia lächelte uns die ganze Zeit an, sie schaffte es sogar, zu lächeln, während sie kaute. Sie war im Dauerglück, berauscht von unserem Besuch.

Am Nachmittag wollten wir zu Onkel Karim und Tante Mary nach Shobra. Wieder standen wir im Stau. Es kam mir absurd vor, in dieser Stadt überhaupt irgendwohin zu fahren. Am liebsten wäre ich einfach in der Wohnung geblieben.

Nach zwei Stunden waren wir da. Irgendjemand hatte Tante Mary erzählt, dass ich gerne *Maaschi* esse, gefüllte Weinblätter, die unsere Mutter nur selten zubereitete, weil man dafür so lange brauchte. Manchmal hatten wir ihr geholfen, hatten einen Klecks der Reismischung auf jedes einzelne Weinblatt gesetzt und es dann zu einem kleinen Päckchen gerollt. Für den riesigen Pott, der nun auf Marys Wohnzimmertisch stand, musste sie den ganzen Tag in der Küche gestanden haben. »For you!«, sagte sie stolz.

Überhaupt wurde mir beim Blick auf den Tisch klar, dass noch viele Leute kommen würden. Er war ähnlich beladen wie das Büfett im Hotel von Assuan: Platten mit gebratenen Auberginen, Schnitzeln, Nudelauflauf und Salaten standen da. Immer wieder klingelte es, und ein neuer Gast kam herein. In Karims Wohnzimmer gingen die Stühle aus, ich glaube, er hatte so ziemlich jeden näheren Kairoer Verwandten von uns eingeladen. Onkel Makram war da, der reiche Möbelhändler. Rania mit den Goldzähnen. Und die stille Yvonne, die mich aus ihren wasserblauen Augen ansah. Von Mama erfuhr ich damals, wer sie war: »Die hätte Papa eigentlich heiraten sollen«, flüsterte sie mir ins Ohr. Mir kam es so vor, als sähe ich ein triumphierendes Funkeln in Mamas Augen.

Es kamen noch mehr Cousinen und Cousins zweiten Grades, von deren Existenz ich überhaupt nichts gewusst hatte. Sie umarmten und küssten mich wie eine verlorene Tochter. Und über allem wachte Teta vom Bild an der Wand.

Diese Familientreffen setzten sich in den nächsten Tagen fort. Die Zusammensetzung blieb ungefähr dieselbe, nur die Orte wechselten. Einmal trafen wir uns alle in der Wohnung von Lilli. Ein andermal fuhren wir mit einem Dutzend Autos an den Suezkanal nahe Ismailia. Wir hielten an einem Picknickplatz am Wasser und setzten uns unter Schirme aus Palmwedeln. Unsere Verwandten hatten riesige Taschen mit Speisen mitgebracht. Wir taten das Gleiche wie in den Tagen zuvor: reden und essen, nur dass diesmal Tanker an uns vorbeizogen, auf ihrem Weg in Richtung Mittelmeer.

Ich unterhielt mich lange mit unserer Cousine Meryem, die noch immer ziemlich gut Deutsch sprach, weil sie Germanistik studiert hatte, ein Semester davon in Bonn. Zwischendrin sprang sie immer wieder auf und rannte ihrem dreijährigen Sohn hinterher, um ihn mit Hühnchenstücken zu füttern, obwohl er mir mit seinen stämmigen Beinchen nicht gerade unterernährt vorkam.

»Ich sollte mich nicht beschweren«, sagte Meryem, »aber von der Freiheit, die ich in Deutschland hatte, kann ich hier nur träumen. Ich hocke eigentlich den ganzen Tag in der Wohnung. Schau mich an«, sagte sie und deutete auf die Röllchen, die sich durch den Stoff ihres Oberteils drückten. In Kairo könne sie so gut wie keinen Sport machen, Fahrrad fahren käme einem Selbstmordkommando gleich, und Joggen war hier nicht verbreitet, schon gar nicht unter Frauen. Tagsüber kam sie kaum irgendwohin. Das Auto hatte ihr Mann, und wenn sie ein Taxi wollte, musste sie einen der Fahrer bestellen, dem die Familie vertraute. Sie erzählte mir auch, dass sie und ihr Mann die Auswanderung nach Kanada planten.

Du weißt ja, dass das wenig später auch geklappt hat. Genauso wie bei Tante Dalia, Cousin Maher, Joseph, Fadi, Cousine Mona. Heute leben viele unserer Verwandten nicht mehr in Kairo. Aber damals fragte ich Papa am letzten Abend, ob er in all den Jahren nie traurig war, Kairo verlassen zu haben.

»Nein«, sagte er. »Ich hatte ja euch, ich hatte die koptische Gemeinde, außerdem telefonierte ich mit allen in Kairo regelmäßig. Und Moussa war jedes Jahr dort und erzählte mir, wie es allen ging.«

»Das reichte dir, dass deine ägyptische Familie nur noch in den Erzählungen deines Bruders existierte?«, fragte ich ihn.

»Ich hatte nie Heimweh. Viel schlimmer finde ich, wenn ein Mensch nicht weiß, wo er hingehört.«

Im Flugzeug nach Deutschland kam es mir so vor, als wäre ich ein Stück ägyptischer geworden. Ägypten war für mich nicht mehr nur eine romantische Vorstellung, das Land der Pharaonen, sondern ich hatte nun eigene Bilder im Kopf. Ich konnte jetzt mitreden, wenn ihr Älteren euch mit den Eltern über Tante Lilli oder Tante Mary unterhieltet. Sie waren keine fremden Stimmen mehr am Telefon. Es war beruhigend, in Kairo eine zweite Familie zu haben, einen Ort, an dem man sich auf mich freute.

Irgendwie gefiel mir auch die Unvollkommenheit der Stadt, ich konnte dem Chaos am Ende doch etwas abgewinnen, dieser Ergebenheit in die Absurdität des Alltags, wenn man sich ins Auto setzt und keine Ahnung hat, wann man am Ziel ankommen wird.

Für Papa war unsere Reise der Auftakt, um wieder öfter nach Ägypten zu fliegen. Ich schätze, er hat doch gemerkt, dass ihm in den Jahren zuvor etwas gefehlt hat. Und ich bin neugierig geworden. Vielleicht würde ich nach dem Abitur länger nach Ägypten fahren, dachte ich mir. Ich hatte im Gegensatz zu euch ja nie dort gewohnt, deshalb war da diese Leerstelle in mir, die ich füllen wollte.

Mit der Reise habe ich auch meine Eigenschaften als Chamäleon trainiert. Ich weiß nicht, ob du das nachvollziehen kannst, aber jedes Mal, wenn ich in den Falafel-Imbiss in meiner Straße in Berlin gehe, wo die Männer hinterm Tresen nur Arabisch sprechen, denke ich an Ägypten, und ein Gefühl von Heimat kommt in mir auf. Der Geruch, die Musik, die harten Rachenlaute, das ist ein Teil von mir. Vom Essen dort kann ich nie genug bekommen, ich schlinge es in mich hinein, tunke hier noch ein Fladenbrot in Humus, tauche da noch ein Falafel in Tahina-Soße und fühle mich mit jedem Bissen wohliger. Ich verleibe mir alles ein, bis ich fast platze. Aber dann, wenn ich vor die Tür gehe, bin ich wieder eine von denen da draußen, dann bin ich wieder die Deutsche.

Während die Reise eine zarte Hinführung zum Ägyptischen in mir war, gab es allerdings ein Jahr später ganz andere, brutale Ereignisse, die mich daran erinnerten, dass ich nicht einfach nur Deutsche war.

Ich hatte gerade Abitur gemacht und glaubte, alle müssten sich so frei fühlen wie ich. Schließlich war seit dem Mauerfall auch die Angst vor dem Atomkrieg vorbei, und der Weltfrieden schien nah. Da sah ich im September 1991 die Fernsehbilder aus Hoyerswerda. Ein aggressiver Mob aus Neonazis und Sympathisanten hatte sich vor einem Wohnheim für Vertragsarbeiter aus dem Ausland versammelt und warf mit Steinen und Molotowcocktails darauf. Zwei Stunden ging das so, bis die Polizei endlich eingriff. In den Tagen danach flammten die Angriffe immer wieder auf, bis die Menschen aus dem Haus schließlich evakuiert und in andere Städte gebracht werden mussten. Neonazis feierten Hoyerswerda danach als »erste ausländerfreie Stadt«.

Wir unterhielten uns in der Familie entsetzt darüber und regten uns über die rechtsradikalen Ostdeutschen auf. Aber noch waren die Ereignisse weit genug von uns weg. Auch das brennende Wohnheim in Rostock-Lichtenhagen ein Jahr später, vor dem sich Tausende Rechtsradikale und Schaulustige versammelten, schockierte uns zwar zutiefst, wir taten es aber noch immer als ostdeutsches Phänomen ab.

Dann kam kurz darauf der Mordanschlag von Mölln. Zwei Neonazis warfen nachts Molotowcocktails ins Haus der schlafenden Familie Arslan und töteten die Großmutter und ihre beiden Enkelinnen. Mölln liegt in Schleswig-Holstein, und die türkischstämmige Frau hatte zu diesem Zeitpunkt fünfundzwanzig Jahre in Deutschland gelebt. Nun bekam ich Angst.

Ein paar Monate später zündeten Neonazis das Haus der türkischen Familie Genç in Solingen an, fünf Menschen starben, viele wurden schwer verletzt. Jede Woche gab es jetzt mehrere Angriffe auf Flüchtlingsunterkünfte, auch in Bayern. Brandanschläge schienen mir die neue deutsche Freizeitbeschäftigung zu sein. Ich erinnere mich nicht, dass wir über unsere Angst miteinander gesprochen haben. Vielleicht schämten wir uns davor. Wir hatten uns doch bislang nie als Außenseiter gefühlt.

Ich achtete jetzt darauf, dass der Rollladen in meinem Zimmer vollständig geschlossen war, vorher hatte ich ihn immer einen Spalt weit aufgelassen, damit durchs offene Fenster etwas Luft hereinkam. Das tat ich nun nicht mehr. Und wenn ich nachts wach wurde, lief ich im Dunkeln durchs Haus, um zu kontrollieren, ob auch die anderen Rollläden sorgfältig geschlossen waren und nirgendwo ein Molotowcocktail hereinfliegen konnte.

Von Neonazis in Erding hatte ich zwar noch nie gehört. Aber konnte sich in rechten Kreisen herumgesprochen haben, dass wir hier wohnten? Oder war es denkbar, dass Neonazis aus anderen Orten von Haus zu Haus gingen und sich Klingelschilder ansahen? Das waren die Fragen, die ich mir nun stellte.

Zurück in die Stollbergstraße

Ich war in dieser Zeit ganz froh, dass ich wegen meines Studiums nun öfter in München übernachtete. Bei Oma und Josefa in der Stollbergstraße stand ein Zimmer leer, das konnte ich beziehen. Oma freute sich darüber, und für mich hatte die Großstadt einen Vorteil: Hier fiel es weniger auf, dass ich anders war.

Außer dir haben wir Geschwister alle während des Studiums dort gewohnt, im früheren Schlafzimmer unserer Eltern, dem großen Raum am Eingang der Wohnung mit dem grünen Kachelofen und dem Schwarz-Weiß-Poster von Marilyn Monroe. Adam hatte es aufgehängt, er war der Erste von uns, der dort wohnte, dann Anouk und schließlich ich für ein Jahr. Es war eine ungewöhnliche WG, in die ich da einzog: Tante Josefa, deren Raum neben meinem lag, war fast siebzig, Oma dreiundneunzig und ich zwanzig. In meiner ersten Nacht kam ich um drei Uhr von einer Party heim und begegnete im Flur Josefa, die gerade aufgestanden war und aus dem Bad kam. Wir grüßten uns kurz, dann verschwand ich schnell in mein Zimmer, um zu schlafen und sie in ihres, um zu meditieren.

Die Gegend um die Stollbergstraße war mittlerweile zu einer der teuersten der Stadt geworden. Im Hotel *Vier Jahreszeiten* in der Maximilianstraße sah ich die Gäste im Rolls-Royce vorfahren. Auch die Oper war nicht weit und die Kammerspiele, deren Schauspieler sich bei Frau Koppenberger ihre Wurstsemmeln kauften. Die Krämersfrau mit dem grauen Dutt sah Oma zum Verwechseln ähnlich, Oma kannte sie, seit sie 1938 hergezogen war. Ihr Geschäft war mittlerweile ein Feinkostladen, Oma ging dort nur noch hin, um mit Frau Koppenberger zu plaudern, denn Brot und Milch kosteten dort dreimal so viel wie im Supermarkt. In die teuren Designerläden nahe ihrer Wohnung setzte Oma nie einen Fuß. Sie legte zwar Wert auf gute Kleidung, aber bevor sie sich eine neue Bluse kaufte, flickte sie lieber die alte. Onkel Korbinian kam einmal mit einer neuen Krawatte von Rudolph Moshammer in die Stollbergstraße, darüber schüttelte Oma nur den Kopf.

Die Wohnung war vermutlich die letzte in der Straße ohne Heizung und fließendes Warmwasser. Auch jetzt im Winter schlief Oma im eiskalten Zimmer, ihr Fenster war von innen mit Raureif überzogen, aber das störte sie nicht. Nur in Josefas Zimmer und im Wohnzimmer gab es einen kleinen Gasofen. Oma brachte mir bei, den Kachelofen in meinem Zimmer anzuheizen. Die Kohle dazu holte ich aus dem Keller, in dem fünfzig Jahre zuvor die Hausbewohner in den Bombennächten Schutz gefunden hatten. Mein Zimmer war trotzdem fast immer kalt, denn wenn ich abends von der Uni heimkam, war von den Briketts vom Morgen nur noch Asche übrig. Ich heizte dann nach, aber es dauerte Stunden, bis das Zimmer halbwegs warm war – und dann musste ich auch schon bald wieder los.

In den ersten Nächten lag ich lange wach im Bett und lauschte den Geräuschen der Großstadt. Den Menschen, die hier so spät noch unterwegs waren, den Autos, die ankamen und abfuhren.

Ich stellte mir vor, was sich in diesem Raum, in dem ich nun lag, schon alles abgespielt hatte. Wie Mama als kleines Kind nachts vom Fliegeralarm geweckt worden war, wie nach dem Krieg die Stockbetten für die Untermieter aufgestellt wurden, wie unsere Eltern zu ihrem ersten Rendezvous zusammenkamen. Und ich versuchte mir auszumalen, wie ich als Baby neben dem grünen Kachelofen geschlafen hatte.

Am Morgen saß Oma schon im Wohnzimmer in ihrem Sessel am Fenster und stickte, ein Glas Apfelsaft auf dem Gasheizkörper, damit er nicht zu kalt war, wenn sie ihn trank.

»Ich bin froh, dass du hier bist«, sagte sie, das silberne Medaillon um den Hals, das ich als Kind schon so mochte, weil ich es jedes Mal aufregend fand, den Anhänger zu öffnen und in Uroma Josefas Gesicht zu blicken. Und auch Opa Rudolf sah noch vom Klavier herab.

Aber ich war hier nicht mehr zu Hause, das wurde mir schnell klar – die Wohnung, in der ich als Kind laufen gelernt hatte, war jetzt der Transitraum zu etwas Neuem.

An der Journalistenschule, die ich neben dem Politikstudium besuchte, merkte ich zum ersten Mal, dass meine Herkunft ein Vorteil sein konnte. In der Aufnahmejury saß mir ein Fernsehmoderator gegenüber, der meinen »multikulturellen Hintergrund« lobte, der habe sicher einen neugierigen Menschen aus mir gemacht, gute Voraussetzungen für eine Journalistin. Das Wort »multikulturell« war damals gerade in Mode gekommen.

Ich näherte mich Papas arabischer Heimat nun auch akademisch. An der Uni belegte ich Kurse zur Nahostpolitik, ich hatte einen Dozenten aus Palästina und einen aus dem Libanon. Und zum ersten Mal traf ich jemanden außerhalb unserer Familie, der halb arabisch und halb deutsch war wie wir. Aysha und ich belegten dasselbe Seminar in Politischer Theorie, ich war sofort neugierig, als ich ihren Namen hörte. Aysha erzählte mir, dass ihr Vater aus Libyen stamme und ihre Mutter Deutsche sei. Nach dem Unterricht gingen wir zusammen in ein Studentencafé in der Schellingstraße und bestellten uns einen Kaffee.

»Sprichst du Arabisch?«, fragte ich sie.
»Nein, kein Wort. Mein Vater hat es mir nicht beigebracht«, sagte sie. Sie zündete sich eine Zigarette an.
»Meiner mir auch nicht.«
»Warst du mal in Ägypten?«, fragte sie mich.
»Leider erst ein Mal.«
»Ist bei mir genauso«, sagte Aysha. »Aber ich habe auch keine Lust auf Libyen.«
Ihrer Familie sei das Gaddafi-Regime dort zuwider, ihr Vater sei froh, die Diktatur hinter sich gelassen zu haben.
»Ich hätte auch gerne einen europäischen Vornamen wie du«, sagte sie dann und blies den Rauch in einem großen Schwall aus. Es passte ihr gar nicht, dass bei ihrem Namen jeder gleich wusste, dass er nicht von hier war. Sie rückte näher an mich ran und setzte einen verschwörerischen Blick auf. »In Nordafrika betreiben sie die Computer ja noch mit Kamelmist«, sagte sie und lachte so laut, dass Leute von den Nachbartischen zu uns herüberblickten.
Immer wenn ich Aysha von nun an in der Uni traf, freute ich mich zwar, wir hatten etwas gemeinsam, aber eine Freundschaft wurde daraus nicht. Ich hätte mit ihr gerne mehr über unsere arabische Herkunft geredet, mir gewünscht, von ihr vielleicht auch etwas zu lernen, aber daraus wurde nichts, in dieser Hinsicht war sie genauso Analphabetin wie ich.

Die meisten meiner Kommilitonen wohnten in WGs mit Gleichaltrigen oder hatten kleine Wohnungen, in denen wir uns abends trafen. Alle fanden es kurios, wenn ich erzählte, dass ich bei meiner Oma und Tante wohnte. Aber ich lud selten jemanden in die Stollbergstraße ein, weil wir dort nicht unter uns waren. Einmal kam Jörg vorbei, mit dem ich mich angefreundet hatte, und ich machte abends um zehn Musik an, Oma und

Josefa schliefen schon. Omas Zimmer war weit entfernt, und von Josefa glaubte ich, dass sie etwas schwerhörig war. Doch nach zehn Minuten polterte sie über den Flur, riss meine Tür auf und schimpfte mit zerzausten Haaren und im Nachthemd: »Das ist zu laut!«, dann knallte sie die Tür wieder zu.

»Was war das denn?«, fragte Jörg verwundert.

Fortan war Josefa unter meinen Freunden als »der Drache« bekannt.

Kurz darauf waren sie und Oma für ein paar Tage verreist. Ich nutzte die Zeit und lud alle meine neuen Freunde zu mir ein. Ich war etwas nervös, ob auch genügend Gäste kämen. Die Party begann in meinem Zimmer, aber Jörg und ein paar andere hielt es nicht lange dort, sie machten sich auf, die Wohnung zu erkunden, bestaunten die Kuckucksuhr, den Herrgottswinkel und die Fotos von Josefas indischem Meister. Meine Sorge, sie könnten sich langweilen, war also unbegründet, stattdessen riefen sie noch mehr Freunde an und erzählten von dieser besonderen Partylocation. Am Ende kamen um die dreißig Leute, auf dem Sofa unter der heiligen Maria wurde Sekt getrunken, Hanne spielte auf Omas Klavier. Und um Mitternacht klingelte die Polizei. Ich traute meinen Augen nicht, als ich die Tür öffnete: Einer der beiden Beamten war Andi, den ich aus dem Volleyballverein kannte.

Sein ernster Gesichtsausdruck verschwand, als er mich erkannte. »Das gibt's ja nicht!«, rief er begeistert. Ich bat Andi und seinen Kollegen herein und machte die Musik leiser, um die Nachbarn zu besänftigen. Von Andi wusste ich, dass er selbst gern feierte und bot ihm und seinem Kollegen ein Bier an.

»Wir haben eh gleich Feierabend«, sagte Andi.

Die beiden nahmen sich jeder eine Flasche und blieben eine halbe Stunde.

Jörg und die anderen waren beeindruckt von meinen guten Beziehungen zur Polizei. Aber ich war geschafft von der Aufregung und zog mich in Omas Zimmer zurück, während in meinem weitergefeiert wurde. Mein Blick fiel auf das kleine Weihwasserbecken an der Wand, dann schlief ich ein.

Am nächsten Morgen war die Wohnung gespenstisch leer. Ich riss die Fenster auf, warf Flaschen weg, saugte, wischte den Boden und kratzte ein paar Zigarettenstummel aus den Parkettritzen. Ich räumte so gut auf, dass Oma und Josefa nichts von der Party bemerkten, als sie am Nachmittag zurückkamen.

Ein paar Wochen später wurde in Hannes WG in Schwabing ein Zimmer frei, ich bewarb mich sofort und bekam es. Josefa war, glaube ich, ganz froh, dass sie nun keine nächtlichen Ruhestörungen mehr zu befürchten hatte. Oma aber wirkte traurig.

»Ich verstehe dich schon, dass du lieber mit Freunden wohnen willst«, sagte sie und blickte aus dem Fenster. Es tat mir leid, sie so zu sehen.

»Ich bin ja nicht weit weg«, sagte ich. »Ich werde dich einfach oft besuchen.«

Und das tat ich auch.

Fünf Jahre später starb Oma. Nach ihrem Tod zog Josefa aus der Stollbergstraße aus, sechzig Jahre nachdem die Familie die Wohnung bezogen hatte. Josefa konnte nicht alle Möbel mitnehmen, und so verteilten wir viele von Omas Sachen in der Familie. Ich glaube, du nahmst ihr Küchenbüfett, Anouk das Klavier, Adam ihren Sekretär. Mir hat Oma das silberne Medaillon vererbt. Wenn ich es trage, habe ich Oma gleich wieder vor mir, auch der Geruch der Wohnung ist plötzlich wieder da. In Gedanken bin ich dann zurück in der Stollbergstraße.

Frau Schusch

Auf der Suche nach dem Ägyptischen in mir kam ich ausgerechnet auf einer Full-Moon-Party in den bayerischen Alpen weiter. Es war der Sommer 1997, ich hatte gerade mein Studium beendet und wartete darauf, dass etwas Neues beginnen würde. Ich wusste nur noch nicht, was.

Die Tanzfläche lag auf einer Lichtung im Wald, ringsherum erhoben sich schemenhaft die Tannen in den Nachthimmel. Weiter oben leuchteten die Scheinwerfer einer Bergstation in der Dunkelheit, als schwebte sie im Nichts. Lichtblitze zuckten über die Tanzfläche. Ich wippte im Takt und fragte mich, ob ich von diesem alles durchdringenden Wummern womöglich Herz-Rhythmus-Störungen bekommen konnte.

Neben mir wippte Shy, der gerade aus Israel zu Besuch bei Freunden war. Wir hatten uns ein paar Tage zuvor schon mal im *Tempel* gesehen, dem Club, in den ich am Wochenende oft ging. Mir gefielen seine Dreadlocks und sein klassisches Profil, diese Gesichtszüge, die aussahen wie gemeißelt. Er erinnerte mich an unsere ägyptischen Verwandten.

Es war kurz nach Mitternacht, und über uns leuchtete der Mond. Ich hatte genug von der Musik und schlug Shy vor, ein bisschen spazieren zu gehen. Wir liefen einen silbrig leuchtenden Pfad nach oben, bis wir an den Waldrand kamen.

Shy und ich unterhielten uns auf Englisch. Er erzählte mir, dass er vor Kurzem im Urlaub im Sinai gewesen war.

»Ich mag es dort sehr«, sagte er, »die Wüste, die Beduinen in ihren Zelten.«

»Da will ich auch mal hin!«, sagte ich. »Mein Vater kommt nämlich aus Ägypten.«

»Echt?« Shy sah mich überrascht an. »Du siehst gar nicht so aus.«

»Wie müsste ich denn aussehen?« Ich ahnte, dass ägyptische Frauen in seiner Vorstellung Kopftuch trugen.

»Hm, ich weiß nicht«, sagte er, »jedenfalls bist du die erste Halb-Ägypterin, mit der ich auf einer Party feiere.«

Wir gingen noch ein wenig, dann setzten wir uns auf einen mit Moos überwucherten Baumstumpf. Er war nicht sehr groß, und wir rückten eng aneinander, mir war wohlig warm, als hätte jemand uns in eine Decke gehüllt.

»In zwei Wochen fliege ich wieder zurück nach Israel«, sagte Shy und blickte mich an. Ich sah zu Boden.

»Eigentlich schade«, sagte ich. »Kannst du nicht ein bisschen länger bleiben?«

Shy lachte.

Dann küssten wir uns.

In den nächsten zwei Wochen verbrachten wir jede Minute zusammen, wir taten einfach so, als würde die Nacht in den Bergen nie zu Ende gehen. Ich fand es aufregend, dass Shy aus dem Nachbarland Ägyptens kam. Ihm ging es ähnlich, auch er war neugierig. Dass sich Araber und Juden in seinem Land bekriegten, war uns egal, wir starteten unseren eigenen kleinen Friedensprozess.

Ich glaube, ich habe dir damals erzählt, dass Shys Eltern aus dem Jemen nach Israel eingewandert waren, er war also westlich und orientalisch zugleich – ein bisschen so, wie ich es sein wollte. Shy hörte die gleiche Musik wie ich, mochte die gleichen Partys, aber zum Frühstück kochte er mir Foul, und nun schmeckte es mir. Sein Hebräisch mit den harten Rachenlauten der Sepharden hatte Ähnlichkeit mit Arabisch, und er hatte ebenso viele Tanten und Onkel, Cousinen und Cousins wie wir.

Als Shy zurück nach Tel Aviv flog, beschloss ich, ihn dort zu besuchen. Erinnerst du dich, was Mama sagte, als ich zu Hause davon erzählte? »Überleg dir das gut mit Shy. Israelis sind Orientalen. Da werden Frauen schlechter behandelt als hier.«

Und ausgerechnet Papa warnte mich: »Du musst wirklich aufpassen!«

Wir beide waren oft an der Abflughalle der El Al am Münchener Flughafen vorbeigefahren, an Terminal F, weit ab von allen anderen Gebäuden. Davor patrouillierten Polizisten mit schusssicheren Westen und Maschinenpistolen im Anschlag, ein Panzerfahrzeug parkte vor dem Eingang. Nun flog ich selbst von hier ab, und meine Beine fühlten sich beim Gang in die Halle plötzlich seltsam weich an.

Bevor ich einchecken durfte, wurde ich wie alle Passagiere erst mal befragt. Ein junger Mann mit gegelten Locken und blauem Anzug begrüßte mich freundlich und bat um meinen Pass. Er sprach Deutsch mit einem leichten Akzent. Ich konnte sehen, wie er plötzlich Haltung annahm, als er meinen Namen las.

»Was ist der Grund für Ihre Reise?«, fragte er mich.

»Ich besuche meinen Freund in Tel Aviv«, antwortete ich.

»Wie heißt Ihr Freund?«

»Shy Ovadia.«

Was war das hier, ein Lügendetektortest?

»Wie lange kennen Sie sich?«

»Vier Wochen ... nein, sechs Wochen«, verhaspelte ich mich.

»Also was nun?«, der El-Al-Mann wurde ungeduldig.

Dann gingen die Fragen weiter: Was der Ursprung meines

Namens sei? Wie mein Vater mit Vornamen heiße? Sein Geburtsort? Wie mein Großvater heiße? Ob ich Verwandte in Israel hätte? Und in Ägypten?

Dann bat er mich zu warten und holte seine Vorgesetzte, die kaum älter war als er. Nun wiederholte sich die Prozedur, sie stellte mir genau die gleichen Fragen noch einmal, nur diesmal auf Englisch. Ich versuchte ruhig zu bleiben. Neben mir war in der Zwischenzeit eine Reisegruppe von fünfzig Personen abgefertigt worden. Offenbar hatte von denen niemand einen ägyptischen Nachnamen. Zum ersten Mal in meinem Leben war ich ein potenzielles Sicherheitsrisiko.

Die Befragung endete nach einer Stunde damit, dass sie um Shys Nummer baten. Nachdem er bestätigt hatte, dass ich seine Freundin sei und ihn besuche, durfte ich einchecken.

Bei der Ankunft in Tel Aviv filmte eine Kamera die Passagiere, während sie den Sicherheitsbereich durch eine Milchglastür verließen, die Bilder wurden auf eine riesige Leinwand in der Halle übertragen, sodass die Abholer ihre Verwandten oder Bekannten gleich entdeckten. Ich erschrak, als mein Gesicht dort oben erschien. Shy konnte ich hingegen nirgendwo sehen, ein Pulk von Leuten stand vor mir, man drückte und küsste sich, genau wie in Kairo. Dann winkte Shy von weit hinten. Es dauerte ein paar Minuten, bis ich mich zu ihm durchgedrängelt hatte. »Hey!«, rief er und lachte mich an. Wir umarmten uns lange, während sich die Leute um uns herum in Richtung Ausgang schoben.

Draußen vor dem Flughafengebäude empfing mich ein Geruch, der mir bekannt vorkam: warm, feucht, nach Blüten, und auch nach Verbranntem. Der Geruch des Nahen Ostens.

Shys Auto parkte unter einer Palme. Drinnen wartete sein Hund Schusch und wedelte eifrig mit dem Schwanz, als wir einstiegen. Shy hatte ihn als Welpen von der Straße aufgelesen. Ich kraulte sein flauschiges Fell, zum Dank schleckte er meine Hand mit seiner rauen Zunge ab. Schusch war klein, schwarz und hatte fuchsrote Tupfen über den Augen. Er sah aus, als hätte ein größenwahnsinniger Dackel eine Rottweiler-Dame begattet. Und wie ich später feststellte, war auch sein Charakter entsprechend, er war frech und scheute auch vor Kämpfen mit größeren Hunden nicht zurück, ein Prolet von einem Hund.

»Wohin möchtest du als Erstes?«, fragte Shy.

»Ans Meer«, antwortete ich.

Wir fuhren an den Stadtstrand von Tel Aviv, zogen unsere Schuhe aus und liefen durch den nassen Sand, Wellenrauschen im Ohr. Schusch rannte auf und ab und bellte die Gischt an, als müsste er uns davor beschützen.

Es war Freitagnachmittag, kurz vor Schabbat-Beginn. Je näher wir der Mole kamen, umso intensiver roch es nach Haschisch. Ich kam mir vor wie in einer Freiluftaufführung des Musicals *Hair*: Junge Leute mit bunten Tüchern, Pumphosen und langen Haaren hatten sich dort versammelt, einige trommelten auf Darbukas und Bongos, andere tanzten.

»Die treffen sich hier jeden Freitag«, sagte Shy.

Wir setzten uns auf einen Felsen etwas abseits.

»Tel Aviv ist eine gute Mischung«, sagte ich zu Shy.

»Genau wie du!« Er zog mich zu sich heran.

Am nächsten Schabbat gingen wir zu seinen Eltern in einem Vorort von Tel Aviv. Beim Betreten der Erdgeschosswohnung hörte ich arabische Stimmen aus dem Fernseher. Batya, Shys Mutter, saß auf dem Sofa und sah sich einen Schwarz-Weiß-Film aus den Fünfzigerjahren an. Faten Hamama und Omar Sharif küssten sich zu melodramatischer Musik.

»Am Freitagnachmittag laufen immer alte ägyptische

Filme im ersten Programm«, sagte Shy, »und Mama verpasst keinen.«

Batya stand auf und gab mir die Hand. Sie war Ende fünfzig und beobachtete mich aus pechschwarzen Augen, prüfend, aber auch wohlwollend. Der Esstisch war schon gedeckt mit einem halben Dutzend Speisen, genau wie bei Tante Mary in Kairo. Nur dass bei Shys Eltern der Herd in der Küche jetzt mit einem weißen Tuch abgedeckt war, er wurde bis zum nächsten Abend nicht mehr benutzt. Shys Vater Zacharias, ein kleiner Mann mit grauen Locken, trug seine gehäkelte Kippa. Wortlos brachte er auch eine für Shy und setzte sie ihm auf. Shy verzog keine Miene, es schien ein eingespieltes Ritual zwischen ihnen zu sein.

Dann nahmen wir alle am Tisch Platz. Die Schabbat-Kerzen brannten, Zacharias sprach den Segen, und wir begannen zu essen. Batya und Zacharias konnten kein Englisch, aber sie lächelten mir aufmunternd zu. Zacharias redete auf Arabisch mit mir, in der Hoffnung ich würde ihn doch irgendwie verstehen. Ich musste an unsere Mutter denken und ihren ersten Tag in Kairo. Interessiert und freundlich zu gucken, während man keine Ahnung hatte, was gesprochen wurde, war sehr anstrengend. Shy übersetzte, was seine Mutter mich auf Hebräisch fragte: Woher unser Vater genau komme, warum ich kein Arabisch spräche. Der deutsche Teil meiner Familie interessierte sie nicht, was sicher anders gewesen wäre, hätte sie Verwandte im Holocaust verloren.

Batya war Personalleiterin in einem Krankenhaus und erzählte, eine ihrer Kolleginnen habe den gleichen Nachnamen wie ich. Es gebe einige Wahbas in Tel Aviv, das sei ein typisch ägyptischer Name, der auch unter Juden gebräuchlich sei. Wahba war also ein Chamäleon-Name, das gefiel mir.

Shy und ich verbrachten in den drei Wochen viel Zeit am

Meer, schlenderten über den Flohmarkt in Jaffa, fuhren nach Jerusalem und Akko. Ich besuchte Orte, an denen ich noch nie gewesen war, und gleichzeitig fühlte ich mich, als wäre ich nach einer langen Reise heimgekommen.

In der letzten Woche fuhren Shy und ich in den Sinai. Wir nahmen einen Bus nach Eilat und gingen dann zu Fuß über die Grenze. Mit uns Hunderte junger Israelis, die hier ebenfalls Urlaub machten. Ich war aufgeregt, als ich dem ägyptischen Grenzer meinen deutschen Pass mit dem ägyptischen Namen gab. Er sah mich etwas verwundert an, aber winkte mich schließlich wortlos durch.

Auf der anderen Seite nahmen wir uns ein Sammeltaxi nach Nuweiba. Freunde von Shy hatten uns dort ein Strandcamp empfohlen, das von Beduinen betrieben wurde. Wir bezogen eine einfache Strohhütte direkt am Meer. Vor den Duschen und Stehklos unter freiem Himmel gab es keine Türen, sondern nur gewebte Vorhänge, die der Wüstenwind immer dann zur Seite wehte, wenn es gerade gar nicht passte. Abends im Restaurant saßen wir auf Teppichen und Kissen, wir aßen Bamia, ein ägyptisches Gemüsegericht, das ich sehr mochte. Doch noch bevor wir schlafen gingen, wurde mir schlecht, und ich musste mich übergeben. Shy hingegen fehlte nichts. Nur ich vertrug die ägyptischen Bakterien mal wieder nicht.

Am nächsten Morgen ging es mir besser, aber an Essen war nicht zu denken. Wir setzten uns ans Meer, etwas abseits der Anlage und sahen einer Beduinin zu, wie sie einen Haken an einer Nylonschnur befestigte, um zu angeln. Sie nickte uns zu. Ich konnte ihr Alter schlecht schätzen, denn ihr Gesicht war hinter einem Schleier verborgen, aber nach ihren sonnengegerbten Händen zu urteilen, musste sie um die sechzig sein.

Die Beduinin hatte kein Glück beim Angeln. Nachdem eine halbe Stunde lang kein Fisch angebissen hatte, setzte sie sich zu uns. Die Metallplättchen an ihrem Gesichtsschleier klimperten bei jeder ihrer Bewegungen. Sie sagte etwas, das Shy nicht verstand, obwohl er ein wenig Arabisch konnte, dann holte sie eine Kanne und Gläser aus ihrem Korb und schenkte uns ein. Stumm tranken wir ihren starken, süßen Tee, ich im schwarzen Schlauchkleid, sie in ihrer schwarzen Galabeya, während sich die Sonne zu einem roten Ball färbte und hinter den Bergen unterging.

Als mein Urlaub vorbei war, wussten Shy und ich, dass wir zusammenbleiben wollten. Nur wie, war die Frage. Shy hatte gerade seine Arbeit als Koch aufgegeben und eine Ausbildung zum Multimediadesigner begonnen, er konnte Tel Aviv erst mal nicht verlassen. Ich hingegen hatte mich nun monatelang in meiner Magisterarbeit mit dem Nahost-Konflikt beschäftigt, warum also nicht eine Zeit lang in der Region leben und als Journalistin arbeiten. In Kairo wäre das als Frau allein und ohne Arabisch zu sprechen schwieriger gewesen. Tel Aviv hingegen war Naher Osten light.

Erst bei der Ausreise merkte ich wieder, wie kompliziert hier alles war. Am Flughafen befragte mich eine Security-Mitarbeiterin, die sich mir auf Englisch als Galit vorstellte. Dass mein Nachname auch in Israel gebräuchlich war, half gar nichts, weil sie sehr schnell kapierte, dass ich keine Jüdin war. Jetzt verstand ich den Sinn der vielen Fragen, die mir zuvor der Security-Mann in München gestellt hatte. Auch Galit fragte mich nicht direkt, ob ich Jüdin sei, sondern wollte wissen, wie mein Vater und mein Großvater hießen, ob ich Verwandte in Israel hätte und schließlich, ob ich in Ägypten welche hätte.

Galit entschied, dass sie auch mein Gepäck durchsuchen

müsse. Sie zog sich schnalzend Latexhandschuhe über, dann stellten wir uns etwas abseits in eine Nische und legten meinen Koffer auf einen langen Tisch. Galit begann jedes einzelne Teil herauszunehmen, ich stand peinlich berührt daneben und wünschte mir, ich hätte zumindest meine Schmutzwäsche zuvor noch gewaschen. Galit aber machte unbeeindruckt weiter, sie öffnete auch die Cremes und Flaschen aus meinem Kulturbeutel und sah sie sich genau an. Dann stieß sie auf einen hellgrünen Wecker, den ich in Jerusalem gekauft hatte. Meine Freundin Hanne hatte mich gebeten, ihn für sie zu besorgen, er hatte die Form einer Moschee.

Galit sah sich den Wecker genau an, von hinten, von unten. Schließlich drückte sie einen der kleinen schwarzen Knöpfe auf der Rückseite.

»Allahu Akbar«, hallte es durch den Raum. »Allahu Akbar.«

Galit sah mich böse an und versuchte den Wecker wieder auszubekommen, sie drückte auf den Knopf, sie drehte ihn, sie zog, aber die »Allahu-Akbar«-Rufe hörten nicht auf.

Einige Passagiere starrten uns an, andere sahen sich besorgt um und liefen in Richtung Ausgang. Zwei Security-Leute mit Schutzwesten trabten auf uns zu.

»Nimm die Batterien raus!«, rief ich. Galit fummelte weiter an dem Wecker herum, schließlich gelang es ihr, das entsprechende Fach zu öffnen und die Batterie herauszunehmen. Dann war es still.

»Der Wecker ist ein Geschenk für eine Freundin«, sagte ich leise. »Das ist als Witz gemeint.«

»Ich lache mich tot«, entgegnete Galit. Danach packte sie wortlos alle meine Sachen wieder ein.

Ich erreichte das Flugzeug gerade noch rechtzeitig.

Wenige Monate später, im Februar 1998, zog ich nach Israel, erst mal für ein halbes Jahr, mit der Option zu verlängern. Ich hatte ein paar Aufträge von einer deutschen Zeitung bekommen und wusste, dass es in Israel für Journalisten immer genug zu tun gab.

Du hast mir damals einen Laptop geschenkt und eines dieser alten Modems, die so fürchterlich knarzten und piepten, wenn man sich ins Internet einwählte. Shy hatte für uns über eine Bekannte eine möblierte Anderthalb-Zimmer-Wohnung in der Yohanan-Gasse gefunden. Das dreistöckige Mietshaus stand im Schatten einer Feuerakazie. Als wir einzogen, fielen die ersten Blüten herab und bildeten einen flammend roten Kreis. Unsere Wohnung lag im Erdgeschoss, sie war klein und dunkel, das Schlafzimmer gerade so breit, dass ein Bett hineinpasste. Aber uns gefiel die Wohnung, sie war nicht teuer, dafür ruhig und nah am Zentrum.

»Wir werden es uns in unserer Höhle gemütlich machen«, sagte Shy, während wir unsere Sachen hineintrugen. Freunde von ihm hatten uns einen pink bemalten Schrank geschenkt, aufs Sofa legten wir eine indische Decke, und den Schreibtisch aus Sperrholz beklebten wir noch am ersten Abend mit Goldfolie.

Am nächsten Tag malten wir die Fensterrahmen hellblau an, wie ich es von den Häusern auf den griechischen Inseln kannte. Anders als von Mama befürchtet, entpuppte sich Shy nicht als orientalischer Macho, wir erledigten alles in der Wohnung zusammen. Auch Schusch gefiel sein neues Zuhause, er bewachte es aus seinem Körbchen neben der Eingangstür.

Am nächsten Morgen hatte ich allerdings für kurze Zeit das Gefühl, Deutschland gar nicht verlassen zu haben.

Shy war um acht Uhr zur Uni gefahren, kurz darauf klingelte es an der Tür, ein Mann mit weißem Haarkranz und buschigem Schnauzer stand davor.

Ich verstand nicht, was er zu mir sagte, und bat ihn, englisch zu sprechen.

»Ich bin Schlomo, dein Nachbar«, sagte er mit hartem Akzent.

Dann zeigte er auf die blaue Farbdose, die ich nach dem Malern vor die Tür gestellt hatte.

»Kannst du die bitte aufräumen?«, sagte er freundlich, aber bestimmt. »Stell dir vor, jeder würde das machen.«

Ich entschuldigte mich und holte die Farbe herein.

Abends erzählte ich Shy davon. »Bestimmt ein Jecke«, meinte er, »ein deutschstämmiger Jude.«

Zwei Tage später klingelte es erneut morgens an der Tür. Wieder stand Schlomo davor. Ich war gespannt, was ich diesmal falsch gemacht hatte.

»Guten Morgen«, sagte er auf Englisch. »Kannst du bitte dein Fahrrad woanders parken?«

Es stand im Vorgarten unter unserem Küchenfenster. Was das Problem daran war, erschloss sich mir nicht. Aber ich versprach, es fortan woanders abzustellen. Er bedankte sich. Beim Abschied sah ich die blaue Nummer, die auf seinen Unterarm tätowiert war.

Eine Woche nach meiner Ankunft meldete ich mich beim Presseattaché der Deutschen Botschaft, damit er wusste, dass ich von Israel aus arbeiten würde.

»Oh, gut, dass Sie anrufen«, sagte er. »Kommen Sie bitte morgen vorbei, um Ihre ABC-Schutzausrüstung abzuholen.«

Saddam Hussein hatte gerade wieder gedroht, Scud-Raketen auf Tel Aviv zu schießen, dennoch fand ich, dass der Presseattaché übertrieb, schließlich waren die Raketen im letzten Golfkrieg nicht besonders zielgenau gewesen. Aber er bestand darauf, dass ich komme, es gebe die Sorge, Saddam könnte Chemiewaffen einsetzen. Also ging ich am nächsten Tag in die Botschaft und bekam eine Gasmaske und eine Atropinspritze, die ich mir im Falle eines Chemiewaffen-Angriffs injizieren sollte. Beides müsste ich auch bei mir tragen, wenn ich das Haus verließ. Abends in der Wohnung übte ich, wie man so eine Gasmaske aufsetzt, Shy stand daneben, er kannte das ja aus der Armee und vom letzten Golfkrieg. Die Maske roch unangenehm nach Gummi, und es kostete mich viel Überwindung, das labbrige Ding über den Kopf zu ziehen. Irgendwie schaffte ich es und begann zu atmen – aber ich bekam keine Luft. In Panik japsend, zerrte ich mir die Maske wieder herunter. Shy sah mich mit großen Augen an, dann hielt er sich die Hand vor den Mund, um sein Grinsen zu verbergen.

»Du hättest den Luftfilter aufdrehen müssen«, sagte er.

»Und warum sagst du mir das nicht?«, entgegnete ich.

»Ich hab's vergessen.«

Sauer und genervt ließ ich mich aufs Bett fallen.

Du hast mich in jenen Tagen einmal aus Deutschland angerufen und gesagt: »Komm doch zumindest vorübergehend wieder heim.« Die Lage sei doch so gefährlich. Was, wenn Saddam seine Drohungen wahr mache? Die Eltern seien auch in größter Sorge, sagtest du.

Anders als ich, hattet ihr alle ja schon einmal einen Krieg erlebt, und vielleicht hast du dich wieder an die Einschläge nahe der Gesr-el-Suez-Straße erinnert. Damals waren es die Israelis, die euch angriffen. Nun war es umgekehrt, ich wohnte in Israel und wurde bedroht. Aber seltsamerweise kam es mir so vor, als beträfe mich das nicht. Vielleicht fühlte ich mich unverwundbar, weil ich frisch verliebt war. Es lag aber auch noch an etwas anderem: Als Ausländerin fühlte ich mich nicht als Adressatin von Saddams Aggression. Das ergab überhaupt keinen Sinn, denn seine Bomben konnten mich genauso treffen wie jeden anderen Menschen in Israel, und doch hatte ich weniger Angst als viele um mich herum. Am Ende gab Saddam Hussein damals ja glücklicherweise nach und ließ die internationalen Waffeninspektoren all seine Anlagen im Irak begutachten. Damit war der Konflikt zumindest vorerst entschärft.

Einige Wochen später wachte ich morgens auf und hatte Sand zwischen den Zähnen. Durchs Fenster sah ich, dass es dunkler war als sonst. Ein beiger Schleier hing am Himmel, auch die Blätter der Bäume schimmerten bräunlich.

»Der Chamsin«, sagte Shy. Ein warmer Saharawind, der Sand über die Stadt trug. Die feinen Körner lagen überall in der Wohnung, auf den Fensterbrettern, den Regalen, auf dem Boden.

Ich erzählte Mama davon am Telefon. Sie sagte, auch in Kairo sei im März Chamsin-Zeit gewesen und gab mir Tipps, was ich tun sollte: Fenster schließen, feuchte Tücher in alle Ritzen stopfen. Am besten drinnen bleiben. Nach einem Tag sei der Spuk meist wieder vorbei.

Ich habe sie und Papa danach noch öfter um Rat gefragt. In den Sommermonaten bei über fünfunddreißig Grad schüttete ich zentimeterhoch Wasser auf die Fliesen, wie sie es in Ägypten gemacht hatten. Shy kannte das nicht und lachte über mich. Aber es machte die Räume tatsächlich kühler. Und ich aß viel Wassermelone, weil das laut Papa bei diesen Temperaturen die beste Erfrischung war. Ich erinnerte mich an das Foto von euch Großen, auf dem ihr in Kairo auf den Wohnzimmerfliesen saßt und euch der rote Melonensaft übers Gesicht lief.

In Tel Aviv hatte ich oft das Gefühl, an unsere Familiengeschichte anzuknüpfen, ich konnte mir nun viel besser vorstellen, wie ihr damals in Kairo gelebt habt. Die beiden Städte sind nicht weiter voneinander entfernt als München und Berlin. Manchmal dachte ich mir in Tel Aviv, ich steige einfach ins Auto und fahre zu Tante Lilly und Tante Mary, immer am Mittelmeer entlang. Nur liegt eben Gaza dazwischen, und das machte es kompliziert.

In der Wohnung gegenüber unserer hatte die Kosmetikerin Racheli ihren Salon. Wir unterhielten uns manchmal auf dem Flur in einer Mischung aus Englisch und Hebräisch, ich hatte gleich nach meiner Ankunft einen Sprachkurs begonnen und verstand bald einiges. Eines Tages erzählte sie mir, dass sie sich mit Schlomo über mich unterhalten habe.

»Der mag mich doch nicht«, sagte ich zu ihr.

»Ganz im Gegenteil!«, entgegnete Racheli. »Er wirkte sehr interessiert, als ich ihm erzählte, dass du aus Deutschland bist.«

»Das kann ich mir nicht vorstellen.«

»Doch. Klingel mal bei ihm, er freut sich bestimmt. Er möchte sein Deutsch aufpolieren«, sagte Racheli.

»Ist er Jecke?«, fragte ich sie.

»Nein, er stammt aus Polen. Seine Frau Bella auch.«

Ich hatte Schlomo und Bella öfter zusammen gesehen, sie kamen mir wie ein ungleiches Paar vor. Bella sah aristokratisch aus mit ihrer hellen, durchscheinenden Haut, sie ging nicht ohne Spitzenhandschuhe und Sonnenhut auf die Straße und schien über den Dingen zu schweben. Ganz anders der kleine, kräftige Schlomo, er hielt Bella die Tür auf und schleppte die Einkaufstüten.

Ein paar Tage später, ich war gerade mit dem Hund draußen gewesen, traf ich Schlomo vor dem Haus und begrüßte ihn auf Deutsch mit »Guten Tag«.

»Ah, Frau Schusch!«, antwortete er und lachte. »Ihren Hund haben Sie noch nicht gut erzogen, ich höre Sie ständig nach ihm rufen.«

Ich musste ihm recht geben, Schusch machte, was er wollte.

»Racheli hat mir erzählt, dass Sie aus Deutschland sind.« Schlomo sprach langsam und mit slawischem Akzent.

»Woher können Sie eigentlich Deutsch?«, fragte ich ihn.

»Aus Auschwitz«, sagte er.

»Oh.« Mir fiel nichts ein, was ich darauf sagen sollte.

»Sie sind ja jung«, sagte Schlomo. »Es ist toll, dass Deutsche wie Sie nun nach Israel kommen.«

Er erzählte, dass er und Bella seit Jahren jeden Sommer auf Kur nach Bad Wörishofen fuhren. »Wir mögen es dort sehr.« Ob ich nicht mal zum Tee bei ihm und Bella vorbeikommen wolle, fragte er dann.

Ein paar Tage später besuchte ich sie. Beim Betreten der Wohnung kam es mir so vor, als endete der Nahe Osten an der Türschwelle: Auf dem Esstisch lag ein Spitzendeckchen, Bella hatte einen Gugelhupf gebacken und feinstes Porzellan herausgeholt. In der Ecke stand ein schwarz lackiertes Klavier.

»Ich spiele jeden Tag Schubert-Lieder«, sagte Bella in akzentfreiem Deutsch.

Sie erzählte, dass sie aus einer wohlhabenden Familie aus Łódź stamme, in der zu Hause Deutsch gesprochen wurde. »Meine Mutter legte außerdem Wert auf Klavier- und Französischunterricht.«

Ich fragte Schlomo, wo er herkomme. Während wir uns an den Tisch setzten und Kuchen aßen, erzählte er von seiner Familie aus Białystok, die sehr arm gewesen sei. »Ich habe schon mit vierzehn in einer Druckerei angefangen, das war harte Arbeit«, sagte er und blickte zu Bella. »Unter normalen Umständen hätten sich unsere Wege nie gekreuzt.«

Die beiden hatten sich nach der Befreiung von Auschwitz in einem Displaced-Persons-Lager kennengelernt, verliebten sich und beschlossen, gemeinsam ins damalige Palästina auszuwandern, wo gerade der jüdische Staat aufgebaut wurde.

Als wir mit dem Tee fertig waren, wandte Schlomo sich mit einer Bitte an mich: »Können Sie mir helfen, mein Deutsch zu verbessern?«

Schlomo hatte vor Kurzem erfahren, dass er Anspruch auf eine Rente aus Deutschland hatte, die stand ihm als ehemaligem Zwangsarbeiter in einem Außenlager von Auschwitz zu. Er glaubte, es sei für die Bewilligung förderlich, wenn er zeigte, dass er die Sprache gut konnte. Erst mal sollte ich ihm beim Ausfüllen des Antrags helfen, das wollte er auf Deutsch machen.

Ein paar Tage später saßen wir zusammen am Wohnzimmertisch, das rosafarbene Antragsformular vor uns. Schlomo trug die Daten ein: Wann er deportiert worden war, wohin man ihn gebracht, wo er Zwangsarbeit geleistet hatte.

Als wir damit fertig waren, erzählte er mir von Hans.

»Ohne ihn wäre ich gestorben«, sagte Schlomo.

Hans war ein Mithäftling, ein deutscher Arzt, mit dem er sich eng anfreundete. Er war kein Jude, sondern politischer Häftling, deshalb durfte er Essenspakete von seiner Familie empfangen, und die teilte er mit Schlomo. Von ihm lernte er auch die Sprache.

Dieser Hans hatte Schlomos Bild von den Deutschen mehr geprägt als die SS-Leute in den KZs. Schlomo war der Überzeugung, dass die Deutschen von Hitler erst verführt und dann unterdrückt worden waren.

Ich glaubte, dass er da vieles beschönigte, sagte aber nichts, weil diese Sichtweise Schlomo offenbar half, nicht zu verbittern. Sie bot ihm eine Erklärung für das Unerklärliche.

Auch Bella dachte wie er, obwohl ihr Deutsche nie geholfen hatten. Sie war als Sechzehnjährige nach Auschwitz deportiert worden, zusammen mit drei Schulfreundinnen, die alle vom gefürchteten Lagerarzt Dr. Mengele für »arbeitsfähig« befunden worden waren und von nun an aufeinander aufpassten. Wenn eine von ihnen krank wurde, gaben die anderen drei ihr etwas von ihrer knappen Brotration ab. Denn wer krank war und nicht arbeiten konnte, bekam kein Brot.

Von nun an ging ich fast jede Woche zu Schlomo. Wenn ich neben ihm am Wohnzimmertisch saß und er deutsche Verbkonjugationen übte, dachte ich mir, wie grotesk die Situation doch war. Ich hatte erwartet, dass der deutsche Teil meiner Herkunft mir in Israel Probleme machen würde. Aber so war es nicht. Mit dem arabischen Teil war es eindeutig komplizierter – auch wenn im Alltag niemand auf die Idee kam, ich könnte in irgendeiner Weise arabisch sein. Die meisten hielten mich für eine jüdische Neueinwanderin. Manchmal schimpfte sogar ein Taxifahrer auf »die Araber«, während ich neben ihm saß. Ich bemerkte, wie mich das verletzte, und dadurch wurde mir meine ägyptische Herkunft erst richtig bewusst. Es war keine Rolle mehr, die ich nach Belieben annehmen oder verlassen konnte, so wie ein Chamäleon willkürlich die Farbe wechselt. Es war eine Identität, in die ich von außen hineingestoßen wurde. Und die jedes Mal, wenn ich ein- und ausreiste zum Problem wurde.

Im Sommer kam ich aus dem Urlaub in Deutschland zurück, und der israelische Grenzpolizist fragte wie immer nach der Herkunft meines Namens. Ob ich Verwandte in Israel hätte? Nein. Und in Ägypten? Ja. Was ich von Beruf sei? Journalistin.

Er griff zum Telefon und rief einen Kollegen an. Obwohl er meinen deutschen Pass in der Hand hielt, sagte er: »Hier steht eine ägyptische Journalistin. Kommst du mal?«

Ich war noch keine zehn Minuten im Land, schon hatte ich die Nationalität gewechselt. Der herbeigeholte Polizist brachte mich in einen abgetrennten Bereich, in dem ich warten sollte. Meinen Pass nahm er mit.

Ich war beleidigt und fühlte mich erniedrigt. Es war doch kein Makel, einen ägyptischen Vater zu haben. Ich spürte, wie ich immer wütender wurde, mich ärgerte, dass ich nun Hebräisch lernte, aber immer noch kein Arabisch konnte. War ich das meinen Vorfahren nicht schuldig? War es nicht Ägypten gewesen, das als erstes arabisches Land mit Israel Frieden geschlossen hatte? Präsident Sadat hatte dafür sogar mit seinem Leben bezahlt.

Ich dachte daran, wie wir im Oktober 1981 alle zusammen im Fernsehen die Bilder von seiner Ermordung gesehen hatten, wie radikale Islamisten bei einer Militärparade das Feuer auf ihn eröffneten. Ich war damals erst neun, aber ich verstand, dass etwas Fürchterliches passiert war. Ich sah das Entsetzen in Papas Augen, er hatte Sadat verehrt.

Diese Gedanken gingen mir durch den Kopf, während ich auf dem Plastikstuhl bei der Polizei saß. Aber ich wusste, dass es besser war, meine Wut für mich zu behalten, sonst würde ich noch länger hierbleiben müssen.

Nach einer Stunde kam eine Polizistin in den Raum und gab mir meinen Ausweis zurück. »Sorry for waiting«, sagte sie.

»No problem«, entgegnete ich. Dann brachte sie mich durch die Passkontrolle.

Wenn man nicht wie ich mit einem ägyptischen Nachnamen ein- und ausreiste, konnte man damals in Tel Aviv allerdings die Augen ganz gut vor den Spannungen im Land verschließen. Es waren ungewöhnlich ruhige Zeiten Ende der 1990er-Jahre, die Serie von Selbstmordanschlägen war vorerst unterbrochen. Die Grenze zu den Palästinensergebieten war von Tel Aviv aus weit genug entfernt, um zu verdrängen, was dort geschah. Shy und seine Freunde schauten selten Fernsehnachrichten, sie mieden Jerusalem, wo sie mit dem Konflikt konfrontiert wurden. Viele von ihnen gingen auch nicht zum Reservedienst. Shy erzählte mir, dass er einer Armeepsychologin so glaubhaft eine Klaustrophobie vorgespielt hatte, in ihrem Büro Fenster und Tür aufgerissen und von angeblichen Albträumen in engen Panzern berichtet hatte, dass sie ihn von der Reservepflicht befreite.

»Ich wäre sowieso kein guter Soldat«, sagte Shy zu mir. »In meiner Armeezeit vergaß ich manchmal mein Gewehr im Café.« Er sei sogar ein paar Tage im Militärgefängnis gelandet, weil er sich mit einem Vorgesetzten angelegt hatte, der wollte, dass er seine Zigarettenpause beendete. »Du Esel, ich mach, was ich will«, soll Shy daraufhin gesagt haben. Er tat so, als lebte er in Westeuropa.

Selbst wenn ich es gewollt hätte, ich konnte den Konflikt mit den Palästinensern nicht ausblenden, denn ich reise als Journalistin ja an die Orte, die Shy nicht besuchte. Nach Ramallah, nach Abu Dis, nach Gaza ins Dschabaliya-Flüchtlingslager, wo hunderttausend Menschen auf anderthalb Quadratkilometern wohnten. Einmal traf ich eine Friedensaktivistin in Betlehem, eine Christin, nur zehn Jahre älter als ich. Samira war eine der moderateren palästinensischen Stimmen. »Wir akzeptieren Israel«, sagte sie zu mir, »aber in den Grenzen von 1967. Wir wollen auch einen Staat. Und keine jüdischen Siedlungen im Westjordanland.«

Nach jeder dieser Reisen war ich hin- und hergerissen, fühlte mich Palästinenserinnen wie ihr verbunden. Gleichzeitig verstand ich, dass Shy mit alldem so wenig wie möglich zu tun haben wollte. Drei Jahre in der Armee hatten ihm gereicht. Er war aus Selbstschutz unpolitisch geworden. Bevor er ins Grübeln kam, rauchte er lieber einen Joint.

Nach einem Jahr in unserer Höhle merkten wir, dass wir mehr Platz brauchten. Wir wollten uns beide auch mal in ein Zimmer zurückziehen können. Ich war gerade zu Besuch in Deutschland, da erzählte mir Shy am Telefon, dass er ein Häuschen in Ramat Israel gefunden hatte, ganz nah am Stadtzentrum. Ich kannte das Viertel vom Vorbeifahren, es sah aus, als hätte ein Riese einen Haufen weißer Würfel auf ein Feld geworfen. Dort wohnten vor allem traditionelle sephardische Juden, die ultrareligiöse Schas-Partei hatte hier viele Anhänger. Die Gegend wurde aber zunehmend auch bei jungen Tel Avivern populär, weil es hier grüner war als im Rest der Stadt. Shy mailte mir ein Foto von dem Haus. Es war einstöckig und hatte ein Flachdach, an manchen Stellen blätterte zwar der Putz ab, aber es hatte drei Zimmer, in denen wir uns ausbreiten konnten, und einen kleinen Garten mit einem Granatapfelbaum. Ich war begeistert.

Shy sagte dem Vermieter Eli zu. Einen Tag später kam ich zurück, und wir fuhren direkt vom Flughafen zum Haus, Shy hatte schon die Schlüssel bekommen.

»Ich habe Eli erzählt, dass du Deutsche bist«, sagte Shy und bog auf die Autobahn ein.

»Und?«, fragte ich.

»Das war kein Problem, aber er wollte wissen, ob wir verheiratet sind. Er ist ziemlich religiös.«

»Fand er es okay, dass wir nicht verheiratet sind?«

»Er hat es akzeptiert. Er fragte mich allerdings, ob du zumindest Jüdin bist.«

Shy setzte zum Überholen an. »Daraufhin habe ich Ja gesagt.«

»Was?«, rief ich, »du hast ihn angelogen?«

»Das ist doch keine richtige Lüge«, sagte Shy, »das war eine kleine Schwindelei. Wir wollen doch das Haus haben.«

Ich war fassungslos.

»Stell dir vor, ich würde in Deutschland verleugnen, dass du Jude bist!«, sagte ich.

»Das ist doch etwas völlig anderes!«, wand sich Shy heraus.

»Was ist daran bitte anders?«, fragte ich.

»Alles.«

Die Religion hatte noch nie eine Rolle gespielt zwischen uns, nun stand sie plötzlich im Raum wie ein ungebetener Gast.

Es ging eine Weile hin und her zwischen uns, Shy sagte immer wieder, das tolle Haus rechtfertige diese Notlüge, ich solle das nicht so ernst nehmen. Er habe ja nicht mich als Person verleugnet.

Ich war trotzdem sauer und schwieg den Rest der Fahrt, schließlich war ich diejenige, die nun vor dem Vermieter die Jüdin spielen musste.

Am nächsten Tag fuhren wir zu Eli, um den Mietvertrag zu unterschreiben. Wir setzten uns an seinen Esstisch, und er fügte unsere Namen in das Dokument ein. Plötzlich stutzte er und sah mich erstaunt an: »Du bist ja Ägypterin! Warum hast du das nicht gleich gesagt?«

Er stand auf und umarmte mich: »Du kommst aus meinem Land!«

Für ihn war ich eine sephardische Jüdin.

Eli erzählte, dass er in Shobra geboren worden war und erst als Teenager nach Israel kam. Im nächsten Atemzug fragte er mich, warum ich denn so einen komischen Vornamen hätte. »Ich werde dich Hanna nennen«, entschied er.

Ich blickte unbeholfen zu Shy. Was sollte ich nun tun? Shy zuckte nur mit den Schultern.

Dann prasselten die Fragen auf mich nieder: Wo meine Familie herkomme? Warum mein Vater nicht in Israel lebe? Wieso ausgerechnet in Deutschland?

In meiner Not machte ich Teta und Gedo zu Papierhändlern, die wegen ihres gut gehenden Geschäfts Kairo nicht hatten verlassen wollen, Papa habe zufällig bei einem Studienaufenthalt in Deutschland unsere Mutter kennengelernt, die ich auch zur Jüdin machte, und er sei dann wegen seiner Arbeit in Deutschland geblieben.

Eli fand das alles sehr eigenartig und sagte, ich möge meinem Vater doch ausrichten, dass er auch ins gelobte Land kommen solle. Wir Juden gehörten schließlich hierher.

Ich war erschöpft, als wir Elis Wohnung verließen.

Eli rief in den nächsten Wochen ein paarmal an, um uns zum Schabbat einzuladen, ich überließ es Shy, sich Ausreden zu überlegen. Einmal hatte Hanna angeblich Kopfweh, ein andermal musste sie arbeiten. Irgendwann blieben die Einladungen aus.

Erstaunlicherweise kam aber auch keiner unserer Nachbarn darauf, dass ich eine halbe Araberin sein könnte. Auch für sie war ich eine Sephardin, die eben erst kürzlich nach Israel gekommen war. Nachum, der nie ohne Kippa aus dem Haus ging, brachte uns selbst gemachte Falafel vorbei und führte uns sein neues Bad vor, für dessen Umbau er sich »ein paar Araber« geholt hatte, wie er sagte. Er nannte mich Inbal, ein geläufiger Name in Israel. Offenbar hatte er auf unserem Klingelschild nachgesehen und glaubte, ich hieße so, denn Inbal kann man im Hebräischen, das unsere Vokale nicht kennt, genauso schreiben wie Annabel. Für ihn war ich eine der ihren. Nur einmal, als ich gerade die Zeitung reinholte, die linksliberale *Haaretz*, sagte er zu mir: »Du liest die falsche Zeitung.«

Zwei Monate nach unserem Einzug kam mich Hanne besuchen, die noch in meiner alten WG in München wohnte. Beim Abendessen auf der Terrasse sagte sie zu mir: »Ich bin ein bisschen neidisch auf dich. Du hast einen Freund, ein kleines Haus und einen süßen Hund. So ein Nest hätte ich auch gerne.«

»Fehlen nur noch die Kinder«, sagte Shy.

Hanne und ich sahen ihn überrascht an.

»War nur ein Scherz«, sagte er und lächelte.

Abends lag ich wach im Bett und dachte darüber nach, dass ich tatsächlich ein ziemlich gesetztes Leben führte. Wollte ich das ausgerechnet in Israel, wo ich als Nichtjüdin immer eine Außenseiterin wäre und die politische Lage so angespannt war? Mal angenommen, Shy und ich würden Kinder bekommen, dann wäre es umso schwieriger, hier wieder wegzuziehen. Ich wollte mich nicht in eine Abhängigkeit begeben, wie unsere Mutter, als sie mit Adam schwanger war.

Einige Wochen später bekam ich ein Angebot für eine feste Stelle in München – eines, das ich nicht ausschlagen wollte. Shy würde bald fertig sein mit der Uni, ich fand, nach meinen fast zwei Jahren in Tel Aviv war es nun an ihm, zu mir nach München zu kommen. Für mich war es auch ein Test: Würde er für mich das tun, was ich für ihn getan hatte?

Du hast ihm damals die Entscheidung erleichtert, indem

du ihm ein Angebot machtest: Er könne für ein paar Monate in deiner Werbeagentur arbeiten, um einen Animationsfilm über deine Firma zu machen. Du hast diesen Film vermutlich nicht gebraucht, aber du wolltest mir helfen, Shy nach Deutschland zu holen.

Tatsächlich kam Shy im August 2000 und machte sich in deiner Firma an die Arbeit. Nun musste er nur noch eins: bleiben wollen.

Besuch im Präsidentenpalast

An einem Freitag, dem Dreizehnten, saß Shy in meiner Münchner Wohnung vor dem Fernseher und sah sich die Nachrichten auf Euronews an.

»Komm schnell, das musst du dir ansehen!«, rief er mir ins Bad hinüber.

Zwei Wochen zuvor, Ende September 2000, war die zweite Intifada ausgebrochen. Palästinenser griffen israelische Soldaten an, israelische Soldaten schossen auf Palästinenser. Die Lage war so ernst, dass nun sogar Shy die Nachrichten verfolgte.

Ich kam ins Wohnzimmer und sah einen Mann auf dem Bildschirm, der seine blutverschmierten Handflächen wie Trophäen in die Kamera streckte. Der Sprecher sagte, dass sich zwei israelische Reservisten mit dem Auto verfahren hätten und aus Versehen in Ramallah gelandet waren. Palästinensische Polizisten hatten sie festgenommen, dann habe ein fatales Gerücht die Runde gemacht: Die beiden wären israelische Geheimagenten. Ein Mob von Palästinensern, bewaffnet mit Messern und Eisenstangen, stürmte daraufhin die Polizeistation, sie stachen und prügelten auf die Festgenommenen ein.

Shy war mittlerweile aufgesprungen. Man sah jetzt, wie Palästinenser die leblosen Körper der Israelis aus dem Fenster der Polizeistation warfen und ein Pulk von jubelnden Männern am Boden auf sie eintrat. Wir wurden Zeugen von zwei Lynchmorden.

»Diese Tiere!«, rief Shy.

Er lief nervös im Zimmer auf und ab.

»Ich gehe zurück! Wenn die mich brauchen, melde ich mich zur Armee«, sagte er.

»Aber du bist doch gar kein Reservist«, entgegnete ich, nicht nur schockiert von den Bildern, sondern auch von Shys plötzlich erwachtem Patriotismus.

»Egal, und wenn ich in der Armee Sandwiches schmiere!«

Bei diesem Satz wurde mir wieder bewusst, wie schwierig unsere Beziehung war. Shy sah die blutigen Hände und wollte zurück. Ich hingegen war froh, nicht dort zu sein. Wie sollte da unsere Zukunft aussehen?

Ich glaube, Shy und ich kannten die Antwort, aber wir sprachen sie nicht aus. Stattdessen diskutierten wir jetzt täglich über den palästinensischen Beschuss israelischer Städte, die Militäraktionen der israelischen Armee. Shy wurde zunehmend nervöser. Ich bemühte mich, neutral zu bleiben.

Ende Oktober lief Shys Visum für Deutschland aus, nun musste er eine Entscheidung treffen: Er wollte nicht versuchen, es zu verlängern, sondern würde erst mal zurückkehren. »Bald ist Winter«, sagte Shy. »Da ist es mir in München sowieso zu kalt.«

Eine Woche später brachte ich ihn zum Flughafen und umarmte ihn lange zum Abschied. Wie es mit uns weitergehen würde, war völlig offen.

Zurück in Israel meldete Shy sich natürlich nicht bei der Armee, sondern nahm eine Stelle in einer Multimediaagentur an. Unsere Beziehung führten wir am Telefon fort. Ich schlug vor, wir könnten doch in eine andere Stadt ziehen, wo wir beide neu wären, die Uhr noch mal auf null stellen, in London zum Beispiel. Allerdings war ich mir selbst nicht sicher, ob ich dort eigentlich hinwollte, denn weder Shy noch ich hatten Verbindungen nach England. Außerdem war Shy nach seiner

Rückkehr klar geworden, dass er in Israel zu Hause war. Der eskalierende Konflikt mit den Palästinensern bestärkte dieses Gefühl eher noch.

Bei einem unserer Telefonate, es war im März 2001, sagte Shy zu mir: »Mal ehrlich. Das macht doch keinen Sinn mehr mit uns.«

Ich musste ihm recht geben.

»Ach, Anni«, sagtest du damals zu mir, als ich dir davon erzählte und trotz allem traurig war. »Sei doch froh. Das war doch alles viel zu kompliziert.«

Ein halbes Jahr nach unserer Trennung nahm ich eine Stelle bei einer Zeitung in Berlin an und zog um.

Ich saß gerade am Computer und redigierte einen Text für die aktuelle Ausgabe, es war kurz nach fünfzehn Uhr am elften September, da sagte mein Kollege Michael, der gerade etwas im Netz recherchierte: »Oh, ein Flugzeug ist ins World Trade Center gekracht.« Wir waren damals zu sechst im Büro, alle versammelten wir uns um Michaels Bildschirm und starrten auf das schwarze Loch in einem der Zwillingstürme und die dichten Rauchschwaden über New York. Wir ahnten nur vage, dass nun ein neues Zeitalter anbrach.

»Das gibt's doch nicht!«, »Das kann doch nicht sein!«, riefen wir abwechselnd und sahen zu, wie eine zweite Passagiermaschine in den anderen Turm flog, eine dritte über dem Pentagon abstürzte und eine vierte über einem Feld nahe Pittsburgh. Plötzlich war alles möglich. Würden noch mehr Flugzeuge entführt? Ging es bald in Berlin los? Für Angst blieb uns allerdings keine Zeit, wir hängten uns ans Telefon, um Autoren zu finden, verfolgten jede neue Meldung, redigierten unter Hochdruck die eintrudelnden Texte. Gegen Mitternacht atmete ich zum ersten Mal durch und dachte daran, was Shy mir einmal gesagt hatte: »Du wirst sehen, Selbstmordattentate wird es irgendwann auch außerhalb Israels geben.«

Zwei Tage nach den Anschlägen veröffentlichte das FBI die Namen der Terroristen, alle Mitglieder der radikalislamischen al-Qaida. Der Mann, der das erste Flugzeug in den Nordturm gelenkt hatte, hieß Mohammed Atta und war Ägypter. Ein Gefühl der Scham stieg in mir auf.

Danach kam der Terror auch nach Europa, nach Madrid, London, Paris, Brüssel, Nizza, Berlin, und seitdem bemerke ich, wie sich Menschen sorgenvoll umdrehen, wenn sie Arabisch hören. Ich weiß nicht, wie es dir geht, aber obwohl ich Verständnis habe für diese Reaktion, löst die Sprache bei mir noch immer wie auf Knopfdruck ein Gefühl von Wärme aus. Die Leute um mich herum mögen an Attentäter denken, ich hingegen denke an unseren Vater.

In den Jahren nach den Anschlägen fuhr ich oft nach Israel und in arabische Staaten, ich schrieb Reportagen aus dem Libanon, Marokko, Tunesien und immer wieder aus Ägypten. Die Neugier auf diese Länder habt ihr älteren Geschwister mir mit euren Geschichten aus Kairo für immer eingepflanzt.

Die wichtigste dieser Reisen war für mich eine im September 2009. Jehan Sadat, die Witwe des früheren ägyptischen Präsidenten, hatte gerade ihr neues Buch »Meine Hoffnung auf Frieden« veröffentlicht, mit dem sie eine Brücke zwischen dem Westen und der arabischen Welt schlagen wollte, und ich bekam den Auftrag, sie zu interviewen. Dieses Treffen bedeutete mir nicht nur deshalb viel, weil ich als Kind die Bilder von Anwar Sadats Ermordung gesehen hatte und sein Name für mich seither einen besonderen

Klang hatte. Auch seine Frau schätzten wir in unserer Familie sehr: Sie war zur Hälfte europäisch wie wir Geschwister, und Anouk und Mama hatten sich für Jehan Sadats erstes Buch begeistert, ihre Biografie, in der sie auch über ihr Engagement für die Frauenrechte in Ägypten schrieb. Anouk, die sich sonst ja nicht besonders für Ägypten interessierte, benannte sogar ihre Tochter nach ihr. Ein wenig Identitäts-Romantik gestand auch sie sich zu.

Die Reise war aus einem weiteren Grund ungewöhnlich.

Ich war damals seit ein paar Jahren mit Liam zusammen. Ihr wart alle froh, dass ich einen Mann gefunden hatte, der zumindest in Deutschland wohnte, auch wenn er ursprünglich aus Schottland stammte. Erinnerst du dich, wie ich dich am Tag vor dem Interview mit Jehan Sadat anrief, um dir zu sagen, dass du Onkel wirst?

»Das gibt's ja nicht!«, riefst du laut. »Und stell dir vor: Du wirst Tante!«

»Wie jetzt?«, fragte ich verwirrt.

»Sarah ist auch schwanger.«

Die errechneten Geburtstermine lagen sogar nur wenige Tage auseinander.

Ich weiß noch, wie wir am Telefon lachten, über meine und Sarahs Morgenübelkeit Witze machten und darüber, dass dein größter Albtraum das Windelwechseln war.

Am nächsten Tag flog ich nach Kairo, und obwohl es eigentlich viel zu früh war, um das Kind zu spüren, war da doch ein zartes, aber beständiges Flirren in meinem Bauch und ein Dauerlächeln in meinem Gesicht. Beides begleitete mich auch, als ich am nächsten Nachmittag mit dem Taxi zur alten Präsidenten-Residenz fuhr. Dort, mit Blick auf den Nil, hatte Jehan Sadat schon mit ihrem Mann gewohnt, sein Nachfolger Präsident Mubarak hatte sie ihr nach dessen Tod überlassen. Die cremefarbene Villa war von einem schmiedeeisernen Zaun umgeben, im Garten standen Palmen, ein weißer Marmorspringbrunnen plätscherte. Ich drückte auf die Klingel, kurz darauf kam ein Herr von etwa siebzig Jahren aus der Tür und öffnete mir das Tor. Er stellte sich als »General Ahmed« vor und war offenbar Assistent, Butler und Aufpasser in einem. Der General trug zivile Kleidung, graue Hose, weißes Hemd, und ging schon etwas gebückt. Aber so bedächtig wie er einen Fuß vor den anderen aufs Intarsienparkett setzte, hatte sein Gang etwas von würdevollem Schreiten. Er brachte mich ins Empfangszimmer, in dem viele kleine Barocktische und Anrichten mit wertvollen Vasen standen, ein goldgerahmter Spiegel und ein spanischer Fächer schmückten die Wände. Dazwischen hing ein lebensgroßes Ölgemälde des verstorbenen Präsidenten in türkisfarbener Uniform. Während ich darüber nachdachte, ob die goldgelben Tupfer im Hintergrund Blüten oder Blätter darstellen sollten, betrat Jehan Sadat den Raum, eine gutmütig lächelnde Dame in schwarzen Hosen und Hemdbluse. In einigem Abstand folgte ihre graue Perserkatze.

»Wie schön, dass Sie mich besuchen!«, sagte sie auf Englisch und lächelte mich so freundlich an, dass ich ihr diese Schmeichelei sofort abnahm und rot anlief. Dann bot sie mir einen Platz auf einem pastellgelben Brokatsofa an. Später entdeckte ich auf Fotos, dass dort schon Jimmy Carter gesessen hatte.

Jehan Sadat nahm mir gegenüber Platz, auf dem kleinen Marmortisch zwischen uns stand eine Kanne Tee. Ich stellte mich vor und erzählte ihr, dass mein Vater Ägypter sei, dass wir das Interview aber leider auf Englisch führen müssten, weil ich kein Arabisch könne.

»Wie schade!«, rief sie aus. »Warum hat Ihr Vater Ihnen

unsere schöne Sprache denn nicht beigebracht? Sie müssen sie unbedingt lernen!«

Jehan Sadat schenkte mir Tee ein. Sie selbst trank nichts. Mir fiel ein, dass gerade Ramadan war.

»Sind Sie gläubig?«, fragte ich sie.

»Ja, ich halte mich an die Regeln. Ich faste und bete zu den vorgegebenen Zeiten. Aber einen Schleier würde ich nie im Leben tragen. Denn was sagt schon ein Kleidungsstück darüber aus, ob ich eine gute Muslima bin?«

Ihre Antwort gefiel mir, gleichzeitig führte sie mir vor Augen, wie wenig Einfluss eine Meinung wie ihre noch in Ägypten hatte, denn auf den Straßen Kairos sah man fast nur noch Frauen mit Kopftuch.

Unser Interview dauerte eine gute Stunde, wir redeten über den Friedensprozess zwischen Palästinensern und Israelis, die kommenden Wahlen in Ägypten, von denen sie hoffte, dass sie endlich fair und frei sein würden. Aber wichtiger als ihre Aussagen war für mich, dass ich sie überhaupt traf.

Wie wäre unser Leben verlaufen, wenn unsere Eltern mit uns in Kairo gewohnt hätten? Obwohl Jehan Sadat nicht nur vierzig Jahre älter war als ich, sondern unsere Familien Lichtjahre trennten, sah ich in ihrer Person doch eine Antwort auf meine Frage. Sie war in Kairo aufgewachsen und hatte nie in Sheffield gelebt, wo ihre Mutter herkam. Wie sie mit den Händen gestikulierte, sodass ihre goldenen Armreifen klimperten; dann der starke arabische Akzent in ihrem Englisch; der Patriotismus, mit dem sie mir nahelegte, endlich die Sprache meines Vaters zu lernen – sie war Ägypterin durch und durch.

Am Ende unseres Interviews bat ich sie, mir drei Exemplare ihres neuen Buchs zu signieren, die ich mitgebracht hatte, eines für Mama, eines für Anouk und eines für meine Nichte.

Sie nahm sich die Zeit und schrieb für jede eine persönliche Widmung, auf Englisch und auf Arabisch. Als sie fertig war, steckte ich die Bücher ein, glücklich, dass ich sie nach Deutschland mitbringen konnte.

Irgendwann stand ihre Enkelin im Raum, die ebenfalls Jehan hieß, um ihre Großmutter zum Fastenbrechen abzuholen. Wir verabschiedeten uns, und ich fuhr zurück ins Hotel, das außerhalb der Stadt in Gizeh lag. Am nächsten Tag musste ich wieder nach Deutschland zurückfliegen, sodass mir keine Zeit blieb, Verwandte zu besuchen.

Mein Zimmer lag im Erdgeschoss und hatte eine kleine Terrasse, ich öffnete die Tür und sog die trockene Wüstenluft ein. Nicht weit entfernt sah ich die erleuchteten Pyramiden, deren Konturen sich scharf gegen den Nachthimmel abhoben. Ich dachte an Mama, wie sie an eurem ersten Abend in der Gesr-el-Suez-Straße mit Papa auf dem Balkon gestanden und sie in der Ferne entdeckt hatte. Und wie der Anblick sie zuversichtlich gestimmt hatte.

Sieben Monate später kamen unsere Kinder zur Welt. Erst meine Tochter, zwei Tage später dein Sohn. Ich musste wegen eines Namens nicht lange überlegen: Meine Tochter war schon als Baby im Bauch in Ägypten gewesen, also sollte sie auch entsprechend heißen. Wir nannten sie Leila. Du bliebst dir treu, dein Sohn heißt Ludwig. Wie der König von Bayern.

Ich war danach noch ein paarmal in Ägypten. Unsere Kinder machten gerade ihre ersten Schritte, da erlebte ich 2011 die euphorisierten Massen auf dem Tahrir-Platz und hatte die naive Hoffnung, Ägypten könnte nach Mubaraks Sturz ein demokratischeres Land werden.

Während unsere Kinder sprechen lernten, wurde der Muslimbruder Mohammed Mursi zum Präsidenten gewählt, der leider selbst kein Demokrat war.

Mein zweites Kind lernte gerade laufen, als die Massen in Kairo wieder auf die Straßen gingen und ein Militärputsch den Armeechef al-Sisi zu Ägyptens neuem Diktator machte. Das war 2013.

Drei Jahre später kamen Leila und Ludwig in die Schule. Und bei dir wurde der Krebs entdeckt.

Erding. Februar 2019

Vor dem Schlafengehen schaue ich noch mal nach dir. Du bist wieder etwas wacher, fährst dir mit der Zunge über die Lippen. Vielleicht bleibst du doch noch etwas bei uns? Jede Minute mehr ist ein Geschenk.

Ich frage dich, ob du noch etwas trinken willst.

»Ja, des mach ma jetzt«, sagst du mit geschlossenen Augen. Du gibst dir Mühe, so zu klingen wie immer, zupackend, noch während du entschwindest.

Ich muss daran denken, wie du alles, was mit dem Tod zu tun hat, immer von dir ferngehalten hast. Du bist fast nie auf Beerdigungen gegangen. Ruth hat uns gestern erzählt, wie sie vor Jahren Broschüren für ihren Hospizdienst in deiner Werbeagentur in Auftrag gegeben hatte. So habt ihr euch kennengelernt. Du hast die Prospekte gedruckt, und als sie in deine Firma kam, um sie abzuholen, sagtest du zu ihr: »Nimm sie schnell mit, ich bin froh, wenn die weg sind.« Als Ruth dann vor drei Wochen zu dir ins Krankenhaus kam, nun als deine »Palliativpflegerin«, wie ihre Tätigkeit offiziell heißt, hast du dich in einen Witz geflüchtet: »Du bist jetzt also mein Todesengel«, sagtest du zu ihr.

Momente der Schwäche lässt du nicht zu, versuchst stattdessen, es uns und dir leicht zu machen. Ich habe dich nie verzweifelt erlebt in den letzten drei Jahren. Du hast die Zeit genossen, so gut es ging. Nach der OP vor drei Jahren hast du dir erst mal einen Porsche gekauft und bist mit Sarah und Ludwig nach Südfrankreich in den Urlaub geflogen. Auch uns Geschwister hast du immer wieder besucht und jede Woche für unsere Eltern gekocht.

Nur nachts zwischen eins und zwei hat dich die Angst manchmal gepackt, dann hast du im Internet Sachen bestellt, die du nicht brauchst. So kam ich zu einer elektrischen Salzmühle und einem Knoblauchschneider in Würfelform. Oder du hast uns lange Handy-Nachrichten gesendet, in denen du übers Vatersein und unsere Familie sinniert hast. »Mitternachtsphilosoph« nannte Anouk dich deshalb.

Als im Sommer der Befund kam, mit dem du von dem neuen Tumor erfahren hast, schriebst du: »CT-Ergebnis nicht das, was man lesen will. Aber ich bin gut drauf und lass mich auch davon nicht beirren.« Und am Ende: »Alles wird gut.« Diesen Satz hast du auch geschrieben, als du im Januar ins Krankenhaus kamst. Seither bin ich alarmiert, wenn mir jemand sagt, dass alles gut wird.

Anouk lenkt sich mit sinnloser Hausarbeit ab. Sie räumt euren Schrank im Bad aus, faltet alle Handtücher auf Kante und legt sie nach Farben sortiert wieder hinein. Dann holt sie Essig aus der Küche und entfernt die Kalkflecken vom Glas eurer Duschkabine. Tränen laufen über ihre Wangen, und es ist nicht die Säure, die ihr das Wasser in die Augen treibt.

Gegen Mitternacht können wir uns nicht mehr auf den Beinen halten und gehen alle ins Bett. Ich schlafe im Zimmer deines Sohnes, Wand an Wand mit dir. Ludwigs großes Aquarium leuchtet in der Dunkelheit. Ich wache ein paarmal auf und sehe den Fischen zu, die stumm ihre Bahnen ziehen, dann schlafe ich wieder ein.

Morgens gegen sieben werde ich von einem Schluchzen wach und weiß gleich, was los ist. Ich gehe raus und sehe, dass deine Frau und Anouk sich in den Armen liegen und weinen. Sarah kommt zu mir, ich umarme sie. »Jetzt hat er es geschafft«, sagt sie.

Ich gehe zu dir, will selbst sehen, ob wirklich kein Leben mehr in dir ist. Dein Kopf ist leicht zur Seite gedreht, ich knie mich aufs Bett und lege dir meine Hand auf die Wange. Sie ist noch warm. Dann küsse ich dich auf die Stirn.

Tausendundeine Nacht sind vorbei. Ich konnte dich nicht festhalten. Und doch merke ich, dass du noch da bist, wenn ich im Geiste mit dir rede. In unserer Geschichte lebst du fort. Ich sehe hinaus in deinen Garten, in einen klirrend kalten, aber sonnigen Tag. Die Äste sind mit Eis überzogen, erstarrt für die Ewigkeit.

Epilog

Abends, kurz vor dem Einschlafen, fühle ich mich dir besonders nah. In dieser Zwischenwelt, in die ich dann hinübergleite, spreche ich mit dir. Ich höre dich meinen Namen rufen: »Anni«, wie du mich als Einziger nanntest. Wir reden über die schönen Momente, die wir zusammen erlebt haben, über deinen letzten Besuch im Spätsommer 2018, als wir mit unseren Familien durch den Tiergarten spazierten und du uns für den Abend eine Stretchlimousine gemietet hast. Damit fuhren wir durch die Stadt, bis zum Brandenburger Tor. Mir war es unangenehm, wie uns die Touristen dort anstarrten, als wir ausstiegen. Aber du hast den großen Auftritt geliebt, und die Kinder reden heute noch davon.

Manchmal gleite ich dann direkt in einen Traum hinüber, in dem du auftauchst. Darin passiert nie etwas Spektakuläres, einmal gingen wir einfach zusammen eine Wendeltreppe hinab. Nach dem Aufwachen weiß ich auch sofort, dass du nicht mehr da bist, aber ich fühle mich trotzdem gestärkt, wie nach einem ausgiebigen Mahl.

Von deinem letzten Besuch in Berlin gibt es ein Foto, Sarah hat es nach deinem Tod in deinem Handy gefunden. Ein Selfie vor dem Aquarium. Du hattest draußen auf einer Bank gewartet, während Sarah und Ludwig sich drinnen die Fische ansahen. Auf dem Bild lächelst du zufrieden, als wolltest du dich selbst vergewissern, dass es dir gut geht. Es steht nun gerahmt neben meinem Bett. Und es ist in deinen Grabstein eingelassen.

Drei Jahre sind seit deinem Tod vergangen. Wenn ich nach

Erding komme, zieht es mich noch immer als Erstes an dein Grab, vielleicht, weil es der Ort ist, an dem wir uns endgültig verabschiedet haben und an dem das letzte Irdische von dir ruht. Das Eigenartige ist, dass ich mich dann jedes Mal frage, warum ich eigentlich gekommen bin, denn ich bin dir dort ja nicht näher als anderswo. Dann fühle ich mich hilflos und merke, wie schwer es ist, das Unausweichliche zu akzeptieren. Meine Trauer kommt mir vor wie ein Zimmer ohne Tür. Wie ein Gesicht ohne Mund.

Neulich habe ich mir die anderen Gräber angesehen. In der Reihe vor deinem wurde ein Nachbar aus unserer alten Siedlung beigesetzt. Eine Reihe dahinter, abgetrennt durch eine Hecke, entdeckte ich vier Gräber, die mit pinkfarbenen, orangen und gelben Papierblumen geschmückt waren. Jeweils zwei lagen sich gegenüber, und auf den Grabsteinen standen afghanische Namen, eingerahmte Fotos der Toten lehnten daran: vier junge Männer mit Anzügen und akkurat geschnittenen Haaren. Alle starben am selben Tag im August 2020. Ich habe auf der Homepage der Lokalzeitung nachgelesen, wer sie sind: zwei Brüder und deren zwei Cousins, die 2015 als Teenager nach Erding gekommen waren, geflohen ohne ihre Eltern. Sie starben bei einem Autounfall auf der Landstraße. Von ihrer Beerdigung gibt es ein Foto, darauf sieht man, wie ihre Freunde die Särge auf den Schultern trugen, zweihundert Menschen nahmen Abschied. So voll war der Friedhof wahrscheinlich noch nie.

Deine Beerdigung war das Gegenteil einer orientalischen Beisetzung. Du wolltest es so. Kein Geistlicher, kaum Gäste, kein lautes Wehklagen, nicht mal ein Sarg. Nur eine cremefarbene Urne mit deiner Asche, die ein Friedhofsmitarbeiter trug. Wir liefen unter schwarzen Schirmen hinter ihm her und konnten uns kaum schützen vor dem Wasser, das vom

Himmel auf uns herabstürzte. Der Starkregen scheint auch meine Erinnerung weggespült zu haben. Nur ein Bild habe ich klar vor Augen: Wie ich vor dem ausgehobenen Loch stehe, im Rücken das Krankenhaus, in dem du kurz zuvor noch lagst, und wie dann »Stairway to Heaven« von Led Zeppelin einsetzt. Adam und Anouk hatten es auf einer Playlist in deinem Handy gefunden und für die Beisetzung ausgesucht. Bei den ersten Gitarrenklängen verlor ich die Kontrolle, alles, was ich in den letzten Stunden, Tagen und Wochen mühsam unterdrückt hatte, bahnte sich in einem schluchzenden Schrei seinen Weg. Ich klammerte mich an Sarah, als könnte ausgerechnet sie mich trösten.

Seither vergeht kein Tag, an dem ich nicht an dich denke. Manchmal sind es kleine Dinge, die mir vor Augen führen, was passiert ist. Dann fällt mir plötzlich wieder auf, dass Papa seinen angestammten Platz an der Stirnseite des Esstisches aufgegeben hat, weil dahinter auf dem Wohnzimmerbüfett ein großes Foto von dir steht und er dir nicht den Rücken zukehren will. So bleibt sein alter Stuhl jetzt immer frei, als wärst nicht du gestorben, sondern er.

Neulich wollte ich so gerne noch einmal deine Stimme in echt hören und habe mein Handy nach Sprachnachrichten von dir durchsucht. Ich fand keine. Dann holte ich meine zwei alten Smartphones aus der Schublade, aber auch da hatte ich alle gelöscht. Nervös spielte ich sogar den Anrufbeantworter des Festnetzes von vorne bis hinten durch, wieder vergeblich. Ich kam mir vor wie eine Süchtige, die dringend Stoff braucht.

Natürlich gibt es immer öfter Momente, in denen ich vergesse, dass du gestorben bist. Aber es reicht ein Song im Radio, der mich an dich erinnert – und alles ist wieder da. Beim Autofahren erlebe ich das oft. Wenn ein Lied kommt, das ich mag, drehe ich laut auf, singe mit, lache und genieße den Augenblick. Dann fällt mir ein, dass du dieses Lied nicht mehr hören kannst, und schon werden meine Augen wässrig.

Was mir hilft, ist Zeit mit unserer Familie zu verbringen. Ich weiß, dass sie dich alle so vermissen wie ich, das verbindet. Ein paar Monate nach deinem Tod flog ich mit den Eltern zu Adam nach Norwegen. Mit Sarah und Ludwig machte ich Urlaub in den Bergen. Ludwig erinnert mich so an dich: Wie er läuft, leicht nach vorne gebeugt, und wie er beim Essen den Löffel mit abgespreiztem kleinem Finger hält. Er redet ganz selbstverständlich von dir, als hätte er akzeptiert, dass du nicht mehr da bist. Neulich erzählte er mir, dass er mal wieder nach Südfrankreich will, wo ihr immer zusammen im Urlaub wart. Sarah sagt, sie schafft es noch nicht, dorthin zu fahren. Ansonsten schlägt sie sich tapfer, geht jeden Tag ins Büro und führt eure Firma weiter. Wenn sie bei einer Entscheidung unsicher ist, überlegt sie, wie du es gemacht hättest. Sie hat mir erzählt, dass du ihr dann manchmal im Traum erscheinst und ihr gut zuredest, ihr sagst, dass sie das schon alles allein schaffen werde.

Was bleibt nun vom Chamäleon? Jetzt, da du tot bist, spielt es eigentlich keine Rolle mehr, wo du herkommst. Deine Asche liegt in Erding unter der Erde. Nicht weit von der unserer bayerischen Verwandten und ganz weit weg von Kairo.

Aber für uns Geschwister macht es nun einen Unterschied, wo wir herkommen, seitdem du gegangen bist. Anouk hat Fotobücher drucken lassen mit alten Dias aus Ägypten und in der Familie zu Weihnachten verschenkt. Im Sommer nach deinem Tod waren Liam, die Kinder und ich mit ihrer Familie an der französischen Atlantikküste im Urlaub. Eines Nachmittags gingen Anouk und ich in einen Laden an der Strandpromenade von Cap Ferret, ich hatte im Schaufenster eine Bluse gesehen, die mir gefiel. Während ich sie anprobierte, unterhielt sich Anouk auf Französisch mit dem Verkäufer, einem jungen Mann.

»Wo kommt ihr her?«, fragte er sie.

Ich stand in der Umkleidekabine und war mir sicher, sie würde antworten: aus Deutschland. Aber das tat sie nicht.

»Wir sind halb ägyptisch und halb deutsch«, sagte sie.

Ein halbes Jahr später beschlossen Sarah und ich, mit den Kindern nach Ägypten zu fahren. Wir wollten das vollenden, was du nicht mehr geschafft hast. »Eine André-Gedächtnisreise«, sagte Sarah dazu. Wir glaubten, dass uns das guttun würde. Wegen der Kinder wollten wir ans Rote Meer, Ludwig hatte sich gewünscht, mal zwischen Fischen zu schnorcheln und sie nicht nur in seinem Aquarium zu bestaunen. Sarah buchte ein Hotel im Sinai, in Scharm El-Scheich, für uns. Ich zeigte meinen Kindern Fotos davon im Internet, und sie waren so begeistert, dass sie das Eingangsportal mit den Blumenornamenten und die Terrasse am Meer nachmalten.

Die Zeichnungen habe ich noch. In Ägypten waren wir allerdings nicht.

Bis zu deinem Tod hatte ich noch nie erlebt, dass mein Leben von einem Tag auf den anderen nicht mehr dasselbe ist. Doch das war erst der Auftakt. Danach kam die Pandemie, in der wir wochenlang unsere Wohnung nicht mehr verlassen und niemanden treffen sollten. Und in der mich oft der Gedanke beschlich, das Virus könnte für immer über uns bestimmen. Papa war entspannter, er hat als Kind die Choleraepidemie im Nildelta erlebt, auch damals waren Schulen und Geschäfte zu, auch damals war die Krankheit irgendwann wieder vorbei.

Aber dann griff Russland die Ukraine an, ein Krieg mitten

in Europa, wie ihn sich kaum mehr jemand hatte vorstellen können. Ich las im Internet von den Menschen in Kiew, die am Morgen von den Bomben überrascht worden waren, und musste an euch denken, wie ihr in Kairo am Frühstückstisch saßt und draußen das dumpfe Krachen der Einschläge hörtet.

Plötzlich war die Angst vor dem GAU wieder da, weil rund um den Atomreaktor von Tschernobyl gekämpft wurde. Und auch die Angst vor der Atombombe, die meine Teenagerzeit begleitet hat.

Ich lese jetzt wieder von den Orten, die ich aus Opa Rudolfs Briefen kenne. Von Lemberg, Kiew und auch von Gomel in Belarus, wo er im Lazarett lag und schließlich starb. Die Krankenhäuser und Leichenhallen dort sind wieder voller verletzter und toter Soldaten.

Manchmal denke ich an den Satz, den du bei Gedos Beerdigung sagtest: »Immer diese Sterberei.«

Nach Ägypten haben Sarah und ich es noch nicht geschafft. Aber Adam rief letzte Woche an, und wir unterhielten uns über seinen Sohn, der noch nicht genau weiß, was er jetzt nach dem Abitur studieren soll. Valentin, der als Dreijähriger in Kairo war, sah von allen sieben Enkelkindern immer am ägyptischsten aus. Mit seinen langen Wimpern und den dunklen Augen ist er mittlerweile ein Abbild unseres Vaters in jungen Jahren. Valentin hat sich überlegt, dass er endlich richtig Arabisch lernen will, in Ägypten. Amirs Enkel zieht jetzt nach Kairo.

Dank

An meine Familie für stundenlange Gespräche und Anregungen. Barry, Fiona und Lucien auch für ihre Geduld mit mir in den letzten zweieinhalb Jahren.

An Alfio Furnari von der Agentur Landwehr & Cie., der mich als Erster zum »Chamäleon« ermutigt hat und immer da war.

An Dominique Pleimling und den Eichborn Verlag dafür, dass sie an das Buch geglaubt und mit mir daran gearbeitet haben. An Ulrike Ostermeyer für ihr Lektorat und all ihre Ideen, die den Text entscheidend vorangebracht haben.

An Chrish Knigge und ihr Studio Grau für die Covergestaltung und für ihre lange Freundschaft.

An Jana Simon ebenfalls für ihre lange Freundschaft und ihre mentale Unterstützung.

An Khuê Phạm, die immer ein Ohr hatte, wenn ich ihren Rat brauchte. An Nora Hollstein für die Fotos. Und danke allen anderen Kolleginnen und Kollegen vom ZEITmagazin.

Die Community für alle, die Bücher lieben

★ In der Lesejury kannst du Bücher lesen und rezensieren, die noch nicht erschienen sind

★ Gemeinsam mit anderen buchbegeisterten Menschen in Leserunden diskutieren

★ Autoren persönlich kennenlernen

★ An exklusiven Gewinnspielen und Aktionen teilnehmen

★ Bonuspunkte sammeln und diese gegen tolle Prämien eintauschen

Jetzt kostenlos registrieren: www.lesejury.de

Folge uns auf Instagram & Facebook:
www.instagram.com/lesejury
www.facebook.com/lesejury